中国科协农村专业技术服务中心
中国农业科学院农业信息研究所

“科普惠农兴村计划”“十三五”发展研究

刘继芳　公坤后　等 编著

中国农业科学技术出版社

图书在版编目（CIP）数据

“科普惠农兴村计划”“十三五”发展研究 / 刘继芳等编著. —北京：中国农业科学技术出版社，2016.3

ISBN 978-7-5116-2717-9

Ⅰ. ①科… Ⅱ. ①刘… Ⅲ. ①农业科技推广-农业发展战略-研究-中国 Ⅳ. ①F324.3

中国版本图书馆 CIP 数据核字（2016）第 203552 号

责任编辑 李 雪 徐定娜
责任校对 贾海霞

出 版 者 中国农业科学技术出版社
北京市中关村南大街 12 号 邮编：100081
电　　话 （010）82105169 82109707（编辑室）
（010）82109702（发行部）
（010）82109709（读者服务部）
传　　真 （010）82106626
网　　址 http://www.castp.cn
经 销 者 各地新华书店
印 刷 者 北京科信印刷有限公司
开　　本 787mm×1 092 mm 1/16
印　　张 13
字　　数 252 千字
版　　次 2016 年 3 月第 1 版 2016 年 3 月第 1 次印刷
定　　价 60.00 元

上篇《“科普惠农兴村计划”“十三五”发展研究总报告》参加人员名单

刘继芳　公坤后　王　诚　张　峭　徐　磊　何　方
彭立颖　赵　亮　张　晶　武　婕　王成巍　刘小龙
张　锋　郭　瑞　王兴华　李　强　王健豪

下篇《“科普惠农兴村计划”“十三五”发展研究分报告》参加人员名单

详见各分报告（此处略）。

前　言

“科普惠农兴村计划”是中国科协、财政部2006年起联合实施的科普项目。“科普惠农兴村计划”在将科技要素引入农村，使农民依靠科技增收致富，帮助农民提高科学素质，引导广大农民建立科学、文明、健康的生产和生活方式，助力农业现代化发展等方面发挥了积极作用。

为了从宏观和微观不同视角全面总结和客观评价“科普惠农兴村计划”实施的成效和发展趋势，中国农业科学院农业信息研究所于2014年开展了科普惠农兴村计划“十三五”发展研究，通过经验总结和问题发现，从实用性和指导性出发，完成了研究报告，以便为“十三五”期间进一步推进“科普惠农兴村计划”提供借鉴，为相关部门决策提供参考。

在本书即将出版之际，衷心感谢河北、吉林、江苏、福建、山东、湖南、广东、四川和新疆等省（自治区）科协和相关部门的鼎力帮助和支持；感谢国内诸多专家学者的辛苦付出。

限于编著者的知识水平，加之“科普惠农兴村计划”在不断创新发展，本书的表述中难免有不足和偏颇之处，诚望业内人士及读者们批评指正，以便在今后研究中予以完善。

编著者

2015年8月

目　录

上　篇　“科普惠农兴村计划”“十三五”发展研究总报告

下 篇 “科普惠农兴村计划”“十三五”发展研究分报告

上　篇

“科普惠农兴村计划”“十三五”发展研究总报告

“科普惠农兴村计划”是中国科协、财政部自2006年开始联合开展的一项重点工作。为了进一步巩固和扩大项目成果，推动科普惠农工作深入持久开展，特开展“科普惠农兴村计划”“十三五”发展研究，以全面总结“科普惠农兴村计划”实施十年来取得的成效和经验，深入分析“十三五”时期农村科普工作面临的新形势新任务，科学制定“科普惠农兴村计划”“十三五”发展规划。

一、“科普惠农兴村计划”实施背景

(一)“三农”工作始终是全党工作的重中之重

“三农”是实现全面建成小康社会奋斗目标的重点和难点。我国有13亿人口，有9亿多农民，没有农业现代化就没有国家现代化，没有农村繁荣稳定就没有全国繁荣稳定，没有农民小康就没有全面小康。中国要强，农业必须强；中国要富，农民必须富；中国要美，农村必须美。“三农”工作直接关系到国家的长治久安，关系到社会的和谐发展。

1. 党和国家一直高度重视“三农”工作

长期以来，党中央、国务院一直高度重视“三农”工作，始终把“三农”工作作为各项工作的重中之重。党的十一届三中全会就提出了要在经济上保障农民的物质利益，要在政治上尊重农民的民主权利。改革开放30多年来，围绕农业、农村、农民，中央出台了一系列重要政策文件，包括数个中共中央全会文件和17个中共中央国务院一号文件(以下简称中央一号文件)。中央分别在改革初期（1982年到1986年）和新世纪初（2004年到2015年）发出17个关于农村工作的中央一号文件，记录了农村改革前进的步伐，也彰显出中央对“三农”工作的重视程度。

20个世纪80年代初，5个中央一号文件启动了中国农村发展的第一个重要时期。主要拉动力是农民首创的家庭联产承包责任制。它极大调动了农民生产积极性，集中释放了压抑已久的农村社会生产力，解决了农民经营自主权和人民温饱问题，为推动其他各领域的改革奠定了坚实基础。从1980年至1985年，农民收入年增长率超过10%，出现了超常规增长。

世纪之交，我国基本实现了邓小平同志提出的“小康”目标，综合国力明显提升，但离“全面小康”还有差距，主要表现为城乡二元体制未打破。经过多年的实践努力和理论探索，中央不断加深对“三农”工作的认识，在新世纪提出统筹城乡发展、社会主义新农村建设等战略转变，形成了按照科学发展观要求系统部署“三农”工作的政策体系。

党的十六大首次提出统筹城乡经济社会发展，党的十八大报告提出两个百年奋斗目标，指出城乡发展一体化是加强“三农”工作的根本途径，要加快完善城乡发展一体化体制机制。自2004年起，连续出台的12个中央一号文件，以科学发展观为统领，以全面建设小康社会为目标，贯彻党的十六大、十七大、十八大精神，贯穿了统筹城乡经济社会发展，实现了工业反哺农业、城市支持农村的战略转变。

2006年以来，中央财政加大对“三农”的投入，进入改革开放以来增加最多、增长最快的时期，平均每年增加近千亿元投入。（数据来源：中央政府门户网站，如表1－1、图1－1所示）。

表1－1　2003—2013年中央财政“三农”投入情况

年份	2003年	2004年	2005年	2006年	2007年	2008年
资金（亿元）	2 144.2	2 626.2	2 975.3	3 517.2	4 318.3	5 955.5
年份	2009年	2010年	2011年	2012年	2013年	
资金（亿元）	7 253.0	8 183.4	10 497.7	12 387.6	13 799.0	

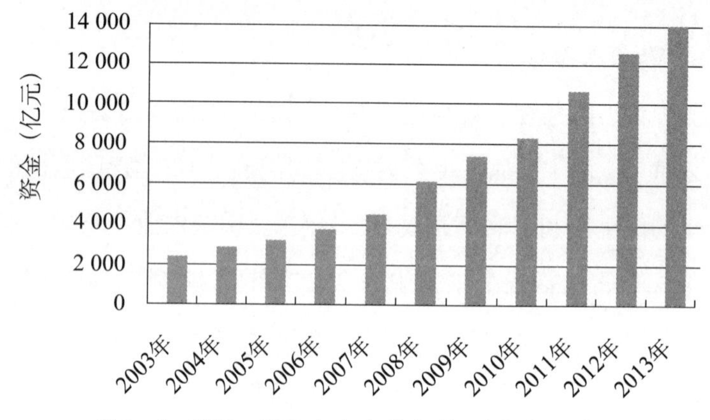

图1－1　2003—2013年中央财政“三农”投入情况

在一系列惠农政策的支持下，我国粮食产量实现“十一连增”，农民增收实现“十一连快”。当前，我国经济发展进入新常态，正从高速增长转向中高速增长，如何在经济增速放缓背景下提升农业可持续发展能力，促进农民持续增收，加快新农村建设步伐，是必须面对的一个重大课题。我国进入全面深化改革的历史新阶段，进一步做好“三农”工作需要加大改革创新力度。

2. 加快推进中国特色农业现代化，着力促进农民增收，健全城乡发展一体化体制机制，是党和国家新农村建设战略思想的最新体现

2005年10月，党的十六届五中全会在党的十五届三中全会的基础上明确提出了建设

社会主义新农村的重大历史任务。按照“生产发展、生活宽裕、乡风文明、村容整洁、管理民主”的要求，扎实稳步地推进社会主义新农村建设，是党中央、国务院从贯彻落实科学发展观、构建社会主义和谐社会的全局出发做出的重大战略部署。党的十六届五中全会把“推进现代农业建设，加快农业科技进步，加强农业设施建设，调整农业生产结构，转变农业增长方式，提高农业综合生产能力”“培养有文化、懂技术、会经营的新型农民，提高农民的整体素质”作为建设社会主义新农村的重要任务。

党的十七大进一步强调，要“培育有文化、懂技术、会经营的新型农民，发挥亿万农民建设新农村的主体作用”。党的十七届三中全会通过了《中共中央关于推进农村改革发展若干重大问题的决定》，强调“发展现代农业，必须按照高产、优质、高效、生态、安全的要求，加快转变农业发展方式，推进农业科技进步和创新”，要“提高农民综合素质，促进农民全面发展，充分发挥农民主体作用和首创精神，紧紧依靠亿万农民建设社会主义新农村”。要“发展农村教育，促进教育公平，提高农民科学文化素质，培育有文化、懂技术、会经营的新型农民”“巩固和完善强农惠农政策，把国家基础设施建设和社会事业发展重点放在农村，推进城乡基本公共服务均等化，实现城乡、区域协调发展，使广大农民平等参与现代化进程、共享改革发展成果。”

党的十八大报告指出，要加大统筹城乡发展力度，坚持工业反哺农业，加大强农惠农富农政策力度，加快发展现代农业，深入推进新农村建设和扶贫开发，着力促进农民增收，保持农民收入持续较快增长，构建集约化、专业化、组织化、社会化相结合的新型农业经营体系，加快完善城乡发展一体化体制机制。党的十八届三中全会通过了《中共中央关于全面深化改革若干重大问题的决定》，要求健全城乡发展一体化体制机制，形成以工促农、以城带乡、工农互惠、城乡一体的新型工农城乡关系，让广大农民平等参与现代化进程、共同分享现代化成果。

2004 年至 2015 年中央一号文件分别以“促进农民增收”“发展现代农业”“深化改革，加快农业现代化建设”“推进社会主义新农村建设”为主题，把促进农民增收、发展现代农业、培养新型农民、推进农业现代化建设和社会主义新农村建设作为农村全面小康建设的重要任务。2010 年中央一号文件，把发展现代农业作为转变经济发展方式的重大任务。提出要“提高现代农业装备水平，促进农业发展方式转变”，“推动家庭经营向采用先进科技和生产手段的方向转变，推动统一经营向发展农户联合与合作，形成多元化、多层次、多形式经营服务体系的方向转变”。2015 年中央一号文件要求，围绕建设现代农业，加快转变农业发展方式，促进农民增收，深入推进新农村建设。指出，“做强农业，必须尽快从主要追求产量和依赖资源消耗的粗放经营转到数量质量效益并重、注重提高竞争力、注重农业科技创新、注重可持续的集约发展上来，走产出高效、产品安全、资源节约、环境友好的现代农业发展道路"。

转变农业发展方式，推动农业现代化发展，建设社会主义新农村的主体是农民，根本途径在于农业科技进步和广大农民科学文化素质的提高。只有提高农民科学素质，培育新型农民，才能为发展现代农业、转变农业发展方式注入内在、持久的动力。提高农民科学素质不但是推进现代农业建设，实现农村生产发展的根本途径，也是增加农民收入，破除愚昧迷信，提高农民保护生态环境、参与科学管理意识，提高农民科学文明生活水平，推动农村实现生活宽裕、乡风文明、村容整洁、管理民主的重要因素。

加强面向农民的科学普及，提高农民科学素质，培养造就"有文化、懂技术、会经营"的新型农民，已经成为推进农业发展方式转变，建设新社会主义农村的一项重要举措，是农业、农村和农民工作的重要途径。

（二）提高农民科学素质是全面建成小康社会的重要基础

20 世纪 80 年代以来，随着科学技术的迅猛发展，人类社会进入经济全球化时代。国际竞争日趋激烈，国际竞争归根结底是综合国力的竞争。而国民素质已成为综合国力竞争的基础，成为国家兴盛的根基。国民的科学素质是国民素质的重要组成部分。国民的科学素质反映了一个国家的软实力，从根本上制约着经济、社会的发展。

1. 高度重视提高公民科学素质已成为国际社会的共识

随着国际竞争日趋激烈，许多国家和国际组织越来越重视提高公众科学素质。2001 年，联合国教科文组织制定了《提高全人类科学技术素质手册》，呼吁世界各国重视提高公民的科学素质。美国、英国、加拿大、瑞典、澳大利亚、新西兰、印度、韩国、新加坡等国都结合本国实际，采取有力措施来提高公民科学素质。如美国于 20 世纪 80 年代启动了"2061 计划"，目标是提高美国公众科学素质，发布了《面向全体美国人的科学》《科学素养的基准》《科学教育改革的蓝本》《科学素养导航图》《科学素养的设计》等。1994 年，美国科学院发表了由总统克林顿签发的科学政策报告《为了国家利益的科学》，其中提出了发展科学的五项"国家目标"，第五项即是"提高全民科学素质"。报告认为，"具备科技知识是理解和欣赏现代世界的关键""为了迎接 21 世纪的挑战，美国应成为一个科学知识普及的社会""我们的经济实力将比任何时候都更多地依赖于美国人民对付新挑战和迅速变化的能力"。2001 年，欧盟正式制订了"科学和社会行动计划"，以进一步提高欧盟国家公众的科学意识，使科技政策的制定更符合公众利益，使所有的公共政策都建立在科学基础上。英国内阁首席科学家 Stewart 教授也曾说过：“英国科技发展战略是：一手抓培养诺贝尔奖获得者，一手抓科技普及，促进科技成果向生产转移。”

2. 提高全民科学素质，已成为我国全社会长期的共同任务

我国是人口大国，从整体上看，公民科学素质状况还比较低下，与发达国家相比有较大差距。2007 年，我国具备公民基本科学素养的比例只有 2.25%，当时美国为 25%。欧盟国家 1992 年调查结果为 5%，加拿大 1989 年调查结果为 4%，日本 1991 年的调查结果为 3%。据 2010 年中国科协公民科学素质调查结果显示，我国公民具备基本科学素养的比例增长到 3.27%，但也仅相当于日本、加拿大、欧盟等主要发达国家和地区 20 世纪 80 年代末、90 年代初的水平。

2002 年 6 月 29 日，九届全国人大常委会第二十八次会议通过了《中华人民共和国科学技术普及法》，国家颁布科普法的主要目的，就是为了加强科学技术普及工作，提高公民的科学文化素质，推动经济发展和社会进步。

2002 年 11 月，党的十六大将“全民族的思想道德素质、科学文化素质和健康素质明显提高”列为全面建设小康社会的目标之一。2006 年 2 月 9 日，国务院发布《国家中长期科学和技术发展规划纲要（2006—2020 年）》，提出“提高全民族科学文化素质，营造有利于科技创新的社会环境”。

国际形势的发展，全面建成小康社会的要求，以及我国公民科学素质较为低下的状况，决定了我国必须迅速着手大力提高全民科学素质。2006 年 3 月，国务院正式颁布《全民科学素质行动计划纲要（2006—2010—2020 年）》（以下简称《全民科学素质行动计划纲要》），提出了全民科学素质工作 2020 年的阶段性目标和“十一五”期间的主要目标、任务与措施，提出以提高未成年人、农民、城镇劳动人口、领导干部和公务员 4 个重点人群科学素质来带动全民科学素质的整体提高。2011 年国务院办公厅印发《全民科学素质行动计划纲要（2011—2015 年）》，为实现全民科学素质工作 2020 年的目标，进一步安排“十二五”期间全民科学素质工作的阶段目标、重点任务和保障措施等，提出到 2015 年我国公民具备基本科学素质的比例超过 5% 的目标。

2011 年 5 月 27 日，习近平总书记在中国科协第八次全国代表大会上的祝词中指出，要结合贯彻落实今后 10 年全民科学素质行动计划纲要，围绕提高全民族科学文化素质，在全社会广为传播科学知识、科学方法、科学思想、科学精神，进一步形成讲科学、爱科学、学科学、用科学的社会风尚。

这表明，党和国家把普及科学技术、提高全民科学素质提到了激励科技创新、建设创新型国家的内在要求和营造创新环境、培育创新人才的基础工程这样一种战略高度，明确强调必须作为国家的长期任务和全社会的共同任务切实抓紧抓好。

3. 我国农民科学素质较低，是制约科学素质工作的瓶颈

我国农村人口庞大，城市化水平较低，农民受教育程度不高，公民科学素质的城乡差距十分明显。国家统计局2008年发布的《第二次全国农业普查主要数据公报》显示，截至2006年年末，我国农村劳动力资源中，文盲3 593万人，占6.8%；小学文化程度17 341万人，占32.7%；初中文化程度26 303万人，占49.5%；高中文化程度5 215万人，占9.8%；大专及以上文化程度648万人，占1.2%。中国科协的调查显示，2005年我国公民具备基本科学素养比例为1.6%，城镇劳动者为2.37%，农民只有0.72%。2010年我国公民基本科学素养比例3.27%中，农民只有1.51%。2015年我国具备科学素质的公民比例达到了6.20%，比2010年的3.27%提高了近90%。而农民的科学素质水平提升较慢，仅由1.51%提升至1.70%（表1－2），约相当于2005年全国平均水平（1.6%），落后全国平均水平10年。显然，农民科学素质是全民科学素质工作的短板，是实现《全民科学素质行动计划纲要》目标的重点和难点。

表1－2　我国农民具备基本科学素养水平远低于公民平均水平

年份	公民具备基本科学素养比例	农民具备基本科学素养比例
2005年	1.6%	0.72%
2007年	2.25%	0.97%
2010年	3.27%	1.51%
2015年	6.2%	1.7%

《全民科学素质行动计划纲要》提出，到2020年，我国公民科学素质在整体上有大幅度的提高，达到世界主要发达国家21世纪初的水平。据测算，2020年我国公民具备基本科学素养的比例应达到10%。要实现这一目标，大幅提高占我国人口半数以上的广大农民的科学素质水平是关键。提高农民科学素质，关系到能否营造出建设创新型国家的良好环境，能否打牢全面建成小康社会的坚实基础，是一项十分艰巨的国家的长期任务和全社会的共同任务。

（三）农村科普工作是提高农民科学素质，服务“三农”的重要手段

长期以来，农村科普工作紧密结合我国“三农”实际，普及科学技术知识，弘扬科学精神，传播科学思想和科学方法，为繁荣农村经济、增加农民收入作出了积极贡献。随着

《全民科学素质行动计划纲要》的颁布，在转变农业发展方式、大力发展现代农业、推进社会主义新农村建设的新形势下，培养造就千千万万有文化、懂技术、会经营的新型农民，全方位提高农民科学素质成为了农村科普工作的重要课题。

1. 农村科普工作基础薄弱，不能满足农民对科技的需求

据科学技术部统计，2013 年科普专项经费 46.4 亿元，占当年全国财政收入的 0.036%。全国人均科普专项经费 3.41 元。全国共有科普人员 197.82 万人，其中，科普专职人员 24.23 万人，科普兼职人员 173.59 万人。农村科普人员 75.11 万人，平均 1 300 多名乡村人口有 1 名农村科普人员。而发达国家平均不足 400 人就会有一名。全国共有建筑面积在 500 平方米以上的各类科普场馆 1 837 个，参观人数共计 9 821.02 万人次，占全国人口的 7.3%。全国共举办科普（技）讲座 91.21 万次，听众达 1.65 亿人次，占全国人口的 12.3%；举办科普（技）专题展览 16.13 万次，参观人数 2.26 亿人次，占全国人口的 16.9%。举办实用技术培训 87.60 万次，培训人数达到 1.13 亿，占全国人口的 8.4%。据中国科协统计，2014 年各类科普活动覆盖村近 50 万个，覆盖率 20%。其中，科普日进村近 12 万个，覆盖率 4.8%；科技周进村近 10 万个，覆盖率 4%；日常科普活动进村近 28 万个，覆盖率 11.2%。各级科协举办的各类科普活动覆盖村近 43 万个，覆盖率 17.2%；两级学会举办的各类科普活动覆盖村近 6 万个，覆盖率 2.4%。截至 2014 年年底，我国农村专业技术协会有 9.8 万个，会员 1 466 万户，会员户占农户总数的比例仅为 6.1%。

农村科普组织和队伍力量依然薄弱，科普资源区域分布不均衡，农村特别是边远贫困地区，科普基础设施和场所不足、科普资源匮乏、为农民进行长效科普服务的机制和手段缺乏，严重制约着农村科普工作的范围、水平和效果，农民学习和了解急需的科技知识和信息的途径、机会缺乏。随着农村社会经济的发展，农业现代化的不断推进，农民对科技知识的渴求空前强烈，对农村科普的需求也不断增加。农村科普工作的条件和状况不能满足广大农民接受科普教育、提高自身素质的迫切需求，与社会主义新农村建设对农民科学素质的要求还有相当距离。

2. 提高农民科学素质，助力新农村建设是当前农村科普工作首要任务

2005 年 10 月，中国科协召开农村科普工作会议，陈至立同志出席会议并讲话，邓楠同志作了题为《全面贯彻落实科学发展观，开创农村科普工作新局面，为建设社会主义新农村做出新贡献》的工作报告。会议总结了农村科普工作的成绩和经验，提出了今后的工作任务，要求农村科普工作要努力为农业科技进步和农村产业结构优化升级服务，要加大

先进实用技术推广的力度，将推广实用技术与提高科学素质结合起来，加大对农村科普工作的投入，努力营造有利于农村科普工作的良好环境。根据会议精神，2005年11月，中国科协下发了《关于进一步加强农村科普工作的意见》，提出要充分调动全社会开展农村科普工作的积极性和主动性，不断提高广大农民和农村青少年的科学文化素质，促进社会主义新农村建设。

2006年《全民科学素质行动计划纲要》颁布后，中共中央书记处要求中国科协要把科普工作都集成到其框架之内，提高农民科学素质成为新时期农村科普工作的目标和任务。中国科协与农业部作为农民科学素质行动的牵头单位，联合19个部门大力实施农民科学素质行动。将农民科学素质教育纳入"三农"工作总体部署，颁布了我国第一部《农民科学素质教育大纲》。把推广实用技术与提高农民科学素质结合起来，结合实施"阳光工程"、全国农村党员干部现代远程教育、星火科技培训专项行动、双学双比、巾帼科技致富工程等，发挥农业广播电视学校、农村致富技术函授大学、农村成人文化技术学校等农村成人教育机构作用，大力开展农民科技培训，着力培养有文化、懂技术、会经营的新型农民，激发广大农民参与科学素质建设的积极性，围绕科学生产和增效增收，增强科技意识，提高获取科技知识和依靠科技脱贫致富、发展生产和改善生活质量的能力。广泛开展文化科技卫生"三下乡"、科普之冬（春）、科技致富能手下乡、科技入户等各种形式的科普活动，建设科普活动站、宣传栏，发展科普宣传员，面向农民宣传科学发展观，开展保护生态环境、节约水资源、保护耕地、防灾减灾，倡导健康卫生、移风易俗和反对愚昧迷信、陈规陋习等内容的宣传教育，促进在广大农村形成讲科学、爱科学、学科学、用科学的良好风尚，促进社会主义新农村建设。农村科普工作注入新的活力，农村基层科普组织、基础科普设施得到蓬勃发展，科普服务能力得到提高，科学技术惠及到越来越多的农民身上。

3. 农村基层科普组织和带头人是农村科普的主要力量

多年来，长期根植在农村农民当中，数量众多、分布广泛的农村专业技术协会、农村科普示范基地、农村科普带头人、少数民族科普工作队，直接面向农村、面向农民开展科普宣传，对农村科普工作的作用和贡献十分显著，是农村科普活动的组织者和具体实施者，农村科普的生力军，农村基层科普工作的主体。

农村专业技术协会。是20世纪80年代初，随着农村经济改革的逐步深入，为适应农村市场化、产业化、现代化发展而产生的，至今已经30多年，已成为重要的具有中国特色的新型农民专业合作组织。农村专业技术协会是在农民自愿互利的基础上成立，坚持

“民办、民管、民受益”原则。

农村科普示范基地。包括农业产业推广基地和各种科普活动站、科普培训场所等，是以示范的方式普及推广农村先进技术和农业新成果、新品种，传播现代农村科技信息以及先进管理方法，是农民能够学习科学技术的重要阵地。截至2014年年底，全国农村科普示范基地共有3.4万个。

少数民族科普工作队。长期扎根少数民族地区，以科普展板宣传、发放科普资料、开展科普讲座等为主要形式，以少数民族群众喜闻乐见的方式，面向少数民族群众开展科普宣传、教育和培训等科普活动，是少数民族地区科学普及的重要力量。目前全国有282支少数民族科普工作队分布在全国少数民族地区。

农村科普带头人。包括大量的农村专业技术人才和农村科普志愿者，是长期在农村面向广大农民群众开展科普工作的专兼职科普工作者，在农村默默无闻无私奉献，不仅在农村传播科学技术，同时也用自己的实际行动影响着周围的人。截至2008年，全国科普人才总量达176万人，其中专职23万人，兼职153万人（含注册科普志愿者77万人）。

科普基础设施和场所不足、科普人力资源匮乏等因素制约着农村科普工作的发展。大力激励和培养农村基层科普组织和带头人，支持其提高自身实力和服务能力，发挥科普示范带动作用，成为农村科普“养得起、用得上、留得住”的基层组织和队伍，是建立农村科普服务长效机制、服务“三农”的有效途径。

二、“科普惠农兴村计划”实施概况

（一）实施对象、方式和原则

“科普惠农兴村计划”的4类表彰奖补对象：农村专业技术协会、农村科普示范基地、农村科普带头人、少数民族科普工作队，根植于农民当中，是长期在农村开展科学普及的基层科普组织和个人的优秀代表。

“科普惠农兴村计划”通过“以点带面、榜样示范”“以奖代补，奖补结合”的方式，在全国评比、筛选、表彰一批有突出贡献的、有较强区域示范作用的、辐射性强的农村专业技术协会、农村科普示范基地、农村科普带头人、少数民族科普工作队等先进集体和个人，带动更多的农民提高科学文化素养，掌握生产劳动技能，提高农民科技致富的能力，引导广大农民建立科学、文明、健康的生产和生活方式。

“科普惠农兴村计划”实施原则如下。

面向社会，统一标准。评选范围面向社会各界，符合推荐范围和条件的单位和个人均可申报，统一评审标准。

立足科普，注重公益。评选对象立足于科普工作一线，注重社会公益，不以营利为主要目的。

差额评选，择优支持。各省推荐名额与最终确定获奖名单实行差额评选制，从各省推荐名单中择优支持。

奖补结合，追踪问效。中央财政安排专项资金，通过以奖代补和奖补结合方式对评选出的先进集体和个人开展科普活动进行补助和奖励，为他们更好地发挥示范带动作用创造更好的条件。对中央财政专项资金的使用及其结果实行监督考核和追踪问效。奖补资金主要用于改善科普条件、完善科普功能和开展科普活动等支出。

（二）表彰奖补情况

2006—2015 年 10 年来，“科普惠农兴村计划”共安排中央财政转移支付资金 22.5 亿元，共奖补 13 872 个先进单位和个人，其中农村专业技术协会 7 056 个，奖补资金 14.112 亿元；农村科普示范基地 3 140 个，奖补资金 6.28 亿元；农村科普带头人 3 616 个，奖补资金 1.808 亿元；少数民族科普工作队 60 个，奖补资金 0.3 亿元。

农村专业技术协会和农村科普示范基地各奖补 20 万元，农村科普带头人各奖补 5 万元，少数民族科普工作队各奖补 50 万元（表彰对象数量及奖补资金情况详见表 1－3）。

表 1－3　2006—2014 年“科普惠农兴村计划”奖补资金及数量

年度	中央财政奖补资金（亿元）	中央财政表彰奖补数量（个）	地方财政奖补资金（亿元）	地方财政表彰奖补数量（个）	表彰奖补总数（个）
2006 年	0.5	310	0.2	1 362	1 672
2007 年	1	650	0.6	2 265	2 915
2008 年	1	695	1.3	14 233	14 928
2009 年	2	1 219	1.25	9 881	11 100
2010 年	3	1 785	1.86	12 881	14 666
2011 年	3	1 797	2	13 447	15 244
2012 年	3	1 797	1.83	10 379	12 176
2013 年	3	1 797	2.13	8 433	10 230
2014 年	3	1 911	2	7 646	9 557
2015 年	3	1 911			
合计	22.5	13 872	13.17	80 527	92 488

奖补资金大部分用于开展科普活动和购置科普专用资料和设备，以 2014 年表彰对象奖补资金使用情况为例，表彰对象用于科普活动费的奖补资金占 49%，用于科普专用资料

和设备费的占45%，其他资金占6%（图1－2）。

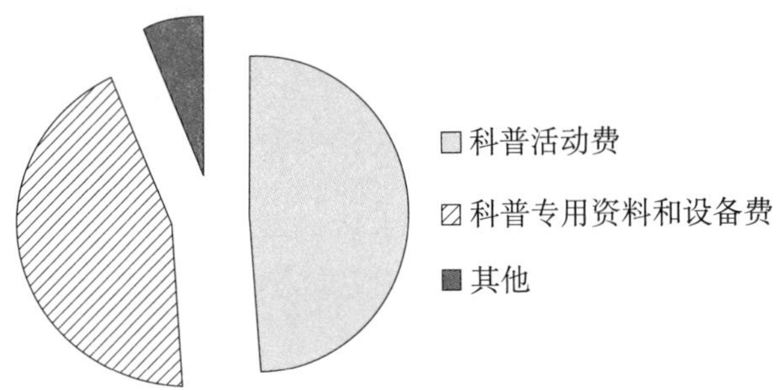

图1－2　2014年“科普惠农兴村计划”奖补资金支出比例

在“科普惠农兴村计划”的引导带动下，各省结合实际，创新体制机制，纷纷开展富有特色的科普惠农活动。

2006—2014年的9年中，地方财政共投入专项资金13.17亿元，奖补80 527个先进单位和个人，其中，省级财政投入专项资金6.935 9亿元。北京、河南、四川、湖北、广西、云南等31个省区市财政投入专项资金，用于奖补先进集体和个人。广西等地按照“四级联动”模式实施“科普惠农兴村计划”。辽宁省、黑龙江省、江苏省、河南省、湖北省、广西壮族自治区、重庆市等自2006年实施“科普惠农兴村计划”起，长期连续开展工作。北京市累计投入6 273万元，表彰先进集体和个人，投入资金数额居各省首位。有31个省（自治区、直辖市）的地市级财政投入专项资金约26 131.96万元；湖北省地（市）财政共投入2 584万元开展本地“科普惠农兴村计划”，投入资金数额高居各地（市）榜首。24个省（自治区、直辖市）的县级财政投入专项资金8 900余万元；江苏省县级财政共投入1 367.6万元开展本地“科普惠农兴村计划”，投入资金数额高居各县（区）榜首。

（三）组织实施机构及流程

每年3月底前，由中国科协、财政部综合各省社区、农村科普工作等情况，确定各省农村专业技术协会、农村科普示范基地、农村科普带头人、少数民族科普工作队和科普示范社区的推荐名额，并下达到各省（自治区、直辖市）。其中农村专业技术协会、农村科普示范基地、农村科普带头人和科普示范社区的推荐名额按评选名额的120%进行分配；少数民族科普工作队由建有少数民族科普工作队的省（自治区、直辖市）各推荐1个。农村专业技术协会、农村科普示范基地、农村科普带头人和少数民族科普工作队的申报不得交叉重复，申报单位和个人同时符合多个推荐范围和条件的，只能按其中一项进行申报。

省级科协和省级财政部门根据中国科协、财政部下达的推荐名额和本方案规定的推荐范围和条件，结合本省社区、农村科普工作的实际情况，制定具体的实施细则，下发到各市、县，并通过本省的主要媒体广泛宣传，向政府机构、社会组织、社区和广大农民、社区居民公开发布推荐条件和申报程序。认真组织做好本省的推荐工作。

地（市）科协和地（市）财政部门要积极配合省级科协和财政部门做好推荐工作。

县级科协和县级财政部门根据本方案和本省的实施方案，通过当地媒体开展宣传工作，广泛动员当地社会各界积极参与；组织指导符合条件的单位和个人进行申报；组织相关部门和专家对申报材料进行审核，确定推荐单位和个人名单；县级科协和财政部门应将推荐名单在有关社区和乡村进行公示，时间不少于 5 天，广泛征求意见；公示期满无异议的，由县级科协和财政部门将正式推荐名单和相关材料上报省级科协和财政部门。

省级科协和省级财政部门汇总各县推荐名单和相关材料，成立评审委员会进行审核，在中国科协和财政部下达的推荐名额内，提出推荐单位和个人名单；推荐单位和个人名单须在本省媒体进行公示，时间不少于 5 天；公示期满无异议的，由省级科协和财政部门于 5 月底前，将正式推荐名单和相关材料上报中国科协和财政部。

中国科协和财政部汇总省级科协报送的申报材料，成立评审委员会进行评审。评审结果在媒体进行公示，时间不少于 5 天，公示期满无异议的，6 月底前由中国科协和财政部批准并下达各省级科协和财政部门。对受到表彰的农村专业技术协会、农村科普示范基地和少数民族科普工作队授予“全国科普惠农兴村先进单位”称号，受到表彰的农村科普带头人授予“全国科普惠农兴村带头人”称号，受到表彰的社区授予“全国科普示范社区”称号，并均由中央财政资金给予奖励和补助。

各级科协和财政部门要积极宣传获奖对象的先进事迹，要加强对奖补资金的管理和监督，要加大对获奖对象开展科普工作的指导力度，帮助其在提高城乡居民科学素质，助力社会主义文化大发展大繁荣、推进社会主义和谐社会建设中发挥更大作用。要认真做好工作总结和经验交流。省级科协和财政部门于 12 月底前将年度工作总结报中国科协和财政部。

2013 年，为进一步加强“科普惠农兴村计划”规范化管理，强化激励机制，科普惠农项目办制定并下发了《“科普惠农兴村计划”项目实施工作考核办法》《科普惠农兴村计划专家库管理办法》，发布《“科普惠农兴村计划”项目实施工作考核标准》，从申报推荐、组织实施、宣传推广和总结评估四个方面对各省实施情况进行评估。

广东省政府将“科普惠农兴村计划”纳入省级专项资金管理平台，向社会公布专项的管理办法、项目申报指南和项目的推荐、评审、结果，确保项目实施过程“公平、公正、公开”。

（四）项目宣传

中国科协、财政部大力宣传“科普惠农兴村计划”“科普惠农兴村计划”奖补对象名单每年在《人民日报》进行公告，扩大奖补对象知名度和社会影响力。2006—2012 年，每年与中央七台联合录制《科普惠农惠万家》系列节目，共录制 35 集；2006 年、2007 年、2010 年《新闻联播》播报科普惠农启动仪式和奖补对象开展科普活动的先进事迹共 3 次；2010 年春节期间，《共同关注》《朝闻天下》栏目连续 4 天播出科普惠农系列节目，2014 年中央电视台朝闻天下栏目以《女子科普队 一点红照亮万山丛》为题，对云南省文山壮族苗族自治州少数民族科普工作队进行报道；每年集中组织中央媒体记者开展采访、报道，《人民日报》《中国财经报》《光明日报》等国家媒体累计报道 30 余次。2014 年，中国科协从各省上报的 200 余份典型案例中精选出 41 篇优秀案例，组织记者进行深度采编后，编辑出版《科普惠农兴村计划典型案例汇编》。中国科协副主席、书记处书记陈章良亲自为该书作序。

各地也积极开展宣传活动。仅 2014 年度各省级媒体累计宣传报道 2 184 次，省级媒体开辟科普惠农专栏 621 个，制作科普惠农专题节目 587 期。2013 年度各省媒体累计宣传报道 2 028 次，在媒体开辟科普惠农专栏 621 个，制作科普惠农专题节目 843 期。山东省编印了《惠风化雨润齐鲁——山东省科普惠农工作回顾》画册；吉林省还编辑出版了宣传推介科普惠农先进典型的科普图书《榜样》，举办科普惠农典型展览；陕西省科协还组织编印《科普惠农耀三秦》文集 3 本，举办了 3 期科普致富带头人巡回演讲；广东省科协在广东科技报开辟《科普惠农专刊》；福建省编辑《闪光的足迹——福建省农村科普志愿者的故事》《福建省“十一五”期间获全国科普惠农兴村计划表彰项目执行情况汇编》和《福建省“十一五”期间获全国科普惠农兴村计划奖补项目资金使用情况汇编》等 6 种宣传资料，增强奖补对象的社会责任感，营造科普惠农的良好氛围。贵州省组织科技专家、科普作家等参与科普节目的制作，投入 20 万元用于拍摄制作科普惠农获奖单位的宣传教育课件，选送远程教育中心通过远程教育平台播放。

湖南省科协下发了《关于加强科普宣传工作的通知》（湘科协发〔2013〕66 号），强调既要抓好经常性科普惠农宣传工作，又要做好“科普惠农兴村计划”表彰对象先进典型宣传工作，同时给予评比奖励；开展了“科普惠农兴村计划”先进典型征文活动，并在《湖南科技报》《湖南科协》杂志和湖南省科协网站宣传获表彰对象，据统计，每年全省在市州媒体上宣传获奖对象达40多次，展现他们在科普惠农工作中的突出成效，如永州市科协编印了《雨润潇湘——科普惠农在永州》一书，免费向全市基层科普组织发放，还在永州日报宣传获表彰的农村科普带头人6个，在新浪新闻网、新民网、中国日报网等大型网络媒体宣传蓝山县科普之星的表彰活动。张家界市科协开通了“张家界科普”微信，怀化市科协开通了“怀化科协微科普”平台，湘西土家族苗族自治州科协开展了扫描二维码、获取致富经的科普信息服务活动，主要服务对象为农技协、科技示范户和科普惠农奖补对象，内容涉及生产生活方面的科普知识，由于内容实用，受到农民朋友的热捧，单篇科普微信最高关注度达51 000人次，单天最高关注度11 000人次。

（五）社会反响

“科普惠农兴村计划”实施以来，引起了社会高度关注，受到了普遍赞誉。

1. 受到了广大农民的欢迎和社会的关注

“科普惠农兴村计划”通过奖补先进单位和个人，在全国农村和广大农民当中引起了强烈的反响，受到了广大农民的热烈欢迎。他们认为“科普惠农兴村计划”使自己学到了致富本领，增加了实际收入，提高了生活水平，转变了思想观念，对奔小康更有信心，充满希望。许多农民希望与农村专业技术协会和科普带头人联系，要求学技术、学经验。新疆阿克苏市依干其乡人民政府和依干其乡西郊无公害蔬菜基地写来感谢信，称获奖后，依干其乡各族农民群众无不振奋人心，特别是基地的2 300名菜农无不欢欣鼓舞，以致富为目的的干劲更大了。“科普惠农兴村计划”还引起了社会对农村科普的关注，带动社会力量对农村科普的支持和投入。对2006年至2014年1 428个获奖对象的抽样调查显示，1 232个奖补对象认为获奖后自身社会影响力提高，引起当地政府及有关部门的重视。

2. 得到全国及地方人大代表的重视和支持

十一届全国人大五次会议数名代表联名提出《关于继续加大对“科普惠农兴村计划”支持力度的建议》，十二届全国人大一次会议数名代表联名提出《关于进一步支持“科普惠农兴村计划”的建议》，均充分肯定了“科普惠农兴村计划”在提升农民科学素质和繁荣农村科技文化等方面发挥的重要作用，建议进一步加大对“科普惠农兴村计划”的支持力度，扩大“科普惠农兴村计划”的覆盖面。湖南省第十一届人大第三次会议上数名代表联名提出《关于进一步加强科普惠农资金投入的建议》，建议省、市、县三级财政列出专项资金配套实施科普惠农兴村计划。湖南省第十一届人大第五次会议上数名代表联名提出《关于修改〈湖南省科学技术协会条例〉的议案》，建议新增第十五条“科学技术协会负责国家科普惠农兴村计划的贯彻实施，大力培育和发展农村科普示范基地、农村专业技术协会和农村科普带头人”，省人大两次提案推动了“科普惠农兴村计划”的深入实施，设立了省级专项配套资金。

三、“科普惠农兴村计划”实施成效

“科普惠农兴村计划”的实施，是首次通过中央财政转移支付方式直接奖励农村基层科普组织和个人，在农村科普工作和财政科技支农工作方面都有所创新，在促进农民群众提高科学素质提高、加快农民群众增收致富步伐、促进农业科技创新、引领现代农业发展、完善农村科普公共服务体系、促进新农村建设等方面取得了显著效果，得到了各级党政领导、农村基层科普组织、广大农民群众上下一致肯定和欢迎，成为落实《全民科学素质行动计划纲要》、提高农民科学素质的重要抓手。

为全面评估“科普惠农兴村计划”实施 9 年的成效，我们分别设计针对不同奖补对象和各级科协的问卷，采用问卷调研的方式获取第一手数据资料。样本选择我国广东省、江苏省、福建省、山东省、河北省、湖南省、四川省和新疆维吾尔自治区共 8 个代表省（自治区）。调研对象分为Ⅰ各级科协和Ⅱ奖补对象，其中奖补对象共有科普带头人、农技协、科普示范基地和少数民族工作队等 4 类，问卷数量结构如表 1 – 4 所示。

表 1 – 4 调研问卷结构（单位：份）

项目	河北	湖南	广东	山东	江苏	福建	四川	吉林	新疆	合计
农村科普带头人	47	55	34	92	36	100	78	35	66	543
农村专业技术协会	117	103	42	213	57	227	302	57	80	1 198
农村科普示范基地	22	57	17	73	24	71	108	10	41	423
少数民族科普工作队	1	2	0	0	0	0	2	0	8	13
科协	174	141	94	144	65	88	175	1	81	963
合计	361	358	187	522	182	486	665	103	276	3 140

从表 1 – 4 可以看出，调研问卷总计 3 140 份，其中有效问卷 3 137 份。其中，奖补对象问卷共计 2 177 份，各级科协问卷共计 963 份。从区域结构看，四川、山东和福建问卷数量分列前 3 位，从奖补对象结构看，问卷数量从多到少依次是农技协、农村科普带头人、农村科普示范基地和少数民族科普工作队。

（一）“科普惠农兴村计划”的实施，促进了农民科学素质提升

做好”三农”工作，要靠政策，靠科技，但从根本说，还是要靠提高广大农民的科学

素质。“科普惠农兴村计划”通过以点带面、榜样示范，增强农民学科技、用科技的兴趣和意识，提高广大农民的科学意识和依靠科技脱贫致富、发展生产、保护环境、改善生活质量的能力，引导广大农民建立科学、文明、健康的生产和生活方式。参与统计的有效问卷共2 174份。效果分为非常好、很好、好、一般、差5类。其中认为效果非常好的问卷为1 592份，占73.23%，效果很好的为439份，占20.19%，认为效果好的为129份，占5.93%。3项合计约占调研样本的99%，说明“计划”实施以来，在提高农民科学素质方面的作用有目共睹，获得奖补对象和农民的一致认可。图1－3为“计划”提高农民科学素质的效果。

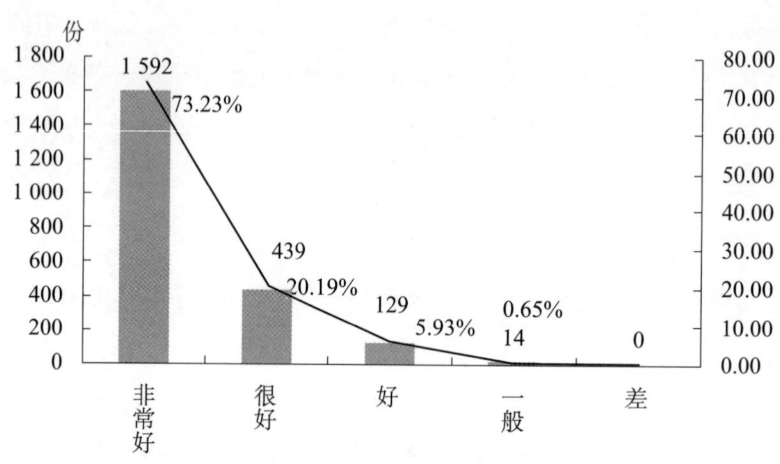

图1－3　“计划”提高农民科学素质的效果

1. 注重把推广实用技术与提升农民科学素质有机结合

在“科普惠农兴村计划”实施中，许多受表彰的集体和个人把推广实用技术与提升农民科学素质有机地结合起来，为会员和农户订阅大量的科技报刊、科普期刊、科普图书、科普挂图、科普光盘等资料，向农民宣传科学文明健康的生活方式；同时利用“全国科普日”“科技下乡”等大型科普活动，开展科普宣传，发放科普资料，举办科普培训，在表彰对象的引领下，广大农民群众自觉参加科普教育活动，增强了科技意识。各省积极引导奖补对象开展科普服务，2014年各省组织12 085个奖补对象参加科普活动3 499次。内蒙古少数民族科普工作队充分利用各民族的传统节日和集会，以形式多样的宣传手段和内容丰富的科普活动，被少数民族群众亲切地称为“科普轻骑兵”。吉林省梅河口市退伍军人农业科技培训基地将自己的684名复转军人和1 700名民兵预备役军人作为农村科普工作骨干力量，每年举办各类科普培训班700多期，赶科普大集近70次，送科技下乡300多次，参与组织全国科普日等活动30多次，科普展教300多次，制作科普宣传条幅200多个，发放科普资料30

多万份，培训、咨询人数达20余万人次，辐射10多万人提升科学素质。

图1－4为开展科普惠农的主要内容统计图，参与统计的有效问卷共2 166份。其中，奖补对象进行农业技术应用推广、农业生产环保技术、基本科学常识等的普及和培训工作作为科普惠农工作的主要内容。外出务工技能、农业安全生产技术和健康生活方式等也作为奖补对象开展科普活动的有益补充。但不可否认，对农业生产技术及农业生态环保技术等的重视程度较高，也反映了现阶段农民在生产经营过程中的关注焦点。

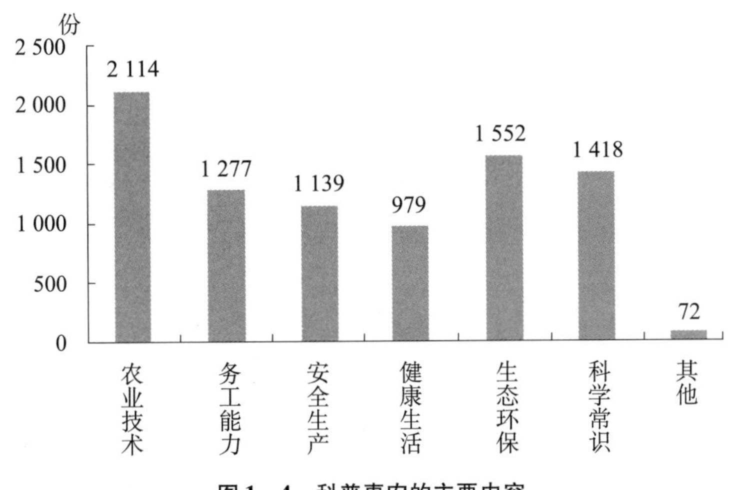

图1－4 科普惠农的主要内容

2. 切实加强对农村实用人才的培养

在“科普惠农兴村计划”实施中，各地将培养农村实用人才、增强农村持续发展能力作为一个重要目标，积极采取各项措施，大力培养农村实用人才。据统计，2014年，各省面向奖补对象开展培训交流活动2 167次，参加人数109 487人次。辽宁省组织表彰对象参与科普活动或学习交流活动653次，参与的表彰对象1 808个（次）。对表彰对象开展集中培训或经验交流会492次，参加人数29 682人次。黑龙江省组织、指导五常市、阿城区、尚志市等科协先后举办了10期全省水稻、生猪、食用菌、林下经济的农技协领办人交流培训班，共培训农技协领办人1 000余人。2013年，海南省万宁市礼纪绿化苗木栽培基地开展科技培训9次，培训约1 100人，编印发送科技资料1 200册；四川省成都市双流县永安红提葡萄协会成立科技110小分队，常年深入田间地头为会员和果农开展科普服务，受益群众近万人次；云南省德宏州芒市科普带头人银建芬开展科普讲座6次，听讲450人次，发放《蔬菜优良品种及栽培技术》5 000册，累计接待农民咨询3 000多人次。

图1－5为（奖补对象）奖补资金用途情况统计图，本次调查共统计有效问卷1 975份。其中奖补资金按照主要用途（可多选）分为图书资料费、专用设备费、展品展具费、

培训讲座费、展览费、新技术新产品推广费和其他费用7类。其中，支出排在前几位的用途分别是新技术新产品推广（1 917份），培训讲座（1 966份），图书资料（1 958份）。

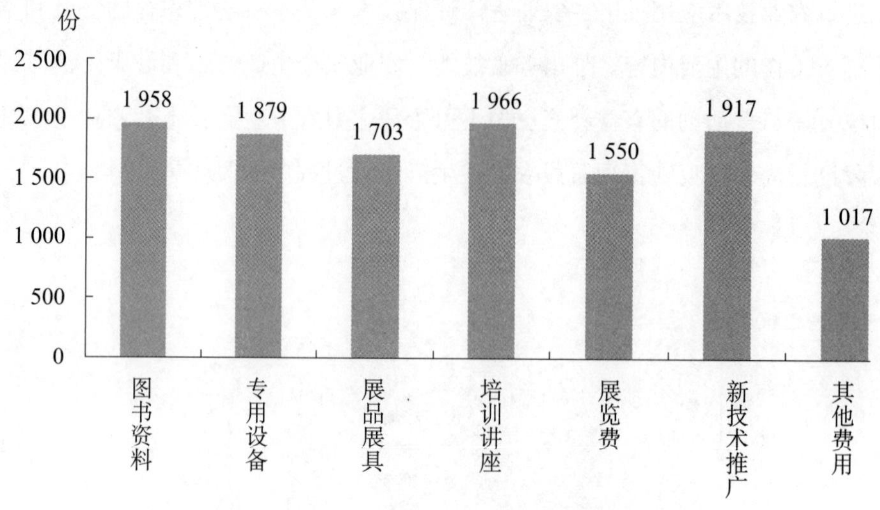

图1－5　（奖补对象）奖补资金主要用途

图1－6为奖补资金用途情况统计图，调研统计奖补资金总金额为35 785万元。其中，支出金额排在前几位的分别是，图书资料费28 567.166万元，占调研奖补总金额的79.83%；新技术新产品推广费2 358.232万元，占调研奖补总金额的6.59%；专用设备费1 460.028万元，占调研奖补总金额的4.08%。图书资料目前仍然是奖补对象进行科普惠农工作的主要资金支出项，一方面说明“计划”实施以来，积累了大量的农业科普图书资料等资源，另一方面也说明，广大农民对图书资料在科普惠农中的作用比较认可和接受，对农民科学素质的提升和实用人才培养发挥着重要作用。

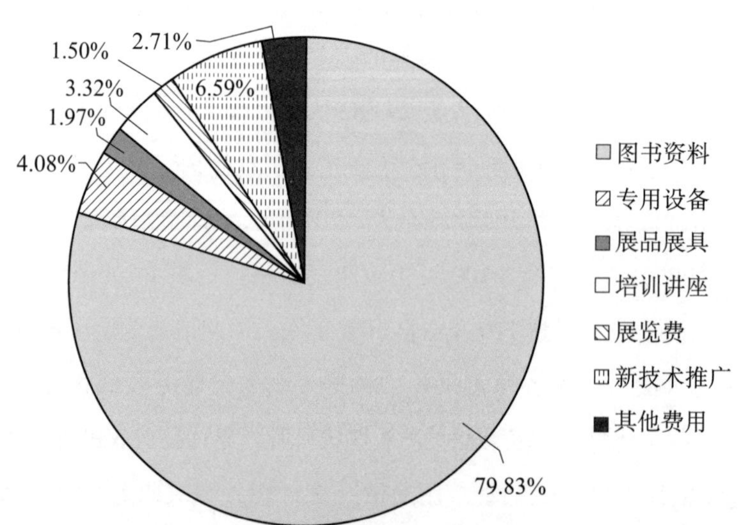

图1－6　奖补资金主要用途（按金额划分）

3. 不断提高农民参与社会公益科普活动的自觉性

在“科普惠农兴村计划”实施中，表彰对象对开展社会公益性科普活动更加积极主动，也提高了农民自觉参与社会公益科普活动的热情。各省积极引导奖补对象围绕当地主导产业开展科普服务，2014 年组织奖补对象参加科普活动 3 499 次。辽宁省普兰店市元台镇利兴村蔬菜协会使用奖补资金 20 万元和镇政府所支持的 170 万元建立了辽宁省第一家农民科技文化培训中心，常年开展科普活动，传播科技和文化。吉林省科普惠农兴村带头人黄明荣用奖补资金购买了 1 台土壤分析仪和电脑，免费为周围乡镇农民测试土壤成分，先后 30 多次到省内外为农民讲课，深入田间地头指导农民生产，在吉林省电视台《乡村四季》和《走进乡村》栏目参与 13 期节目制作，直接受益农民达 3 000 多人次，间接受益农民可达几十万人次。山东省济南市长清区文昌苗木花卉协会会长、全国科普带头人刘继杰受到表彰后，在村里建立了图书室，购置各种科普图书 2 000 多册，设立科普活动站 100 多平方米，农民可随时在电脑上查找有关科普资料，并经常举办科普文艺晚会、放映科普电影等活动，对提高农民科学素质起到了很好的作用。

（二）“科普惠农兴村计划”的实施，加快了农民增收致富步伐

“三农”工作的核心是农民，农民工作的核心是增收，而实现增收必须依靠科技。在“科普惠农兴村计划”资金支持下，获奖单位和个人，积极引进示范推广农业先进技术，提高农民专业技能，推动了农业增产、农民增收。据统计，“科普惠农兴村计划”实施十年来，奖补对象已辐射带动农户 6 679 多万户。“科普惠农兴村计划”为农民树立了一大批在农民身边、依靠科技做出成绩给农民看、有能力和热情去传播科技，带领农民一起干的领路人，通过推广新品种、进行标准化生产、发展营销渠道等多种方式，帮助农民依靠科技增收致富。

1. 通过推广新品种新技术帮助农民增收

获奖补的农村专业技术协会、科普示范基地和科普带头人以极大的热情开展新技术的示范推广，坚持以市场需求为导向，以技术项目为纽带，上联科研院所，下联千家万户，创造了科技成果快捷、方便、高效进农户的新途径，加快了农业科技成果在农村的迅速转化和利用，实现了农业增效、农民增收。据统计，奖补对象累计引进推广农、林、牧、渔业等各类新品种 7.6 万个（次），新技术 4.8 万项（次）。2010 年至 2014 年获得奖补的 4 905个农技协中 99% 开展技术服务。

图 1 – 7 为获得奖补后农业单产提高程度，参与统计的有效问卷共 1 644 份。其中，奖

补后农业单产提高5%以下的有245份，占样本总量的14.90%；提高5%～10%的有399份，占24.27%；提高10%～15%的有265份，占16.12%；提高15%～20%的有226份，占13.75%；提高25%～30%的有108份，占6.57%。其中单产增幅5%～10%的奖补对象最多，按照目前我国测算的农业技术进步效率，年均不足3%计算，"计划"的实施某种程度提高了我国农业综合生产力。

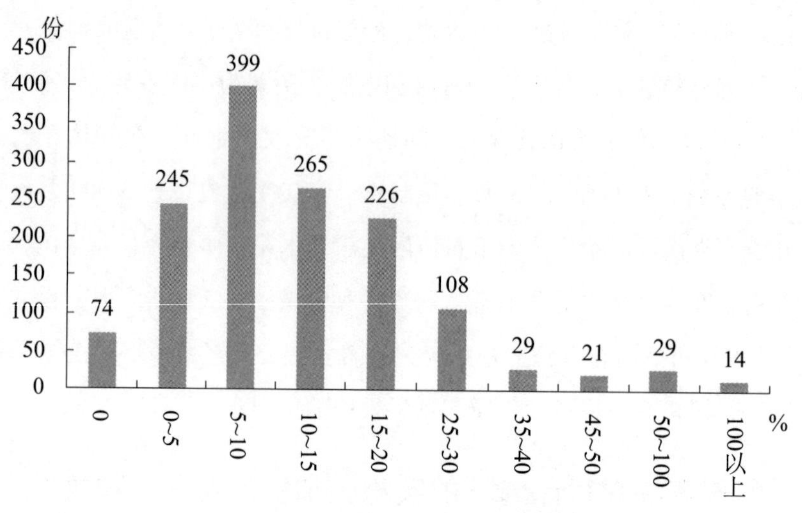

图1－7　获得奖补后农业单产提高程度

广东省肇庆市封开县水果协会引进新品种台湾早脆梨，瞄准市场服务农户，2010年投入资金种植20亩，协会为会员及其他农户提供早脆梨种苗和技术指导，2013年和2014年加大技术培训和指导力度，邀请种植专家和技术人员开展技术培训500多场（次），派发技术资料30 000多份，召开现场会100多场，使会员和农户逐渐熟悉早脆梨种植技术规程，在水果协会会员的带动下，全县掀起了种植台湾早脆梨的热潮，截至2014年，已在全县带动种植500多亩。近3年来，水果协会积极组织专家编印有《封开油栗种植技术规范》《封开油栗早结丰产栽培技术》《封开麒麟李早结丰产栽培技术》《沙糖桔结果树管理》《贡柑高产栽培技术》《马水桔高产栽培技术》等技术资料，下发农户指导种植、发展生产；水果协会的专家、科技人员和长期聘任的农科学院专家、教授在全县各乡镇举办了技术培训班700多期，参加培训的农民达10 000多人次，派发技术资料15种200 000多份（册）、各种声像资料12种3 000多盒，举办了专家讲座180期，参加人数高达75 000多人次，现场咨询和个别指导200 000多人次，培育了水果示范户1 600多户、水果种植土专家800多人、科技带头人360多人。2013年，封开县各类水果大丰收，产量和价格均有所增长，水果协会的会员年人均纯收入达到2.8万元，是封开县农民人均纯收入9 607元的3倍，为封开县农业产业结构的调整和产业升级做出了重要贡献。

图1－8为奖补对象农业纯收入增长情况，参与统计的有效问卷共1 538份。其中，奖补后农业纯收入增加1%～10%的有126份，占样本总量的8.19%；增加10%～20%的有259份，占16.84%；增加20%～30%的有311份，占20.22%；增加30%～40%的有239份，占15.54%。从中看出，奖补对象农业收入增长集中在10%～40%，与产值增长相比，农业收入增长幅度更大。这恰恰说明奖补对象在生产优质优价的农产品的同时，依靠新品种和新技术，降低了农业生产成本，提高了农业纯收益。

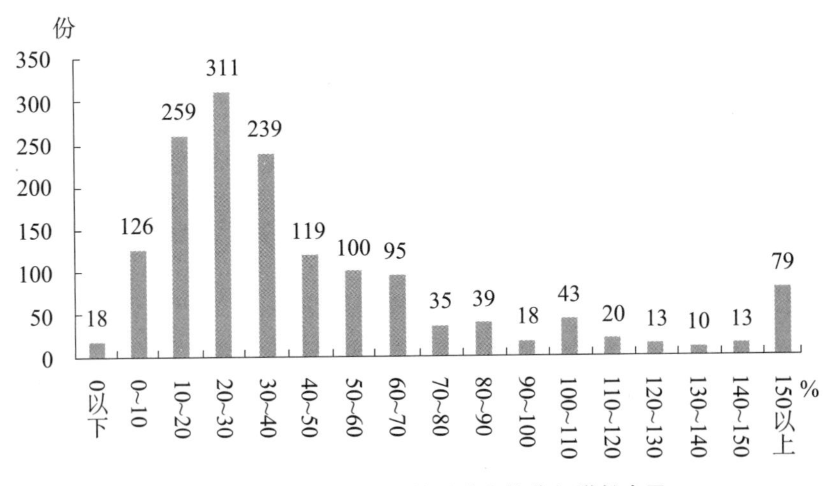

图1－8 奖补对象奖补前后农业纯收入增长水平

四川省德阳市黄许孵抱养殖协会推广的新品种大幅提高了养殖户的效益，2010年，该协会的1 850户会员平均纯收入达4万元，户均增收6 000元。靠甘薯一项农民实现人均纯收入达到1 470元。云南省蒙自县苗族汉子古圣贤的4亩（1亩≈667平方米，1公顷＝15亩，全书同）石榴地，过去一年收入几千元，近两年每年收入几万元。究其原因，是他搭上了“科普惠农兴村计划”这辆“致富快车”，学到了石榴种植管理新技术。2008年，蒙自县新安所生态农业研究会受到全国“惠农计划”的奖励，协会以此为契机提高产品质量，帮助像古圣贤这样的许多农民致了富。如今，古圣贤所在的新安镇小红寨村，种植石榴15万亩，产值3亿元多。广大农民看到掌握新的技术能致富，学习科学技术的积极性不断高涨，现在九成以上村民都成为新安所农业生态研究会的会员。

专栏1

新疆巴音郭楞蒙古自治州且末县塔提让乡绒山羊协会带领农民走上致富路

绒山羊是塔提让乡的一种特有的资源，其产的山羊绒，具有细而柔软、颜色洁白如玉、光泽明亮、手感光滑细腻，做成的纺织品集薄、轻、暖、舒适、高雅于一体，被美誉为“纤维宝石”和“软黄金”。塔提让乡绒山羊协会成立于2008年9月25日，会员35

人。2011 年 11 月 25 日召开了绒山羊协会代表大会，换届选举出了新一届理事会成员，设理事长 1 人加帕尔·库尔班，副理事长 3 人，秘书长 1 人，理事共 9 人，其中，维吾尔族 9 人，中共党员 3 人，会员 105 人。现已建成塔提让乡绒山羊协会科普惠农服务站 1 个，成立绒山羊协会党支部 1 个，党支部挂靠阿德热斯曼村党支部的形式开展工作，协会党员实行双重管理，在乡党委的领导下，开展日常工作。

2011 年被评为全国科普惠农兴村先进单位，协会利用奖补资金不断丰富服务内容，组织开展绒山羊育种、改良、示范推广、技术服务等工作。从新疆昌吉地区引进优良品种绒山羊 5 000 头（只），用于品种改良，发展绒山羊育种户 70 多户，示范户 80 多人，辐射带动农牧民 300 多户发展绒山羊养殖业，通过培训，受益群众近 2 000 人。通过几年育种，现绒山羊存栏已达到 20 000 多只，品种得到改良，改良后的绒山羊产绒量更多，质量更优，价格更高，平均产绒量由 200 克/只提高到 400 ~ 500 克/只，最高产绒量达到 700 克/只，每只增收 150 ~ 200 元。2013 年 5 月，塔提让绒山羊协会又申请科普惠农服务站项目，又获得了自治州"科普惠农兴村计划"科普惠农服务站项目，成立了塔提让乡绒山羊协会科普惠农服务站，让更多的农户学科技，用科技，提高协会的科普惠农服务水平，帮助更多的农户致富奔小康。

协会会员库尔班·肉孜，以前只靠家里的几亩地，人多地少，闲置劳动力人数多，人均收入只有几百元钱，是村里的低保户，通过加入绒山羊协会后，通过养羊卖绒，现在不仅脱贫致富了，还住上了宽敞明亮的安居富民房，辐射带动了村里其他的农户养羊致富。协会多次被县人民政府评为科普工作先进单位，在他的带动下，全乡人均收入由原来的 8 000元，提高到 2014 年的 15 000 元，切实让村民富了起来。

当地汉族群众普遍种植棉花，秋季棉花采摘后，协会会员在棉花地放牧，同时，汉族群众也请协会会员托管山羊，维汉群众互帮互助，亲如一家。塔提让乡绒山羊协会不仅带领群众增收，而且促进了民族团结和社会和谐。

2. 通过节约农业生产成本和提高农产品附加值促进农民致富

2010 年至 2014 年获得奖补的 4 905 个农技协中 71% 开展农资服务，49. 2% 开展农产品加工。

图 1 -9 为获得奖补后农业产值增加情况，参与计算的有效问卷共 1 717 份。其中，获得奖补后农业产值增加 10% 以下的有 465 份，占样本总量的 27. 08%；增加 10% ~20% 的有 553 份，占 32. 21%；增加 20% ~30% 的有 333 份，占 19. 39%；增加 30% ~40% 的有 130 份，占 7. 57%。从中可以看出，95% 以上的奖补对象农业产值均不同程度增加，说明

“计划”实施不但促进农业生产力进步，提高单产，也能提高农业总产值，实现了农业发展“提质增效”的目标。

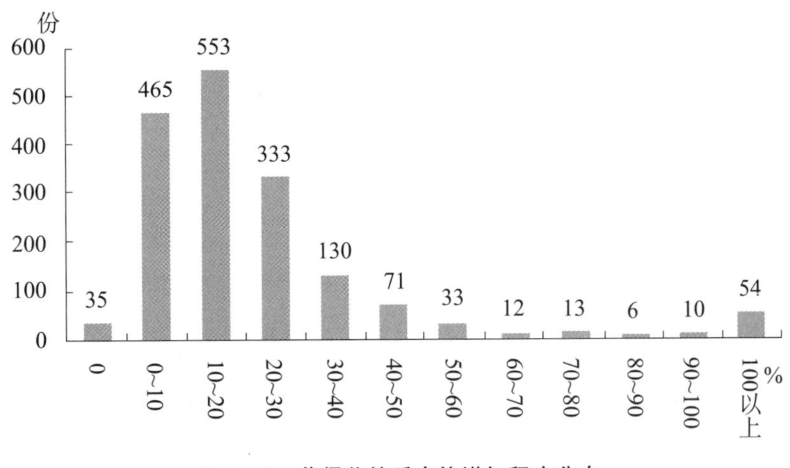

图 1－9　获得奖补后产值增加程度分布

辽宁省“全国科普惠农兴村带头人”吴红卫为了节省温室周年管理人工费用，从沈阳厚泽阳光建材经销中心购进 50 片 10 年保质期的天星品牌阳光板，进行代替温室塑料棚膜实验。此项产品试验成功，10 年内不需要人工进行温室保温以及更新塑料的管理，大大节省葡萄种植的成本。山东省莱州市大菱鲆科普示范基地受到国家表彰后，持续扩大养殖规模，广泛开展各类技术推广活动，有效提升了广大养殖户的技术水平，2009 年养殖规模比 2006 年扩大了 52%，受益人口 51 170 人，比 2006 年增长了 37%，养殖大棚的产值平均达到 120 万元，比 2006 增长 30%，利润 40 万元，比 2006 年增长 16.5%，人均收入 9.91 万元，比 2006 年增长 18.6%。在基地的带动下，莱州市已建成设施渔业养殖大棚 1 600多个，4 500 多农民从事大菱鲆养殖业，1.5 万人参与了大棚的设施建设、饲料加工及第三产业，每年示范基地实现集体收入达600 多万元，社会效益 6.5 亿元。河北省卢龙县甘薯协会2007 年获奖后，利用奖补资金推广甘薯新品种和新技术，3 年时间里全县甘薯种植面积和产量上了一个新台阶。全县甘薯种植达 22.1 万亩，占全县耕地面积的近 1/2，年产鲜薯 4.6 亿千克。协会还积极发展甘薯加工企业，延长农业生产链条，增加农民收入。年加工淀粉 10.2 万吨、各类薯制品 11.8 万吨、白酒和酒精 1.76 万吨，薯类生产加工增加值 2.2 亿元。

3. 拓展营销渠道，帮助农民解决销售难题

各省科协积极搭建平台，促进获奖对象优质农产品的宣传推广。各奖补对象把生产销售各个环节组织起来，在农户与市场之间架起了桥梁，解决单个农户产品销不远、进不了

大市场的问题。据统计，9 年来，“科普惠农兴村计划”奖补对象注册商标 9 949 余个，有力地推动了营销水平的提升。2010 年至 2014 年获得奖补的 4 905 个农技协中 86% 开展农产品销售。

辽宁省于 2008 年在盘锦发起“科普惠农 · 农超对接”，7 年来，省科协系统组织的农超对接活动已促成各类产销合同 810 份，实现销售额 4.21 亿元，成为闻名全省的科普精品工程，深受百姓的欢迎。2014 年山西省在上海和太原成功举办 4 次科普惠农特色优质农产品展销会，来自全省 11 个市的 60 多家科普惠农优质农产品示范基地的 200 余种农产品在展会上集体亮相，提高农产品的知名度，促进农产品销售。贵州省贵阳市花溪区盐菜协会广泛与食品加工企业联系，先后与贵州天奇、一袋食品、叶大食品、中意食品、古镇风味食品等企业达成协议，依靠质量和信誉赢得了市场。与老干妈公司签订了近 2 万吨供应雪里蕻的订单协议，带动 2 000 户种植户和 156 名会员家庭人均年纯收入 7 100 元，高出当地农民人均纯收入 45%。受表彰对象在得到中央财政的奖励支持后，借助奖补资金和“科普惠农兴村计划”的影响，把“惠农”当品牌来做，不断地扩大农副产品的市场占有份额和社会影响力，实现品牌经济的做大做强。成都市蒲江县鹤山果品协会在全国建立 12 个销售点，举办“农超对接”活动。

图 1 – 10 为奖补前后非农业收入增长情况，参与统计的有效问卷共 670 份。其中，非农业收入增加 1% ~10% 户的有 62 份，占样本总量 9.25%；增加 10% ~20% 的有 79 份，占 11.79%；增加 20% ~30% 的有 117 份，占 17.46%；增加 30% ~40% 的有 67 份，占 10%。从中看出，奖补对象的非农收入增长分布集中在 10% ~40%，但整体分布相对分

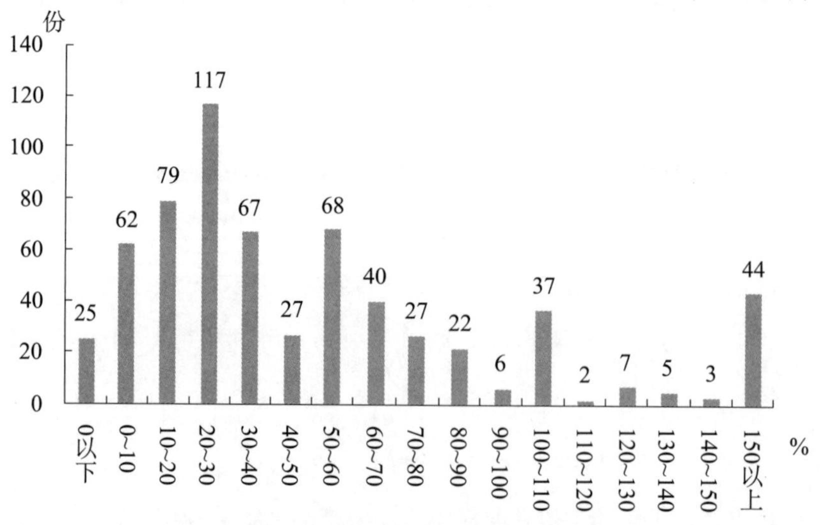

图 1 – 10　奖补对象奖补前后非农业收入增长水平

散。非农收入增长超过100%的奖补对象约占8%，这比重远高于农业收入增长，说明随着我国城镇化进程的不断推进，农民非农收入潜力巨大，在未来“计划”实施过程中，扩展奖补对象非农业收入途径，将会是实现带动更广泛农民增收目标的有效办法。

专栏2

开拓电商平台，拓展销售渠道

近年来，部分获奖单位和个人开始试探建设科普惠农农产品的电子商务平台，通过线上、线下资源互补，开展农村特色产品配送，拓宽产品销售管道，以信息化节约投资和运营成本，促进农民增收致富。如广东省惠州市惠东县四季鲜绿色食品科普示范基地建设了四季鲜农副产品电子商务交易平台，带动了合作社旗下800户农户进行生产种植，在2014年果季，每天销往全国的荔枝6 000～8 000件（每件重2.5千克），高峰期每天将达1.5万件。惠州市惠阳区镇隆荔枝协会也开展网络销售，促进了当地荔枝产业化发展，会员2013年度人均收入20 100元，比本区农民2013年度人均收入的16 747元增加了3 353元。四川省巴中市巴州区清江果苗木协会通过网络营销，其产品已远销山东、山西、重庆、甘肃、新疆、越南等地。

（三）“科普惠农兴村计划”的实施，促进了农业科技创新

“科普惠农兴村计划”奖补资金主要用于开展科学普及和技术推广示范活动，购置科普资料，引进新技术、新品种与生产设备等，推动了新技术、新品种、新材料、新工艺、新产品等科技成果的应用和推广，提高了农业生产规模，促进了传统农业向现代农业的转变。仅2013年获得奖补的单位和个人共承担各类科技项目2 088项。河北省获奖对象共承担或联合承担科技研究（示范推广）项目601项。其中，县级项目358个，市级项目112个，省级项目88个，国家级项目43个；申请省级专利32个，国家级专利41个。

图1－11为“计划”实施后当地新技术新产品增加情况，参与统计的有效问卷共988份。其中，“计划”实施后当地新技术新产品增加1～100项的有847份，占样本总量的85.73%；增加100～200项的有64份，占6.48%；增加200～300项的有32份，占3.24%，增加300项以上有45份，占4.55%。几乎全部调研样本都进行农业新技术和新产品的培育和推广服务，说明“计划”实施中，农业技术的扩散和普及是最主要的成效之一。此外，除了农业技术本身，生态环保、外出务工技能、健康生活方式等也是“计划”

实施过程中，带给农民的最大“技术果实”。

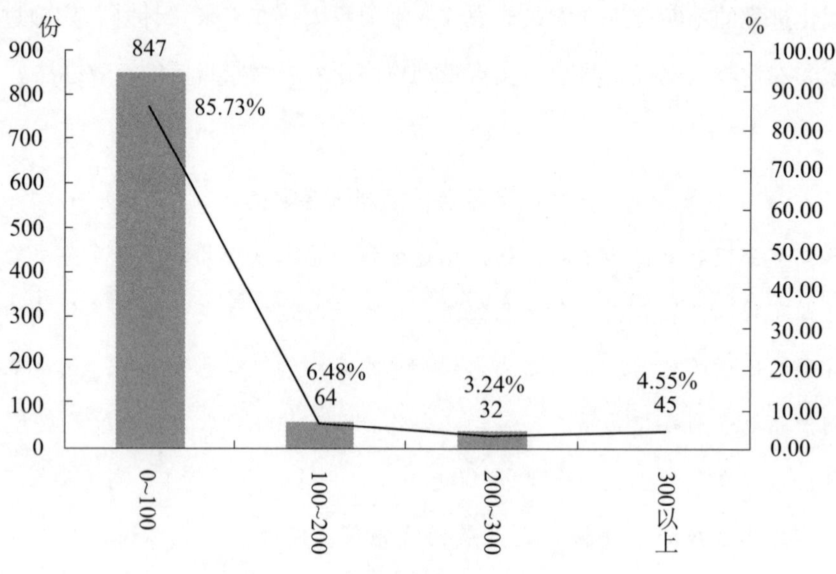

图 1－11　新技术推广增加比重分布

湖南省长沙市开福区光伏基地承担湖南农业大学石雪辉教授葡萄避雨栽培模式技术成果，醴陵市白兔潭农产品协会承担亚华种业超级稻深两优 5 814 百亩水稻育种试验，湘阴牛业协会承担县畜牧局冷冻精液肉牛品改试验，常德市西湖管理区湘绿蔬菜水果种植基地承担市蔬菜所脱毒马铃薯繁育品种试种，洞口县雪峰山山羊养殖协会承担县畜牧水产局“雪峰山羊”新品种培育项目。这些科研成果科技含量高，项目产出效益大。八曲河生态种养殖基地，推广水上蔬菜高产集成技术，使蔬菜、水稻亩产分别达到 7 500 千克和 400 千克以上，米质达国家一级，平均亩增收节本 780 元，申报水上专利 8 个。辽宁省阜蒙县化石戈谷业协会在荣获项目奖励后，加大了科技投入和科普服务创新，不仅使协会的产品获得了多种荣誉，赢得了更大的市场，更为当地农村经济发展和农民的致富增收做出了积极贡献；不仅教会了农业种植大户实用生产技术，引导当地和周边的越来越多的农民申请加入协会组织，更把科技致富、科普兴农理念植入民心；不仅使协会越来越充满生机和活力，向着规模化、标准化的方向发展，更为加快推进地区农业结构调整和科技进步做出了新的探索和尝试。河北富岗苹果科普示范基地《河北省太行山区有机苹果栽培技术集成与示范》《苹果精量控制节水灌溉技术研究与示范》获得河北省科学技术成果，两项科技成果均为国内领先水平。河北顺平县无公害农产品产业协会自主研发京选三号桃、太上皇杏、牡丹型桃花等新品种，以及桃子套袋，利用菌糠、糠醛渣生产平菇，苹果树壁蜂授粉等 3 项新技术。

(四)“科普惠农兴村计划”的实施，引领了现代农业发展

“科普惠农兴村计划”在推荐、评比过程中通过农民喜闻乐见的方式开展广泛宣传，增强农民学科技、用科技的兴趣和意识，提高广大农民发展生产、保护环境的意识和能力，引导广大农民树立科学发展理念。通过奖补对象榜样示范，带动广大农民开展标准化生产，促进资源节约型环境友好型农业发展。

1. 在围绕发展资源节约型、环境友好型现代农业方面取得成效

许多受表彰对象在生产、管理、技术服务中，大力发展低碳农业、都市农业、观光农业以及循环经济发展模式，使当地人居和生态环境明显改善，成为农业可持续发展的领头雁。9 年来，“科普惠农兴村计划”奖补对象获得无公害、绿色、有机农产品质量认证 4 547个。对 2006 年至 2014 年 1 432 个获奖对象的抽样调查表明，97. 6% 的获奖对象开展农业生产技术培训，73. 5% 的获奖对象开展生态环保技术培训，70% 的获奖对象获得无公害、绿色、有机农产品质量认证。

图 1 – 12 为调研当地开展农产品质量认证情况，参与统计的有效问卷共 1 723 份。农产品质量认证类型共分为：无公害认证、绿色产品认证、有机农认证和无认证。其中，选择无公害认证的有 910 份，选择绿色产品认证的有 606 份，选择有机农产品认证的有 330 份。从中看出，将近 2/3 的奖补对象进行农产品质量认证，这一方面说明农产品质量认证能提高产品品质，实现优质优价，有利于提高经营收益，另一方面说明农产品质量安全观念已植根于奖补对象生产行为中，农产品质量安全意识不断加强。

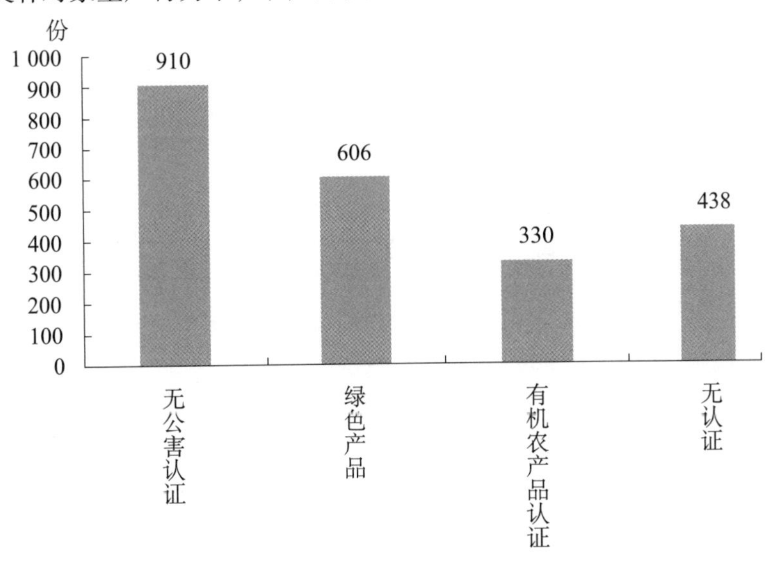

图 1 – 12 开展农产品质量认证情况统计

江西省景德镇市浮梁县庄湾乡仓下村生态有机茶科普示范基地，坚持实行有机化、生态化管理，施农家肥，杜绝化肥、农药，极大提高了茶叶品质。同时，采用生物防治技术，减少药物残留，提高产品质量。全村共有茶园 2 300 亩，其中生态有机茶科普示范基地连片茶园 1 000 亩，83% 的农户家中都有茶园。同时充分利用现有基地资源生态良好、景色优美的优势，把基地建设成观光、休闲、品茶融为一体的新型绿色生态旅游基地。

2. 积极帮助农民提高农业标准化生产的水平

"科普惠农兴村计划"实施以来，许多受表彰对象通过制定标准化生产技术规程，实施农业标准化生产，取得产品质量认证，促进农民致富增收。

湖南省怀化市靖州苗族侗族自治县茯苓专业协会，提出并参与制定了茯苓菌种、标准化种植、干、鲜茯苓等 4 个湖南省地方标准，成功选育茯苓新菌种"湘靖 28"并攻克了松茯苓袋料高效栽培新技术，"湘靖 28"进行了"神舟 10 号太空茯苓"诱变育种试验，成功注册"靖州茯苓"地理标志证明商标，靖州茯苓标准化示范种植区，获国家医药管理局通过 GAP 认证成功。陕西省咸阳市旬邑县北山果农协会获奖后，按照 HACCP 国际通行农产品质量安全标准，建立苹果大型 GAP 基地，生产附加值高的国际认证有机安全苹果，先后在咸阳及渭南地区建立了 13 个科普示范基地，167 个 GAP 专业生产农场，带动了苹果生产技术水平的提高和苹果产业升级，苹果商品率明显增长，在促进当地农民增收的同时，取得了显著的社会、生态效益。山东省郯城县新村乡银杏 GAP 采叶圃标准化示范基地按照 GAP 标准，对采叶圃进行统一管理示范，统一时间进行鲜叶采摘，统一分级，统一晾晒，做到鲜叶采摘管理科学规范，1 800 余亩采叶圃每年采摘银杏鲜叶 180 万千克，效益达到 600 余万元，平均每亩年收入可达 3 500 元以上，效益提高 3 倍多。黑龙江省齐齐哈尔市拜泉县拜泉镇蔬菜协会紧紧依靠科技部门，积极实验示范和推广适合本地发展的无公害蔬菜新品种，先后有 32 个蔬菜品种通过了农业部农产品质量安全中心认证。

专栏 3

普及红枣实用技术 发展红枣产业 促进社会和谐稳定

——新疆巴州若羌红枣管理协会

若羌红枣管理协会成立于 2009 年 8 月，其前身为 2002 年成立的若羌县红枣种植管理协会，现已辐射全县 3 个农业乡镇 16 个行政村、塔什萨依实验开发区、36 团场以及周边 6 个县市，带动农户 3 500 户。协会通过开展技术普及推广、技术研发、示范基地建设、实施品牌战略等服务，推动全县红枣产业发展，为建设"和谐稳定若羌"发挥积极作用。

积极开展技术推广，为若羌红枣的健康发展提供技术服务。一是采取定期或不定期的方式举办培训班，全县平均每年有82.6%的农村劳动力接受科普培训，有0.51%的农村青壮年劳动力获得农民技术员资格。二是先后组织和参与编写了《若羌县红枣标准化体系》《若羌红枣栽培技术规程》《红枣丰产栽培技术》等书籍，规范了红枣标准化生产。三是规范不断加强科技信息网络体系建设，通过广播、电视、远程教育等网络体系及时为农牧民提供准确科技信息。四是建立健全红枣种植管理、病虫害防治、果品采摘销售等各种服务协会、农民合作社32个，积极推广“春季定植促生长，夏季喷水保花果，摘心拉枝增产量，秋季追施农家肥，冬季定干整树形，四季修剪防病虫”及矮化密植丰产栽培等实用技术。科技对红枣产业发展的贡献率已达80%以上。协会也于2010年获得自治区科普惠农兴村先进单位，2011年获得国家科普惠农兴村先进单位。

积极开展枣树科研，为若羌红枣的健康发展提供技术保障。一是积极开展了红枣种植、管理、修剪、嫁接及病虫害防治等科研课题研究，二是枣树丰产树形培养技术、枣树生长季节嫩枝嫁接技术被评为优秀科研课题。三是按照农业“四化”要求，逐步完善了《红枣种植管理技术》《枣树的整形修剪》《枣树的花期管理》等30余部科技电教片。参与起草制定《若羌红枣红枣标准化管理、有机食品红枣管理》等科技管理规程，全面推广有机无公害农产品技术规程，积极发展绿色、有机枣果生产。

大力加强农业科技示范基地建设。在每个乡镇建立2个以上具有一定规模的农业科技示范基地和一批各具特色的专业示范点。在全县重点培育10个以上高水平的农业科技示范和成果转化基地。通过示范引导，典型带动全县红枣产业的良性发展。建成区、州、县、乡4级红枣高产示范园，现如今优质林果示范面积达5万亩，累计完成绿色红枣基地认证11万亩，有机红枣基地认证4万亩；2010年，“若羌红枣”被国家质检总局列为地理标志保护产品。

大力开展若羌红枣保品质、创品牌工作。一是大力实施品牌战略，根据《若羌红枣创品牌保品质实施意见》《若羌县红枣种植、加工、销售管理办法（试行）》，对全县红枣采摘时间、交易地点、统一外包装的做出了明确规定。建立健全市场准出制度，要求全县红枣在县域外销售必须使用统一标准的外包装物，注明若羌红枣地理产品证明商标、地理标志保护产品标志，县域内所有红枣加工企业和合作社必须严格按照食品质量安全要求，建立收购和销售台帐，开展若羌红枣二维码溯源系统。同时鼓励县域内从事红枣收购、加工和销售的企业、合作社及个体收购商加入“若羌红枣管理协会”，会员具有使用若羌红枣地理产品证明商标、地理标志保护产品标志的权利。二是坚持推进红枣保品质、创品牌，以建设中国最优红枣基地为目标，依靠品质打造品牌；坚决推行有机红枣生产，实施红枣品牌整合枣农所担心的丰收后的销售问题，由协会协调负责销售，15 家企业会员年销售、加工红枣2 万吨左右，以红枣为原料生产产品已达20 多个系列，80 多个品种。

经济社会效益显现，促进若羌社会和谐稳定发展。红枣产业标准化规范建设是集生态、社会、节水和经济4 大效益为一体的综合项目，通过若羌红枣战略的实施，一是更加完善了《若羌红枣地方标准》及生产技术规程，规范了红枣的种植管理、生产加工，提高了产品科技含量。二是对肥料、农药实行了监控使用，净化了产地环境。三是标准示范户的科技管理水平有了较大提升，果品产量和质量有较大提高。全县红枣产业稳步健康持续的发展，农牧民人均收入逐年增加，2009 年若羌县农牧民纯收入突破万元大关，达到11 592元，目前，全县红枣种植面积已超过22 万亩。2013 若羌红枣产量7.71 万吨，折干4.8 万吨，若羌红枣产值达到18 亿元，农牧民人均纯收入高达24 381 元。若羌红枣已成为若羌县引领各族农牧民致富奔小康的主打产业。如今的若羌县，依靠种植红枣，经济快速发展、人民安居乐业、城市面貌焕然一新，一片安定繁荣的景象。

（五）“科普惠农兴村计划”的实施，促进了农村科普公共服务体系建设

“科普惠农兴村计划”极大地调动了农村基层科普组织的积极性和创造性，培养了农村科普工作骨干力量，为农村科普工作注入了生机和活力，大幅提升了农村科普服务能力，有力地促进了农村科普服务体系建设，使农村科普工作面貌发生了深刻变化。各地农民基层科普组织普遍反映，“科普惠农兴村计划”是一项“花钱少，办实事”的民心工程，是对基层组织和广大农村最实在的支持。

在“科普惠农兴村计划”的引领带动下，全国各地都积极创新农村科普工作模式，全国农村科普工作蓬勃开展。据统计，29 个省、124 个地级市、249 个县设立了专项资金，实施本级惠农计划。各省通过培训、交流等方式，密切与奖补对象的联系，加强对奖补对象的服务。

图1－13 为奖补资金使用监管情况，本次调查共收集有效问卷2 181 份。其中奖补资金的使用受到监管的共2 149 份，占调查问卷总数的98.53%。监管奖补资金的部门主要可分为科协、财政部门和其他3 类，其他监管部门主要指镇政府、审计监察部门、监事会、纪委、民政局等。其中，奖补资金的使用受到科协监管的共1 999 份，占样本总量的58.06%，受到财政部门监管的共1 368 份，占39.73%，受到其他部门监管的共76 份，占2.21%。

1. 激发了农村科普活力

“科普惠农兴村计划”以农村科普组织和个人为依托，搭建了财政支农、科普惠农的

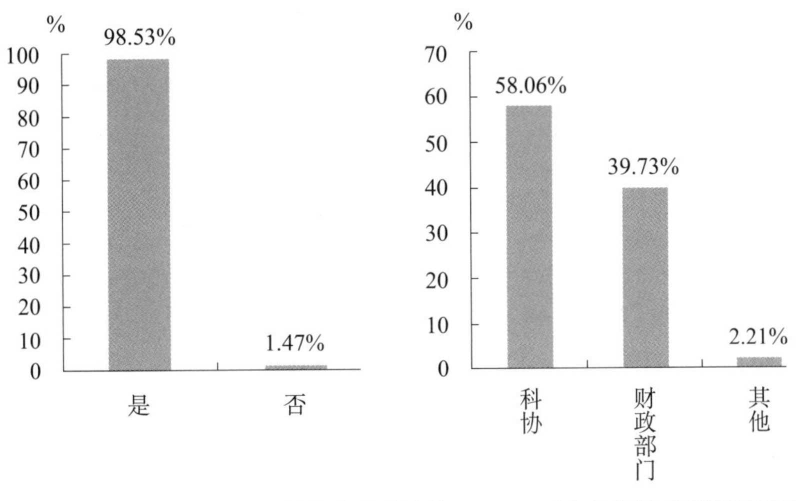

图 1－13 奖补资金使用监管情况

新平台，体现了党和国家对基层科普工作的重视与支持，使农村科普组织和个人倍受鼓舞。9 年来，中央、省、市、县 4 级财政累计投入专项资金近 30 亿元，极大地缓解了基层从事科普资金短缺的难题，使表彰对象实现了从“想干事、没钱干事”到“想干事、能干事”的转变，激发了他们的工作热情。在表彰对象的示范带动下，数以万计的农村科普组织和个人积极投入到农村科普的热潮之中，科普活动空前活跃，形成星火燎原之势。

图 1－14 中参与统计的有效问卷共 2 177 份。其中，技术推广、培训讲座和发放科普资料等仍然是主要科普方式，但利用移动终端设备在逐渐普及，也广受好评，因其科普内容丰富，及时，准确，便捷等优点，大有逐步取代资料书籍等传统科普媒介的趋势。

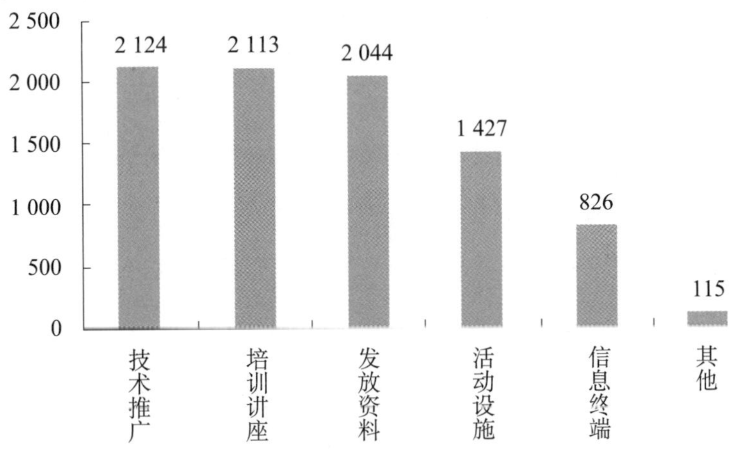

图 1－14 进行科普的工作方式情况统计

2. 农技协组织不断发展壮大

2012 年，中国农技协下发《关于开展全国基层农村专业技术协会规范化建设活动的意见》，提出基层农村专业技术协会规范化建设标准。2014 年，中国科协、农业部联合下发《关于支持农村专业技术协会开展农技社会化服务的意见》，从 8 个方面支持农技协做好社会化服务。全国农村专业技术协会从 2006 年的 9.7 万个增加到 2013 年 11.5 万个，会员从 1 027 万户增加到 1 502 万户，7 年增长 46.3%。少数民族科普工作队得到发展，一些地方还建立了县级科普工作队，目前全国科普工作队达到 282 支，比 2006 年增加了 100 余支。安徽省制定并下发了《关于加强农村专业技术协会规范化建设的意见》，福建省联合省委农办、省农业厅出台了《关于加强全省农村专业技术协会组织建设的意见》，贵州省下发《关于加快贵州省农村专业技术协会组织建设的通知》，推动农技协组织规范化发展。在"科普惠农兴村计划"项目的推动下，吉林省村镇基层农技协组织由 2007 年 1 200 个发展到 2014 年的 2 155 个，增加了 180%。目前，已有 28 个省（区、市）成立了省级农技协联合会。

3. 科普培训得到进一步加强

表彰对象拓展培训阵地、强化培训手段，按照"实际、实用、实效"的原则，坚持系统培训与专项技术培训相结合、课堂培训与现场培训相结合、专家授课与乡土人才授课相结合、培训技术骨干与培训生产农户相结合，广泛开展科普培育活动，开创了我国农民自我教育的新局面。据统计，全国受表彰的农技协、科普基地和带头人 9 年累计开展科技培训和科普讲座 96 万余次，受训、听讲农民超过 1.2 亿人次，使他们掌握了 1 ~ 2 项实用技术。

图 1 – 15 中参与统计的有效问卷共 965 份。其中"计划"实施后当地培训讲座增加 1 ~ 100 次的问卷为 465 份，增加 100 ~ 200 次为 168 份。除了培训讲座，科普展览也是农村科普的主要工作方式之一。被奖补对象拓展培训阵地、强化培训手段，按照"实际、实用、实效"的原则，坚持系统培训与专项技术培训相结合、课堂培训与现场培训相结合、专家授课与乡土人才授课相结合、培训技术骨干与培训生产农户相结合，广泛开展科普培育活动，开创了我国农民自我教育的新局面。

4. 集成各方资源，带动社会力量，推动科普工作深入开展

山西省政府牵头，科技部门、涉农部门联合移动公司、邮政公司等建立了由农民电脑科普培训工程、农科 110 工程、一站一栏一员工程、科普惠农绿色通道工程等组成的内容

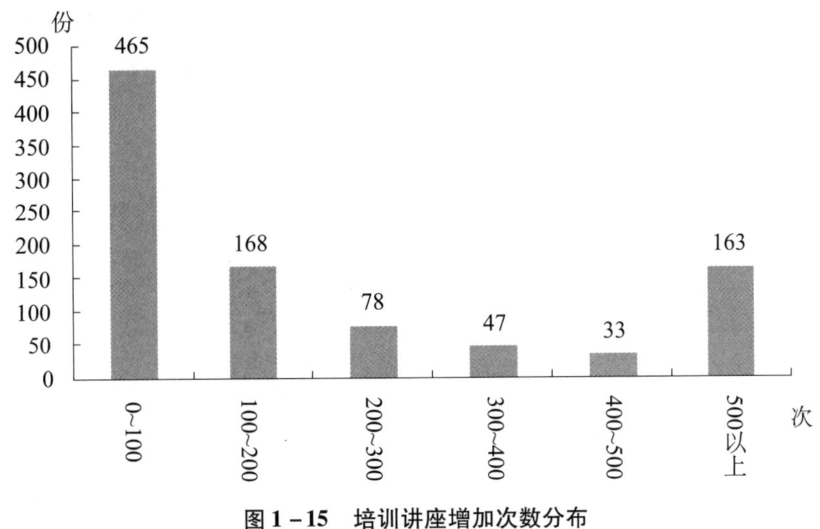

图 1－15 培训讲座增加次数分布

丰富、农民积极参与的科普惠农工作体系。华硕集团与中国科协合作开展共建“华硕科普图书室”项目，从 2008 年至 2012 年，共出资 5 000 万元，在全国农村地区建立 1 000 个科普图书室。

图 1－16 为当地利用信息技术和装备开展科普惠农工作统计图，参与统计的有效问卷共 1 006 份。其中，采用物联网、大数据和信息终端等信息技术和装备开展科普惠农工作的问卷为 669 份，占 66.5%。在信息技术的选择中，选择电脑推送和网络平台互动的科普

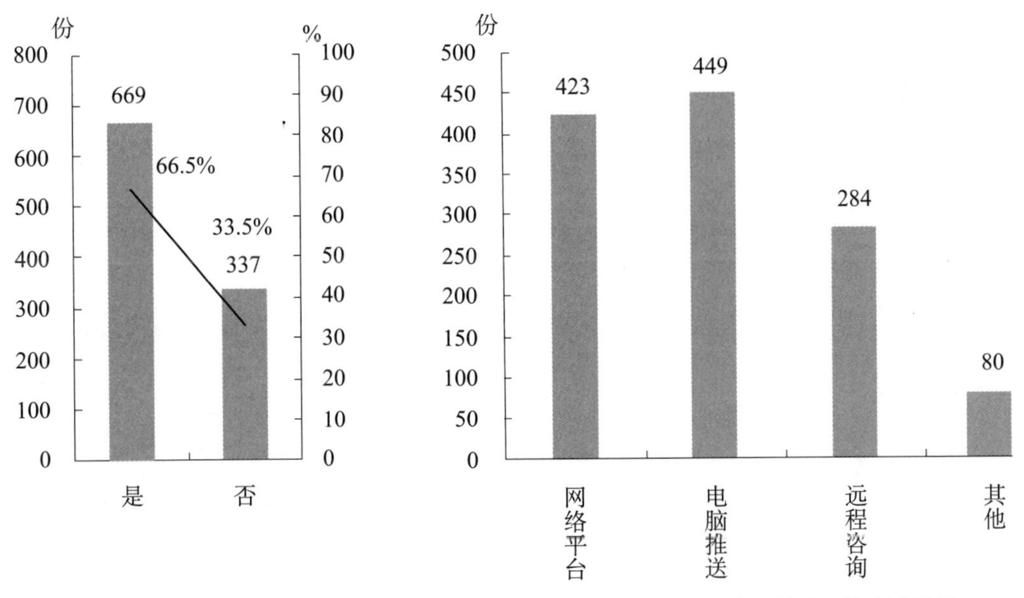

(a) 利用信息技术开展科普工作情况　　(b) 当地信息化技术具体形式统计

图 1－16 利用信息技术开展科普工作情况

方式的占多数，这也成为目前科普惠农信息化的主要标志。这一方面说明农民收入水平提高，购买力随之提升；另一方面随着科学素质的提升，农民追求高效、便捷、准确的科普工作方式的意愿不断增强。

山东省青岛市金融工作办公室、中国人民银行青岛市中心支行与市科协合作，开展了“金智惠民”创业扶持贷款，以小额低息信贷的方式，资助农民创业。四川省通过深化“银会合作”，充分发挥财政资金的杠杆作用，逐步形成了引导社会资金参与农村科普工作的长效机制，撬动社会力量和资金投身社会主义新农村建设。截至2014年12月，全省发放“银会合作”贷款6 509笔、7.33亿元。眉山市获信贷资金3.2亿元，自贡市发放“银会合作”贷款6 000万元。“银会合作”解决了部分农技协贷款难和资金短缺的问题，拓展了科普惠农的资金来源和工作渠道。一些地区积极探索承接政府购买社会服务试点。四川省巴中市农技协承接政府发展项目108个，政府共投入资金4亿多元，涉及农民技术职称评定、农业标准良田、产业扩建等项目。湖南省科协与省农村信用社联合社联合下发了《关于推进湖南省农村信用社与湖南省科学技术协会金融科技全面合作的实施意见》，截至2014年年底，银会合作共为2006年以来获得科普惠农兴村计划奖补的农技协会员、带头人3.2亿元，年利率低于10%。

（六）“科普惠农兴村计划”的实施，促进了社会主义新农村建设

科普惠农先进单位和个人围绕“生产发展、生活宽裕、乡风文明、村容整洁、管理民主”的社会主义新农村建设的要求，积极发展资源节约型、环境友好型现代农业，促进农村劳动力就业，倡导科学文明的社会风尚，维护民族团结，促进和谐稳定，为社会主义新农村建设做出了贡献。

1. 在倡导文明风尚方面发挥积极作用

大多数受表彰对象不但掌握先进的致富技能，而且具有较高的思想觉悟和政治素质。在项目的实施过程中，他们带头倡导良好的社会风尚，反对愚昧迷信和陈规陋习，促进了乡村文明，科学发展。在这些受表彰对象所在的乡村，建立在依靠科技共同致富基础上的邻里关系、人际关系更加和睦，科技治贫又治愚，农村社会风气和治安状况明显好转，不良风气大为减少。不少获奖的科普组织建有党支部和党小组，注重发挥党员先锋模范作用，带领群众共同致富，许多农技协的会长和骨干成为政府基层组织的干部后备人选。受表彰对象所在地区普遍出现“四多四少一提高”的局面，即热心学科技的人多了，打牌赌博的人少了；忙生产经营的人多了，游手好闲的人少了；家庭邻里和睦的人多了，打架斗

殴的人少了；崇尚科学树新风的人多了，搞封建迷信活动的人少了，农民群众的科学素质和文明程度普遍得到提高。

2. 在吸纳了农村大部分劳动力，促进农村劳动力就业方面发挥积极作用

2009 年中央一号文件提出要“积极扩大农村劳动力就业。……充分挖掘农业内部就业潜力，拓展农村非农就业空间，鼓励农民就近就地创业”。在实际工作中，广大获奖对象通过榜样示范，带动农村劳动力开展生产，吸纳了农村大部分劳动力，为促进农村劳动力就业做出突出贡献。湖南飞跃茶叶基地现有茶叶面积 45 000 亩。基地采取“订单农业”方式，与种植户签订订单，实行“先种植、受益后再返还”，先后安排 250 余名农民，包括 46 名残疾人在基地就业，仅工资一项年人均收入可达 15 000 元左右。基地还根据季节吸纳许多残疾人做季节性采茶工，扶持残疾人困难户种茶，变救济型为开发型，使残疾采茶农户平均每年增收 1 500 元，所辐射的茶叶种植户平均每亩可创纯收入 1 500 元左右。

3. 在维护民族团结，促进和谐稳定方面发挥了积极作用

少数民族地区群众的科技文化素质相对不高，已成为制约民族地区经济社会发展的重要因素。在“科普惠农兴村计划”实施过程中，受表彰的少数民族科普工作队克服交通不便和文化多样性，开展科普工作需要用多种民族语言和文字，成本高、难度大等困难，坚持常年深入少数民族地区开展科普宣传，组织科技支边、科技培训，发展科普组织，创办科普基地，树立科普典型，大力传播科学技术，充分利用各民族的传统节日和集会，以形式多样的宣传手段和内容丰富的科普活动，活跃在少数民族地区的村村寨寨，成为面向少数民族地区开展科普工作的一支重要力量，被少数民族群众亲切地称为“科普轻骑兵”。据统计，9 年来，在“科普惠农兴村计划”奖补资金的支持下，受到表彰的 55 支少数民族科普工作队，累计开展技术培训 50 000 余次，开展科普讲座 10 000 余次，编印发放少数民族语言科普资料 500 余种，制作展出少数民族语言科普展板 15 000 余块，在新闻媒体开辟少数民族语言科普宣传栏目 3 000 余个，服务群众近 1 000 万人次，为增强少数民族群众的科技意识、提高少数民族群众科学文化素质、维护民族团结、促进社会和谐稳定做出了积极贡献。

实践证明，“科普惠农兴村计划”定位科学、成效显著，已成为引领农村科普发展的一面旗帜。各地以“科普惠农兴村计划”为龙头，统揽农村科普各项工作，广泛开展形式多样、各具特色的科普惠农兴村工作，形成了科普服务的新的增长点。

四、“科普惠农兴村计划”实施经验

10年来，各级科协与财政部门坚持以科学发展观为统领，认真贯彻落实中央关于“三农”工作的一系列指示精神，按照中央书记处提出的做好“科普惠农兴村计划”的明确要求，把“科普惠农兴村计划”的实施工作作为贯彻落实科学发展观在服务“三农”中的重要实践，坚持以“科普惠农”为核心，充分发挥表彰对象在服务“三农”中的独特作用，在取得显著经济和社会效益的同时，也积累了宝贵的经验，得到了有益的启示。在工作实践中，我们深切体会到以下几点。

（一）党政重视，是“科普惠农兴村计划”成功实施的重要前提

“科普惠农兴村计划”得到党中央、国务院和地方党委政府的高度重视和充分肯定。2007年、2010年、2012年3次写入中央一号文件，均明确提出要继续实施“科普惠农兴村计划”。近几年来，中央书记处每年在听取中国科协党组工作汇报时，都强调要努力扩大“科普惠农兴村计划”覆盖范围，引导、鼓励和帮助农村基层科普组织为培养新型农民、推动新农村建设服务。王兆国、刘延东等中央领导同志在中国科协全委会上和听取全民科学素质工作汇报时都多次对“科普惠农兴村计划”给予充分肯定。王兆国等领导同志还亲自为获得“科普惠农兴村计划”表彰的代表颁奖，使获奖代表深受鼓舞。2014年12月13日，习近平总书记在江苏省镇江市实地考察了江苏省级科普惠农兴村计划项目——丹徒区永利蔬菜合作社科普示范基地，肯定了发展现代高效农业带动农民致富的做法，鼓励农技专家投身“三农”工作。

“科普惠农兴村计划”也得到地方党委政府的重视和支持。有17个省成立了科普惠农工作领导小组，23个省制定了本省科普惠农相关制度，有的省委省政府领导同志亲自挂帅，将实施“科普惠农兴村计划”摆在重要位置，纳入规划，听取汇报，研究制定配套政策和措施，有力促进了“科普惠农兴村计划”的实施。同时，各级科协和财政部门在“科普惠农兴村计划”实施中密切配合，发挥各自优势，形成工作合力，共同做好“科普惠农兴村计划”的组织、协调及跟踪服务等工作，保证了“科普惠农兴村计划”有序规范的实施，搭建了一个服务“三农”的大平台，成为大联合大协作的一个成功范例，为服务“三农”做出了重要贡献。

图1－17为当地成立科普惠农工作领导小组（办公室）情况，参与统计的有效问卷共

1 003 份。其中，对各级科协的调研中，当地成立科普惠农领导小组或相关机构的有 806 份，占 80.36%。这一方面说明科普惠农工作获得从中央到地方的一致认可和重视，另一方面也说明农村科普工作迫切的需要相关部门的支持和服务。“计划”的顺利实施离不开各级相关部门的监督和管理，其中，对奖补资金使用的监管有序规范，奠定了“计划”长久实施的基础。

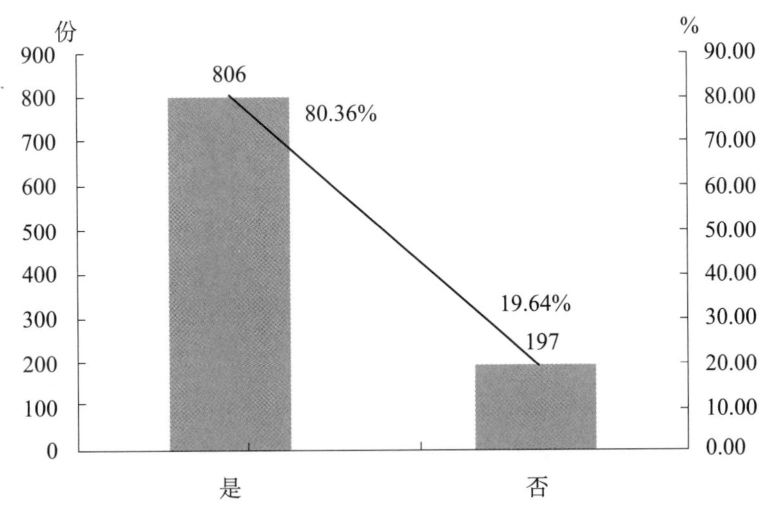

图 1－17　当地成立科普惠农工作领导小组情况

（二）面向农民，是“科普惠农兴村计划”成功实施的鲜明特色

提高农民科学素质是当前调整农业产业结构、转变农业和农村经济增长方式重要的基础性工作。“科普惠农兴村计划”通过科普手段为农民服务，注重科普成效，10 年实践证明，科普使广大农民在提高科学生产技能的同时，提升了科学生活水平，提高了科学素质，在依靠提高劳动者素质促进农业和农村经济增长方式转变方面具有鲜明特色，发挥了重要作用。“科普惠农兴村计划”直接奖补到农民，激发了农村基层科普组织和科普带头人的荣誉感和责任感，激发了广大农民学科学、用科学的积极性，广大农民成为科普的参与者与受益者，科普成效直接惠及“三农”。

（三）选准抓手，是“科普惠农兴村计划”成功实施的关键举措

农村科普工作涉及面广，内容众多，必须突出重点，找准突破口。“科普惠农兴村计划”将农村专业技术协会、科普示范基地、农村科普带头人、少数民族科普工作队作为 4 个抓手，充分发挥四类表彰对象在植根农村、服务农业、贴近农民的优势，收到了

实效。“科普惠农兴村计划”将奖补资金用于表彰对象购置科普设施，开展科普服务，大大增强了他们的科普服务手段，提升了他们的科普服务能力，为农村科普工作注入了生机和活力，促进了农村科普服务体系的健全和壮大。对于培育社会组织的能力，促进农村社会组织的发展，构建新型政社关系，提高公共服务的质量和水平具有十分重要的意义。

（四）榜样示范，是“科普惠农兴村计划”成功实施的有效方式

“以点带面、榜样示范”是新时期提高农民学科技、用科技兴趣和积极性的有效方式，“科普惠农兴村计划”通过在农民身边树立起一批鲜活的典型，使农民看得见、摸得着、学得会、用得上，为广大农民树立了榜样，增强了农民学科技、用科技的兴趣和意识，从而把学习科技知识变成广大农民的自觉行动，起到了“点亮一盏灯，照亮一大片”的辐射带动作用，提高了广大农民的科学意识和依靠科技脱贫致富、发展生产、保护环境、改善生活质量的能力，使更多农民广泛受益。

（五）严格管理，是“科普惠农兴村计划”成功实施的有力保障

“科普惠农兴村计划”采取“以奖代补、奖补结合”的资金投入方式，是新中国成立以来中央财政首次采用专项转移支付方式支持农村科普工作的成功探索。“科普惠农兴村计划”重在奖优，属于引导性、鼓励性、奖励性资金，有效地创新了财政资金管理机制，发挥出中央财政资金“四两拨千斤”的效果。各级科协、财政部门在“科普惠农兴村计划”的实施过程中，精心组织，规范操作，坚持专款专用，并实行报账制管理。在评审工作中，采用“三级公示，四级联动”的模式，保证了评审工作公平、公正、公开，接受基层广大农民群众的监督，得到了各方面的赞许。“科普惠农兴村计划”已成为农村科普工作的一面旗帜，财政科技支农工作的一面旗帜。

这些有益的经验和启示，对于今后的工作有很好的指导作用，需要相关人员继续坚持，并不断完善，推动“科普惠农兴村计划”不断深入发展。

五、“科普惠农兴村计划”存在不足

“科普惠农兴村计划”实施10年来，取得了显著成绩，但也存在一些不足，主要表现在以下几个方面。

（一）奖补覆盖面依然不足

虽然10年来“科普惠农兴村计划”实施规模不断扩大，中央专项资金由2006年的5 000万元增加到自2010年以来每年3亿元，累计奖补了13 872个先进集体和个人，但奖补的7 056个农技协仅占全国县级以下农技协总数的7.2%左右，奖补的3 140个基地仅占全国农村科普示范基地总数的9.8%左右，奖补的60个工作队仅占全国少数民族科普工作队总数的21.3%左右，绝大多数的农村科普组织和带头人没有享受到国家科普惠农政策的阳光雨露，因此，“科普惠农兴村计划”实施规模和奖补数量与我国农村的实际情况及农民对科技的渴求相比还很不够，覆盖面依然不足。

（二）奖补资金额度偏低

党的十八大报告中明确指出“促进工业化、信息化、城镇化、农业现代化同步发展”，将农业现代化能否实现同步发展摆在了关系到现代化建设成败的关键位置。2015年中央一号文件要求围绕建设现代农业，加快转变农业发展方式，促进农民增收，深入推进新农村建设。提出，“做强农业，必须尽快从主要追求产量和依赖资源消耗的粗放经营转到数量质量效益并重、注重提高竞争力、注重农业科技创新、注重可持续的集约发展上来，走产出高效、产品安全、资源节约、环境友好的现代农业发展道路”。面对新时期党中央对农业现代化提出的新要求，正需进一步发挥好“科普惠农兴村计划”的引导作用。

面对促进农业适度规模经营、发展资源节约环境友好农业、推进农业现代化发展的新形势新要求，目前每个全国农村科普先进单位奖补20万元、带头人奖补5万元的资金额度明显较低。增加奖补资金额度将有利于进一步发挥获奖单位和个人的示范带动作用，有利于进一步发挥其在“三农”工作中的作用。

（三）宣传力度和影响力还需加大

虽然各省都比较重视宣传工作，但对项目及实施工作的综合宣传较多，对奖补对象的先进事迹宣传较少；在广播、电视、报刊等传统媒体宣传较多，在网络、手机等新兴媒体宣传较少；综合性宣传报道较多，深入、立体宣传较少，宣传方式方法还需进一步创新，宣传广度、深度还需进一步拓展。

六、“科普惠农兴村计划”发展趋势和需求

经过10年的实践证明，“科普惠农兴村计划”是贯彻落实《全民科学素质行动计划纲

要》、实施农民科学素质行动计划的得力举措，开创了农村科普工作新局面，探索出了一条科普惠农、财政科技支农的新路子。在充分肯定取得成绩的同时，我们还应认识到，我国农村经济社会发展使“科普惠农兴村计划”面临十分艰巨的使命，科普发展的形势和广大农民不断增长的新需求，对“科普惠农兴村计划”的实施提出了更高的要求。

（一）加快推进农业现代化和新农村建设，为深化“科普惠农兴村计划”提出新课题

当前，我国经济发展进入新常态，正从高速增长转向中高速增长，如何在经济增速放缓背景下继续强化农业基础地位、促进农民持续增收，是必须破解的一个重大课题。建设现代农业、加快转变农业发展方式、加快推进中国特色农业现代化建设，加大惠农政策力度、促进农民增收，全面深化农村改革、增添农村发展活力、深入推进新农村建设，是“三农”工作的重要手段。

2007 年中央一号文件，即《中共中央　国务院关于积极发展现代农业扎实推进社会主义新农村建设的若干意见》指出：“农业丰则基础强，农民富则国家盛，农村稳则社会安。加强“三农”工作，积极发展现代农业，扎实推进社会主义新农村建设，是全面落实科学发展观、构建社会主义和谐社会的必然要求，是加快社会主义现代化建设的重大任务。”2015 年 2 月，《中共中央、国务院关于加大改革创新力度加快农业现代化建设的若干意见》（中发〔2015〕1 号）指出：“破解这些难题，是今后一个时期“三农”工作的重大任务。必须始终坚持把做好“三农”工作作为全党工作的重中之重，靠改革添动力，以法治作保障，加快推进中国特色农业现代化。”还特别强调：“加强农业转基因生物技术研究、安全管理、科学普及”“大力推广生物有机肥、低毒低残留农药”“大力推广节水技术，全面实施区域规模化高效节水灌溉行动”。

新形势下，“科普惠农兴村计划”作为服务于统筹城乡发展、建设社会主义新农村重大战略框架下的有效措施，作为落实《全民科学素质行动计划纲要》、推进农民科学素质行动的重要举措，需要坚持发展，继续深化，要按照加快转变经济发展方式的要求，持续发挥其在普及科技知识，推广农业技术，提高农民科学文化素质等方面的积极作用，助力社会主义新农村建设，为推进农业现代化做出贡献。

（二）我国农民科学素质较低，农村实用人才匮乏，需要大力实施“科普惠农兴村计划”，培养新型农民

2007 年公民科学素质抽样调查结果显示，我国公民具备基本科学素养的比例为

2.25%，农民具备科学素养的比例为0.97%。农民科学素质明显低于全国平均水平。2010年公民科学素质抽样调查结果显示，我国公民具备基本科学素养的比例增长到3.27%，农民增长到1.86%，相当于日本、加拿大、欧盟等主要发达国家和地区20世纪80年代末、90年代初的水平。截至2008年年底，全国农村实用人才总量达到820万人，农村实用人才仅占全国农业人口总数的0.8%。我国共有4万多个乡镇，平均每个乡镇有农业技术人员约为0.6人，全国平均2 000多个农业劳动力中才有一名农业技术推广人员，而发达国家平均不足400人就会有一名。

《全民科学素质行动计划纲要实施方案（2011—2015年）》提出到2015年，我国具备基本科学素质公民的比例要达到5%，农民、城镇劳动者、社区居民的科学素质有显著提高，城乡之间、经济发达地区与欠发达地区之间科学素质差距逐步缩小。2014年11月，全民科学素质纲要实施工作办公室2014年第三次全体会议召开，中组部、中宣部、教育部、科技部、财政部、人力资源社会保障部、农业部等全民科学素质纲要实施工作办公室的29个成员单位出席会议。会议提出“根据研究测算，参照大多数科技创新型国家的情况，到2020年我国公民具备基本科学素质的比例应超过10%，才能支撑“两个百年”、创新驱动发展战略、全面建成小康社会等目标的实现。为达到这个基本要求，需要在工作内容、工作方法、工作机制等方面有大的创新”。

2010年《国家中长期人才发展规划纲要（2010—2020年）》提出了着力打造服务农村经济社会发展、数量充足的农村实用人才队伍，培养农村实用人才队伍的发展目标。《中国科协科普人才发展规划纲要（2010—2020年）》指出“我国科普人才的发展现状仍不能满足科普事业发展和公民科学素质建设的需求，与国家人才强国战略的要求还有一定差距”，提出要“大力培养面向基层的科普人才”。党的十七届五中全会通过的《中共中央关于制定国民经济和社会发展第十二个五年规划的建议》中也提出，要拓宽农民增收渠道，提高农民职业技能和创收能力，多渠道增加农民收入。2015年中央一号文件要求：“大力培养新型职业农民”，“针对农村特点，围绕培育和践行社会主义核心价值观，深入开展中国特色社会主义和中国梦宣传教育，广泛开展形势政策宣传教育，提高农民综合素质，提升农村社会文明程度，凝聚起建设社会主义新农村的强大精神力量”。

这都要求大力实施“科普惠农兴村计划”，以具“植根农村、贴近农民”的优势，充分发挥“科普惠农兴村计划”的带动作用，依托农业技术推广机构、农民合作经济组织、农村专业技术协会、农村致富技术函授大学、农村科普示范基地、科普活动站等，采取培训、示范和实践相结合的方式，不断强化农民职业培训，扩大培训覆盖面，着力培育一大批种养业能手、科技带头人、农村组织负责人等新型农民，把我国巨大的农村人口压力转化为人力资源优势，为新农村建设培养“养得起、用得上、留得住”的农村实用人才和农村科普人才。

（三）我国农民组织化程度较低，农业科技成果的转化率较低，需要持续推进“科普惠农兴村计划”，促进农业科学技术普及

农村专业技术协会、科普示范基地、少数民族科普工作队、科普带头人都是农业科技成果面向农村进行推广的桥梁。目前，全国县级以下基层农村专业技术协会有9.8万个，会员数是1 502万农户，而全国有2.4亿农户，农村专业技术协会会员数占农户总数的比例仅为6.3%。2006—2015年10年来，累计表彰农村专业技术协会总计7 056个，仅占全国基层农村专业技术协会总数的7.2%；全国农村科普示范基地有3.4万个，获得表彰奖补的农村科普示范基地3 140个，仅占总数的9.2%。农民组织化程度不高、农业专业服务组织发展落后，制约了农业技术的推广和科技成果的转化率。当前，我国农业科技成果转化率40%左右，而发达国家高达80%左右。

党的十七届三中全会明确要求，要积极发展现代农业，加快农业科技创新，加强农业技术推广普及，开展农民技术培训，加快农业科技成果转化。2010年中央一号文件提出，抓紧建设乡镇或区域性农技推广等公共服务机构，扩大基层农技推广体系改革与建设示范县范围。积极发展多元化、社会化农技推广服务组织；积极发展农业农村各种社会化服务组织，为农民提供便捷高效、质优价廉的各种专业服务。2010年中央经济工作会议指出，加快发展农民专业合作组织，培育发展专业化、市场化的农业社会化服务体系。党的十七届五中全会通过的《中共中央关于制定国民经济和社会发展第十二个五年规划的建议》中提出，加快发展现代农业，要坚持走中国特色农业现代化道路，加快转变农业发展方式，提高农业综合生产能力、抗风险能力、市场竞争能力。推进农业科技创新，健全公益性农业技术推广体系，加快健全农业社会化服务体系，提高农业经营组织化程度。2012年8月第十一届全国人民代表大会常务委员会第二十八次会议修改后的《中华人民共和国农业技术推广法》第十八条规定“国家鼓励和支持发展农村专业技术协会等群众性科技组织，发挥其在农业技术推广中的作用”。

2014年12月，《中国科协 农业部关于支持农村专业技术协会开展农技社会化服务的意见》指出：“农村专业技术协会是在中国科协领导下，由农村专业合作组织、农户及相关农业科研人员、技术推广人员自愿组成，以科技为纽带，自愿结合、自主经营、民主管

理的社会组织，是一支重要的农技社会化推广服务队伍。农村专业技术协会参与基层农技推广工作是对国家公益性的农技推广服务体系的有益补充，符合《中华人民共和国农业技术推广法》的有关要求，对促进农业科技成果向新型农业经营主体快速转化应用具有深远意义。”“各级科协要继续搭建好科普惠农工作平台，扩大‘科普惠农兴村计划’实施规模和奖补范围，奖补资金要重点向主动对接基层农技推广体系，积极承接农技社会化服务工作的基层农村专业技术协会倾斜，向从事规模经营的新型职业农民倾斜，加大支持农村专业技术协会开展新品种、新技术、新产品、新装备、新模式推广力度，推进农业技术普及应用于农业产前、产中、产后全过程。”

2015 年中央一号文件明确要求“强化农业社会化服务”“增加农民收入，必须完善农业服务体系，帮助农民降成本、控风险”“发挥农村专业技术协会在农技推广中的作用。采取购买服务等方式，鼓励和引导社会力量参与公益性服务”；要求“大力推进农村扶贫开发”“健全社会扶贫组织动员机制，搭建社会参与扶贫开发平台”；要求“引导和鼓励社会资本投向农村建设”“探索建立乡镇政府职能转移目录，将适合社会兴办的公共服务交由社会组织承担”；要求“切实加强农村基层党建工作”“创新和完善农村基层党组织设置，扩大组织覆盖和工作覆盖”；要求“加快构建新型农业经营体系”“提高农民组织化程度”要求“创新和完善乡村治理机制”“激发农村社会组织活力，重点培育和优先发展农村专业协会类、公益慈善类、社区服务类等社会组织。”

这都要求持续推进“科普惠农兴村计划”发展，围绕农民群众对科普的实际需求，充分调动他们参与科普的积极性，发挥 4 类抓手上联科研单位、下联农民的优势，大力普及科学知识，推广先进农业技术，帮助农民提高农业综合生产力，提高抗风险能力和市场竞争力，逐步建立农村社会化服务体系，为转变农业生产方式、推进农业现代化服务。

“科普惠农兴村计划”表彰奖补比例见表 1－5。

表 1－5 “科普惠农兴村计划”表彰奖补比例

项目	表彰奖补数（个）	全国总数（万个）	表彰奖补比例（%）
基层农技协	7 056	9.8	7.2
农村科普示范基地	3 140	3.4	9.2
农村科普带头人	3 616	820	0.04
少数民族科普工作队	60	282（个）	21.3

刘延东同志在《全民科学素质行动计划纲要》实施工作汇报会上的讲话中指出：“多办一些像‘科普惠农兴村计划’那样基层欢迎、社会满意、农民群众得实惠的好项目，在农民身边建立科普示范和惠农服务的长效机制。”新时期、新形势下，不论从党和国家赋

予的社会经济科学发展的新任务来看，还是从新农村建设、广大农民发展的新需要来看，都要求"科普惠农兴村计划"要具有可持续性，要在规模和成效上再上一个新台阶。

七、"科普惠农兴村计划""十三五"规划

"十三五"是实现全面建成小康社会奋斗目标的关键时期，是全面深化改革、加快转变经济发展方式的攻坚时期。面对新形势，"科普惠农兴村计划"要抓住时机，乘势而上，巩固加强，拓展完善，扩大科普惠农支农覆盖面，为提升农民科学素质、帮助农民增产增收、提高农村科普服务能力、助力社会主义新农村建设作出新的更大的贡献。

（一）指导思想

指导思想：全面贯彻落实党的十八大和十八届三中、四中全会精神，以邓小平理论、"三个代表"重要思想、科学发展观为指导，深入贯彻习近平总书记系列重要讲话精神，立足科普、注重公益、服务"三农"，通过"科普惠农兴村计划"的实施，不断完善农村科普体系，提高广大农民的科学文化素质，让科普公共服务持续惠及广大农民，助力中国特色农业现代化建设和社会主义新农村建设。

（二）目标任务

一是通过抓重点、抓亮点、抓示范，"十三五"期间，在全国每年评比、筛选、奖补一批有突出贡献的、有较强区域示范作用的、辐射性强的农村专业技术协会、农村科普示范基地、农村科普带头人、少数民族科普工作队等先进集体和个人。通过"以点带面、榜样示范"，充分调动广大农村基层科普组织和带头人的积极性。

"十三五"期间，争取每年每个县（市、区）至少获得1个中国科协和财政部奖补的全国科普惠农兴村先进单位或个人。

二是在推荐、评比过程中通过农民喜闻乐见的方式开展广泛宣传，以点带面、榜样示范，增强农民学科技、用科技的兴趣和意识，把学习科技知识变成广大农民的自觉行动；提高广大农民的科学意识和依靠科技脱贫致富、发展生产、保护环境、改善生活质量的能力；引导广大农民建立科学、文明、健康的生产和生活方式。

"十三五"期间，"科普惠农兴村计划"奖补对象辐射带动的农户不少于2 500万户（占全国农户总数的10%），引领农民科学素质持续提升。

三是构建“科普惠农兴村计划”信息化服务平台，促进农村科普信息化。提升奖补对象培育、评选、跟踪服务、监督管理等项目全过程的信息化水平，保证项目实施的公平、公正、公开，提高项目实施效果。针对需求，为获奖对象提供典型示范、技术推广、经验交流、产品展示、市场信息等科学生产和科学生活服务，提高科普服务的时效性和实效性。

鼓励和支持各级科协利用信息化技术，加大对奖补对象的宣传力度，扩大奖补对象的示范带动作用，推动信息化与传统科普的深度融合，提高农村科普服务能力和水平。引导奖补对象利用信息化技术，丰富科普内容，创新表达形式和传播方式，扩大辐射带动范围，提升农民科学素质和依靠科技致富的能力。

四是建立完善动员全社会力量开展农村科普工作的长效机制，开拓创新农村科普工作，提高科普公共服务能力，逐步建立完善适应农村特点、满足农民科技需求的科普工作新体系。

（三）基本原则

1. 面向社会，统一标准

评选范围面向社会各界，符合推荐范围和条件的单位和个人均可申报，统一评审标准。

2. 立足科普，注重公益

评选对象立足于农村科普工作战线，注重社会公益，不以营利为主要目的。

3. 差额评选，择优支持

各省推荐名额与最终确定获奖名单实行差额评选制，从各省推荐名单中择优支持。

4. 奖补结合，追踪问效

中央财政安排专项资金，通过以奖代补和奖补结合方式对评选出的先进集体和个人开展科普惠农活动进行补助和奖励，为植根于基层的农村科普组织和农村科普带头人更好地发挥示范带动作用创造更好的条件。对中央财政专项资金的使用及其结果实行监督考核和追踪问效。奖补资金主要用于奖励和补助先进集体和个人购置科普资料和设备，以及面向农民和农村青少年开展培训讲座、展览、引进推广新技术和新品种等农村科普活动的支出。

（四）保障措施

1. 统一认识，加强领导

“科普惠农兴村计划”是贯彻落实科学发展观在服务“三农”中的重要实践，已经成为农村科普工作和财政科技支农工作的一面旗帜，成为落实《全民科学素质行动计划纲要》、实施农民科学素质行动的重要抓手。各级科协和财政部门要高度重视，统一思想，在党委、政府的领导下，加强对“科普惠农兴村计划”实施工作的组织领导，纳入相应的工作计划，会同有关部门和人民团体共同组织实施，发挥各自优势，密切配合，形成合力，保证“科普惠农兴村计划”顺利实施。

2. 保证投入，扩大规模

“科普惠农兴村计划”是提高农民科学素质、促进农业科技创新和推广的有效方式。在中央财政资金有力推动“科普惠农兴村计划”实施的基础上，各级科协和财政部门要积极争取党委、政府的支持，加大地方资金投入，整合资源，扩大科普惠农奖补对象示范带动覆盖面，形成规模效应，为科普惠农工作长期稳定发展奠定良好基础。

3. 广泛宣传，正确引导

受奖补的“全国科普惠农兴村先进单位”和“全国科普惠农兴村带头人”是广大农村基层科普组织和科普工作者的杰出代表。要把对优秀农村基层科普组织和农村科普带头人评比筛选过程与普及科技知识、弘扬科学精神、传播科学思想、倡导科学方法有机地结合起来，通过广泛宣传他们的先进事迹，进一步激发广大农村基层科普组织和科普工作者的积极性、创造性，引导激发广大农民学科学、讲科学、用科学的积极性、创造性，引导全社会共同关注农村科普工作。

4. 客观公正，加强监督

评比推荐是实施“科普惠农兴村计划”的关键环节。各地要保证评比的公平、公正、公开，对推荐对象进行认真筛选，优中选优。要建立信息公开和社会监督机制，广泛接受社会各方面的监督。对申报评比过程中发现谎报业绩、编造事迹、弄虚作假的，将取消或核减该省当年的推荐名额。获奖单位和个人有弄虚作假等行为的，经查证属实，撤销其荣誉称号并收回已发放的资金，同时取消或核减该省下一年度的推荐名额。

5. 加强创新，注重长效

各级科协和财政部门要积极创新科普工作方式方法，探索建立科普惠农长效机制，通过建立“科普惠农兴村计划”项目储备库、推动建立科普惠农服务站等方式，指导奖补对象开展科普活动，引导更多的农村科普组织和个人参与到科普惠农工作中，为周边农民提供更加及时、有效、热心的科技服务，帮助农民增产增收，建立政府指导、基层科普组织支撑、农民广泛参与的农村新型科技服务体系，使“科普惠农兴村计划”持续发挥作用，在农村科普工作中取得更大成效。

(五) 项目经费及使用方向

1. 经费需求

“十三五”期间，共需奖补资金40亿元。其中：2016年奖补资金6亿元，2017年7亿元，2018年8亿元，2019年9亿元，2020年10亿元，共奖补24 000多个先进单位和个人。

测算依据如下。

根据中国科协统计年鉴，目前，全国共有县级以下基层农村专业技术协会9.8万个，农村科普示范基地约3.4万个，少数民族科普工作队282个。争取2016—2020年，共奖补全国约14%的县级以下基层农村专业技术协会，共计14 000个；奖补约14%的农村科普示范基地，共计4 500个；平均每个县奖补约2个科普带头人；奖补约18%的少数民族科普工作队，共计50个。

2. 奖补抓手和额度基本保持不变

“科普惠农兴村计划”的“四个抓手”，都是长期扎根在农村、农民当中的基层科普队伍。10年的实践证明，他们的示范引导，已成为在农村普及推广科学技术和推动农业社会化服务体系建设的重要渠道。在“十三五”期间，“科普惠农兴村计划”奖补抓手和额度均保持基本不变，在实施过程中，根据农村科普工作实际需求，可进行适当调整。

3. 重点扶持方向

继续向西部地区和粮食大省倾斜。党的十八大报告指出，国家要加大对农村和中西部地区扶持力度，支持这些地区加快改革开放、增强发展能力、改善人民生活。要加快发展现代农业，增强农业综合生产能力，确保国家粮食安全和重要农产品有效供给。2010年7月，中共中央、国务院召开的西部大开发工作会议强调，今后10年是全面建设小康社会的关键时期，也是深入推进西部大开发承前启后的关键时期，要进一步加大投入、强化支持。“科普惠农兴村计划”将按照党中央、国务院的要求，继续加大对西部地区和粮食大省的支持力度，在西部地区和粮食大省大力普及科技知识、弘扬科学精神，提高农民科学素质和科技致富的能力，引导西部地区和粮食大省的广大农民建立科学、文明、健康的生产和生活方式。

加大对农村专业技术协会的支持力度。2015年中央一号文件要求，发挥农村专业技术协会在农技推广中的作用。2013年党的十八届三中全会《关于关于全面深化改革若干重大问题的决定》指出，鼓励农村发展合作经济，扶持发展规模化、专业化、现代化经营。2012 年修正的《中华人民共和国农业技术推广法》明确规定，“国家鼓励和支持发展农村专业技术协会等群众性科技组织，发挥其在农业技术推广中的作用”。2014 年 12 月，中国科协、农业部印发《关于支持农村专业技术协会开展农技社会化服务的意见》提出，各级科协要继续搭建好科普惠农工作平台，扩大“科普惠农兴村计划”实施规模和奖补范围，奖补资金要重点向主动对接基层农技推广体系，积极承接农技社会化服务工作的基层农村专业技术协会倾斜。实践证明，通过“科普惠农兴村计划”的实施，树立一批可学可比的农村专业技术协会典型，发挥示范引路作用，是提高农民进入市场的组织化程度、建设现代农业、促进农民增收的有效措施。在“十三五”期间，“科普惠农兴村计划”将持续加大对农村专业技术协会的扶持力度，引导全国农村专业技术协会主动适应经济新常态，提升开展农技社会化服务的专业化、规范化、标准化水平，发展资源节约型、环境友好型现代农业发展，引领农业发展方式转变，利用现代技术手段提高农业科技到位率和农村科普服务水平，为加快农业现代化、农民增收和社会主义新农村建设做出积极贡献。

附表 1：2006—2015 年“科普惠农兴村计划”奖补对象数量及资金

（数量单位：个；资金单位：万元）

年份	农村专业技术协会		农村科普示范基地		农村科普带头人		少数民族科普工作队		合计	
	数量	资金	数量	资金	数量	资金	数量	资金	数量	资金
2006	100	2 000	100	2 000	100	500	10	500	310	5 000
2007	210	4 200	210	4 200	220	1 100	10	500	650	10 000
2008	210	4 200	210	4 200	270	1 350	5	250	695	10 000
2009	612	12 240	300	6 000	302	1 510	5	250	1 219	20 000
2010	1 000	20 000	390	7 800	390	1 950	5	250	1 785	30 000
2011	1 000	20 000	386	7 720	406	2 030	5	250	1 797	30 000
2012	1 000	20 000	386	7 720	406	2 030	5	250	1 797	30 000
2013	1 000	20 000	386	7 720	406	2 030	5	250	1 797	30 000
2014	962	19 240	386	7 720	558	2 790	5	250	1 911	30 000
2015	962	19 240	386	7 720	558	2 790	5	250	1 911	30 000
合计	7 056	141 120	3 140	62 800	3 616	18 080	60	3 000	13 872	225 000

附表2：2006—2015年“科普惠农兴村计划”各省（区、市）奖补数量及资金

省（区、市）	农技协（个）	示范基地（个）	带头人（个）	工作队（个）	个数合计（个）	资金（万元）
北京	14	16	59	0	89	895
天津	5	21	10	0	36	570
河北	288	101	106	2	497	8 410
山西	393	117	99	0	609	10 695
内蒙古自治区	203	121	159	7	490	7 625
辽宁	140	104	121	1	366	5 535
吉林	93	32	143	2	270	3 315
黑龙江	105	46	112	0	263	3 580
上海	7	10	11	0	28	395
江苏	104	69	96	0	269	3 940
浙江	78	33	56	0	167	2 500
安徽	193	95	136	0	424	6 440
福建	281	80	115	0	476	7 795
江西	160	111	105	0	376	5 945
山东	541	181	215	0	937	15 515
河南	473	180	222	0	875	14 170
湖北	381	120	109	3	613	10 715
湖南	240	148	134	2	524	8 530
广东	89	58	124	0	271	3 560
广西壮族自治区	376	204	125	5	710	12 475
海南	36	19	20	0	75	1 200
重庆	139	87	90	1	317	5 020
四川	676	300	184	5	1 165	20 690
贵州	263	143	137	4	547	9 005
云南	579	172	247	5	1 003	16 505
西藏自治区	33	65	119	3	220	2 705
陕西	500	167	146	1	814	14 120
甘肃	282	123	102	2	509	8 710
青海	83	33	33	6	155	2 785
宁夏回族自治区	84	44	28	3	159	2 850
新疆维吾尔自治区	194	119	174	8	495	7 530
新疆兵团	23	21	79	0	123	1 275
合计	7 056	3 140	3 616	60	13 872	225 000

附表3：2006—2014年“科普惠农兴村计划”表彰对象在全国各县（市、区）覆盖情况

省（区、市）	表彰对象覆盖县（市）数（个）	县级行政区划数（个）	覆盖率（%）
北京	14	16	85
天津	16	16	100
河北	170	178	96
山西	119	119	100
内蒙古自治区	99	101	98
辽宁	100	100	100
吉林	60	60	100
黑龙江	60	65	93
上海	18	18	100
江苏	103	106	97
浙江	86	90	95
安徽	105	105	100
福建	82	85	96
江西	99	99	100
山东	140	140	100
河南	158	158	100
湖北	103	103	100
湖南	122	122	100
广东	116	123	94
广西壮族自治区	110	110	100
海南	16	16	100
重庆	40	40	100
四川	177	181	98
贵州	88	88	100
云南	129	129	100
西藏自治区	48	74	65
陕西	107	107	100
甘肃	73	86	85
青海	43	43	100
宁夏回族自治区	22	22	100
新疆维吾尔自治区	97	99	98
新疆兵团	176	176	100
合计	2 896	2 974	97

附表4：2006—2014年各省级财政"科普惠农兴村计划"专项资金

（单位：万元）

省（区、市）	2006年	2007年	2008年	2009年	2010年	2011年	2012年	2013年	2014年	合计
北京	0	750	789	789	789	789	789	789	789	6 273
天津	0	26	49	130	130	130	130	130	130	855
河北	0	0	0	300	300	300	400	400	400	2 100
山西	0	230	230	230	230	230	230	400	196	1 976
内蒙古自治区	0	200	200	200	200	200	200	251	180	1 631
辽宁	300	300	300	300	300	300	170	885	350	3 205
吉林	0	0	0	0	30	30	60	60	60	240
黑龙江	58	78	78	78	78	78	115	115	220	898
上海	0	0	0	0	0	0	100	150	69	319
江苏	126	120	120	124	134	134	270	300	270	1 598
浙江	0	0	0	150	150	150	238	238	200	1 126
安徽	0	0	0	100	200	200	400	400	435	1 735
福建	0	250	250	250	320	320	320	320	328	2 357.75
江西	0	320	320	320	320	320	320	400	320	2 640
山东	0	500	500	500	500	500	160	172	176	3 008
河南	440	440	440	440	440	1 000	1 000	1 000	680	5 880
湖北	300	300	600	600	600	600	600	1 505	600	5 705
湖南	0	0	0	0	600	600	650	650	650	3 150
广东	0	245	270	270	225	225	256	256	220	1 967
广西壮族自治区	200	300	300	500	500	500	500	500	500	3 800
海南	0	20	20	20	20	20	70	275	115	560
重庆	50	75	80	85	200	200	260	200	200	1 350
四川	0	200	250	250	370	660	1 500	1 500	1 500	6 230
贵州	20	30	50	50	50	100	100	0	0	400
云南	0	400	400	400	400	400	600	600	1 000	4 200
西藏自治区	0	0	0	0	0	0	350	0	0	350
陕西	0	150	200	300	300	300	800	500	500	3 050
甘肃	0	0	0	25	50	50	100	100	0	325
青海	0	0	0	0	0	0	0	0	0	0
宁夏回族自治区	0	5	10	10.5	10.5	10.5	50	300	109	505.5

续表

省（区、市）	2006 年	2007 年	2008 年	2009 年	2010 年	2011 年	2012 年	2013 年	2014 年	合计
新疆维吾尔自治区	0	55	196	276	276	276	377	372	0	1 828
新疆兵团	0	0	8	8	10	10	22	39	0	97
合计	1 494	4 994	5 660	6 705. 5	7 732. 5	8 632. 5	11 137	12 807	10 196. 75	69 359. 25

附件1："科普惠农兴村计划"实施方案（试行）

为贯彻党的十六届五中全会精神，落实《全民科学素质行动计划纲要（2006—2010—2020年）》（国发〔2006〕7号），充分调动全社会开展农村科普工作的积极性和主动性，引领激发广大农民学科学、用科学的积极性和创造性，中国科协、财政部决定，在"十一五"规划期间联合实施"科普惠农兴村计划"（以下简称"计划"）。为保证"计划"的顺利实施，制定本方案。

一、指导思想、目标任务和实施原则

（一）指导思想

以邓小平理论、"三个代表"重要思想为指导，全面贯彻和落实科学发展观，通过"计划"的实施，不断促进农村科普体系的建设，提高广大农民的科学文化素质，让科普公共服务持续惠及广大农民，助力社会主义新农村建设。

（二）目标任务

1. 在总结多年来，特别是"十五"计划时期农村科普工作经验的基础上，通过抓重点、抓亮点、抓示范，"十一五"规划期间，在全国每年评比、筛选、表彰一批有突出贡献的、有较强区域示范作用的、辐射性强的农村专业技术协会、农村科普示范基地、农村科普带头人、少数民族科普工作队等先进集体和个人。

2. 在推荐、评比过程中通过农民喜闻乐见的方式开展广泛宣传，以点带面、榜样示范，增强农民学科技、用科技的兴趣和意识，把学习科技知识变成广大农民的自觉行动；提高广大农民的科学意识和依靠科技脱贫致富、发展生产、保护环境、改善生活质量的能力；引导广大农民建立科学、文明、健康的生产和生活方式。

3. 建立动员全社会力量开展农村科普工作的长效机制，开拓创新农村科普工作，提高科普公共服务能力，逐步建立完善适应农村特点、满足农民科技需求的科普工作新体系。

（三）实施原则

1. 面向社会，统一标准。评选范围面向社会各界，符合推荐范围和条件的单位和个人均可申报，统一评审标准。

2. 立足科普，注重公益。评选对象立足于农村科普工作战线，注重社会公益，不以营利为主要目的。

3. 差额评选，择优支持。各省推荐名额与最终确定获奖名单实行差额评选制，从各省推荐名单中择优支持。

4. 奖补结合，追踪问效。中央财政安排专项资金，通过以奖代补和奖补结合方式对评选出的先进集体和个人开展科普惠农活动进行补助和奖励，为植根于基层的农村科普组织和农村科普带头人更好地发挥示范带动作用创造更好的条件。对中央财政专项资金的使用及其结果实行监督考核和追踪问效。奖补资金主要用于奖励和补助先进集体和个人购置科普资料和设备，以及面向农民和农村青少年开展培训讲座、展览、引进推广新技术和新品种等农村科普活动的支出。

二、推荐范围和条件

（一）农村专业技术协会

推荐范围：经社团管理部门依法登记、在农村科普工作方面做出突出贡献的县级以下（含县级）农村专业技术协会。

推荐条件：

1. 组织机构健全、产权明晰、遵纪守法、管理规范；

2. 获得县级以上（含县级）农村科普工作奖励；

3. 会员农户在100户以上，拥有一项或多项适用技术，在科学普及、技术推广、协会管理方面具有较强的示范带动作用；

4. 成立3年以上，具有较强的持续发展能力，会员年均纯收入高于本县农民年均纯收入20%以上；

5. 致力于农村科普事业，普及科技知识、弘扬科学精神、传播科学思想、倡导科学方法；崇尚科学文明，反对愚昧迷信；在提高农民科学素质和专业技能，建设社会主义新农村方面成效显著，得到当地群众的广泛认可和好评。

（二）农村科普示范基地

推荐范围：建立在农村、直接面向农民和农村青少年，以讲座、展览、培训、示范、咨询、服务等方式普及科技知识、弘扬科学精神、传播科学思想、倡导科学方法，致力于提高农民科学素质，促进社会主义新农村建设，做出突出贡献的场所。

推荐条件：

1. 有明确的科普工作规划和任务目标；

2. 获得县级以上（含县级）农村科普工作奖励；

3. 具有开展科普活动的固定场所和科普设备，定期更新科普内容；

4. 常年开展面向农民和农村青少年的科普讲座、展览、培训、咨询等科普活动。每年开展活动的时间 100 天以上、受益群众 1 000 人次以上，或推广的实用技术形成产业化优势，在提高农民科学素质和专业技能，建设社会主义新农村方面成效显著，得到当地群众的广泛认可和好评。

（三）农村科普带头人

推荐范围：长期在农村面向广大农民开展科普工作，做出突出贡献的农民专业技术人才和农村科普志愿者。

推荐条件：

1. 努力实践“三个代表”重要思想，坚持宣传和落实科学发展观，模范实践社会主义荣辱观；

2. 获得县级以上（含县级）农村科普工作奖励；

3. 具有奉献精神，热心农村科普事业，普及科技知识、弘扬科学精神、传播科学思想、倡导科学方法；崇尚科学文明、反对愚昧迷信；

4. 在农村开展科普工作连续 3 年以上。在组织开展农村科普工作和依靠科技带领农民致富，提高农民科学素质和专业技能，促进社会主义新农村建设方面成绩显著，能够发挥模范带头作用，得到当地农民群众的广泛赞誉。

（四）少数民族科普工作队

推荐范围：在少数民族地区成立的，面向少数民族群众开展科普宣传，做出突出贡献的少数民族科普工作队。

推荐条件：

1. 认真贯彻“三个代表”重要思想，坚持科学发展观，模范执行党和国家的各项方针、政策和法律、法规，维护和促进少数民族地区团结与稳定；

2. 获得县级以上（含县级）农村科普工作奖励；

3. 经政府有关部门批准成立，成立时间在 2 年以上；

4. 具备必要的科普宣传设备，具有较好工作基础；

5. 常年面向少数民族群众开展科普讲座、展览、培训、咨询等科普活动。每年到少数民族地区开展科普活动的时间不少于 100 天，在提高少数民族群众的科学素质，促进社会主义新农村建设方面成效显著，得到当地群众的广泛认可和好评。

（五）有下列情况之一的单位和个人，不得申报和推荐

1. 有违法违纪行为的；

2. 有损害农民利益行为的；

3. 有其他造成不良影响行为的。

三、组织实施

（一）每年 3 月底前，由中国科协、财政部综合各省农村科普工作等情况，确定各省农村专业技术协会、农村科普示范基地、农村科普带头人和少数民族科普工作队的推荐名额，并下达到各省（区、市）。其中农村专业技术协会、农村科普示范基地、农村科普带头人的推荐名额按评选名额的 120% 进行分配，少数民族科普工作队的推荐名额按评选名额的 150% 进行分配。农村专业技术协会、农村科普示范基地、农村科普带头人和少数民族科普工作队的申报不得交叉重复。申报单位和个人同时符合多个推荐范围和条件的，只能按其中一项进行申报。

（二）省级科协和省级财政部门根据中国科协、财政部下达的推荐名额和本方案规定的推荐范围和条件，结合本省农村科普工作的实际情况，制定具体的实施细则，在 4 月底前下发到各市、县，并通过本省的主要媒体广泛宣传，向政府机构、社会组织和广大农民公开发布评比和筛选农村专业技术协会、农村科普示范基地、农村科普带头人和少数民族科普工作队的推荐条件和申报程序。认真组织做好本省的推荐工作。

地（市）科协和地（市）财政部门要积极配合省级科协和财政部门做好推荐工作。

（三）县级科协和县级财政部门根据本方案和本省的实施方案，通过当地媒体开展宣传工作，广泛动员当地社会各界积极参与；组织指导符合条件的单位和个人进行申报；组织相关部门和专家对申报材料进行审核，确定推荐单位和个人名单；县级科协和财政部门应将推荐名单在有关乡村公示10天，广泛征求意见；公示期满无异议的，由县级科协和财政部门在6月底前，将正式推荐名单和相关材料上报省级科协和财政部门。

（四）省级科协和省级财政部门汇总各县推荐名单和相关材料，成立评审委员会进行审核，在中国科协和财政部下达的推荐名额内，提出推荐单位和个人名单；推荐单位和个人名单须在本省媒体公示10天；公示期满无异议的，由省级科协和财政部门7月底前，将正式推荐名单和相关材料上报中国科协和财政部。

（五）中国科协和财政部汇总省级科协报送的申报材料，成立评审委员会进行评审。评审结果在媒体公示10天，公示期满无异议的，9月底前由中国科协和财政部批准并下达各省级科协和财政部门。对受到表彰的单位和个人，分别授予“全国科普惠农兴村先进单位”和“全国科普惠农兴村带头人”称号，由中央财政资金给予奖励和补助。

（六）各级科协和财政部门要积极宣传获奖单位和个人的先进事迹，要加强对奖补资金的管理和监督，要加大对获奖单位和个人开展农村科普工作的指导力度，使其在提高农民科学素质，推进社会主义新农村建设中发挥更大作用。要认真做好工作总结和经验交流。省级科协和财政部门应于12月底前将年度工作总结报中国科协和财政部。

四、保障措施

（一）统一认识，加强领导。实施科普惠农兴村计划是贯彻党的十六届五中全会精神，落实《全民科学素质行动计划纲要》，提高农民科学素质，促进社会主义新农村建设的重要举措。各级科协和财政部门要高度重视，统一思想，在党委、政府的领导下，加强对计划实施工作的组织领导，纳入相应的工作计划，会同有关部门和人民团体共同组织实施，发挥各自优势，密切配合，形成合力，保证计划顺利实施。

（二）广泛宣传，正确引导。受表彰的“全国科普惠农兴村先进单位”和“全国科普惠农兴村带头人”是广大农村基层科普组织和科普工作者的杰出代表。要把对优秀农村基层科普组织和农村科普带头人评比筛选过程与普及科技知识、弘扬科学精神、传播科学思想、倡导科学方法有机地结合起来，通过广泛宣传他们的先进事迹，进一步激发广大农村基层科普组织和科普工作者的积极性、创造性，引导激发广大农民学科学、讲科学、用科学的积极性、创造性，引导全社会共同关注农村科普工作。

（三）客观公正，加强监督。评比推荐是实施“计划”的关键环节。各地要保证评比的公平、公正、公开，对推荐对象进行认真筛选，优中选优。要建立信息公开和社会监督机制，广泛接受社会各方面的监督。对申报评比过程中发现谎报业绩、编造事迹、弄虚作假的，将取消或核减该省当年的推荐名额。获奖单位和个人有弄虚作假等行为的，经查证属实，撤销其荣誉称号并收回已发放的资金，同时取消或核减该省下一年度的推荐名额。

（四）注重实效，动态管理。中国科协和财政部门对获奖单位和个人实行动态管理。获奖单位和个人，不能继续发挥示范带动作用或有损害农民利益行为的，将取消其荣誉称号。相关主管部门要制定组织和指导受表彰奖励的单位和个人开展科普活动的计划，明确目标任务、工作措施和相应职责，加大政策和经费的支持力度，使其在农村科普工作中取得更大成效。

附件 2

中国科协
财政部　文件

科协发普字〔2006〕62 号

关于表彰 2006 年科普惠农兴村先进单位和带头人的决定

各省、自治区、直辖市、计划单列市科协、财政厅（局），新疆生产建设兵团科协、财务局：

为贯彻党的十六届五中、六中全会精神，实施《全民科学素质行动计划纲要》，提高农民科学素质，助力社会主义新农村建设，中国科协、财政部自 2006 年开始联合实施“科普惠农兴村计划”。2006 年，各地按照《中国科协、财政部关于组织实施“科普惠农兴村计划”的通知》要求，积极组织实施，在农村广泛掀起了开展科学普及、推广适应技术的热潮，带动了广大农民提高科学素质、掌握科学生产劳动技能，形成科学、文明、健康的生产和生活方式，起到了“以点带面、榜样示范”的作用，取得了预期的成效。各地推荐的农村专业技术协会、农村科普示范基地、少数民族科普工作队和农村科普带头人，是长期面向农村开展科学技术普及工作和活动的先进代表，为农村科普工作做出了突出贡献。据初步统计，他们开展的科普活动惠及到的农民年均超过 819 万人次。农村专业技术协会和农村科普示范基地推广了 5 854 项（次）的新技术新品种，带动了 19 万户会员科技致富，促进了农村科技主导产业的建立和产业结构的调整；少数民族科普工作队常年活跃在边远少数民族地区开展科普活动，组织编译的少数民族语言科普教材达 100 余种，举办科普活动的受益者累计达 800 万人次，为维护民族团结进步，构建和谐社会做出了积极的贡献；农村科普带头人都是乡土专业技术人才和农民科普志愿者，他们带头示范，使广大农民学有榜样，他们亲传身授，使广大农民直接获益，他们无私奉献，体现出了新型农民良好的道德风尚。

经过推荐、评选，天津市蓟县食用菌协会等 100 个农村专业技术协会、北京市留民营有机农业科普示范基地等100个农村科普示范基地、内蒙古自治区锡林郭勒盟少数民族科普工作队等10个少数民族科普工作队被评为全国科普惠农兴村先进单位，北京市昌平区崔村镇果业协会张增瑞等100位农民专业技术人员和科普志愿者被评为全国科普惠农兴村带头人。

中国科协、财政部决定，对以上评选出的210个全国科普惠农兴村先进单位和100个全国科普惠农兴村带头人进行表彰，并给予奖补资助。希望受到表彰的单位和个人，再接再厉，有效利用好奖补资金，更好地发挥农村科普辐射带动作用，带动、帮助更多的农民提高科学素质、掌握科学生产劳动技能，实现科技致富，在农村建立起科学、文明、健康的生产和生活方式。

各地要大力宣传受表彰单位和个人的先进事迹，进一步调动农村基层科普组织和广大农民的积极性，使更多的单位和个人加入到实施“科普惠农兴村计划”的队伍中，更广泛地开展农村科普工作，为提高农民科学素质，为建设社会主义新农村、构建社会主义和谐社会做出更大的贡献。

附件：2006年全国科普惠农兴村先进单位和带头人名单（略）

二〇〇六年十二月四日

主题词：科技普及　农村科普　惠农兴村计划　表彰决定

中国科协办公厅　　2006年12月4日印发

附件3：“基层科普行动计划”实施方案（试行）

为贯彻党的十七大和十七届三中、四中、五中、六中全会精神，落实《全民科学素质行动计划纲要（2006—2010—2020年）》，充分调动全社会深入基层、贴近实际、贴近生活、贴近群众开展科普工作的积极性和主动性，引领激发广大群众学科学、用科学的积极性和创造性，中国科协、财政部决定联合实施“基层科普行动计划”（以下简称“计划”），该计划由“科普惠农兴村计划”和“社区科普益民计划”两个子计划构成。为保证“计划”的顺利实施，制定本方案。

一、指导思想、目标任务和实施原则

（一）指导思想

以邓小平理论和“三个代表”重要思想为指导，全面贯彻和落实科学发展观，通过“计划”的实施，把科技要素引入农村和城镇社区，不断促进基层科普活动的广泛开展，提高基层科普服务能力，促进城乡公共服务体系建设，提高基层群众的科学文化素质，助力社会主义文化大发展大繁荣，为社会主义和谐社会建设做出贡献。

（二）目标任务

1. 科普惠农兴村计划

（1）在总结多年来基层科普工作，特别是实施“科普惠农兴村计划”经验的基础上，通过抓重点、抓亮点、抓示范，在全国每年评比、筛选、表彰一批科普工作成绩突出、效果显著、群众认可、有较强区域示范作用的、辐射性强的农村专业技术协会、农村科普示范基地、农村科普带头人和少数民族科普工作队。

（2）在推荐、评比过程中通过农民喜闻乐见的方式开展广泛宣传，以点带面、榜样示范，增强农民学科技、用科技的兴趣和意识，把学习科技知识变成广大农民的自觉行动；提高广大农民的科学意识和依靠科技脱贫致富、发展生产、保护环境、改善生活质量的能力；引导广大农民建立科学、文明、健康的生产和生活方式。

（3）建立动员全社会力量开展农村科普工作的长效机制，开拓创新农村科普工作，提高科普公共服务能力，逐步建立完善适应农村特点、满足农民科技需求的科普工作新体系。

2. 社区科普益民计划

（1）在广泛开展社区科普工作的基础上，“十二五”期间，每年评选、奖励一批科普工作成绩突出、效果显著、居民认可、具有示范引领作用的全国科普示范社区。

（2）发挥全国科普示范社区的示范引领和辐射带动作用，推动社区科普工作开展，带动社区科普基础设施建设，引导社区科普活动广泛开展，加快社区科普队伍建设，提高社区科普工作能力，探索建立引导社会科普资源向社区聚集的长效机制。

（3）以科普示范社区创建为抓手，着力提升居民科学文化素质，增加公众参与科普活动的机会，让科学技术的发展成果惠及广大社区居民，推动社区文化建设，教育和引领居民自觉抵制封建迷信和愚昧落后习俗，在社区形成爱科学、学科学、用科学的良好文化氛围，为社会主义和谐社会建设夯实思想文化基础。

（三）实施原则

1. 面向社会，统一标准。评选范围面向社会各界，符合推荐范围和条件的单位和个人均可申报，统一评审标准。

2. 立足科普，注重公益。评选对象立足于科普工作一线，注重社会公益，不以营利为主要目的。

3. 差额评选，择优支持。各省推荐名额与最终确定获奖名单实行差额评选制，从各省推荐名单中择优支持。

4. 奖补结合，追踪问效。中央财政安排专项资金，通过以奖代补和奖补结合方式对评选出的先进集体和个人开展科普活动进行补助和奖励，为他们更好地发挥示范带动作用创造更好的条件。对中央财政专项资金的使用及其结果实行监督考核和追踪问效。奖补资金主要用于改善科普条件、完善科普功能和开展科普活动等支出。

二、推荐范围和条件

（一）科普惠农兴村计划

1. 农村专业技术协会

推荐范围：经社团管理部门依法登记、在农村科普工作方面作出突出贡献的县级以下

（含县级）农村专业技术协会。

推荐条件：

（1）组织机构健全、产权明晰、遵纪守法、管理规范。

（2）获得县级以上（含县级）各部门农村科普工作奖励。

（3）会员农户在100户以上，拥有一项或多项适用技术，在科学普及、技术推广、协会管理方面具有较强的示范带动作用。

（4）成立3年以上，具有较强的持续发展能力，会员年均纯收入高于本县农民年均纯收入20%以上。

（5）致力于农村科普事业，普及科技知识、弘扬科学精神、传播科学思想、倡导科学方法；崇尚科学文明，反对愚昧迷信；在提高农民科学素质和专业技能，建设社会主义新农村方面成效显著，得到当地群众的广泛认可和好评。

2. 农村科普示范基地

推荐范围：建立在农村、直接面向农民和农村青少年，以讲座、展览、培训、示范、咨询、服务等方式普及科技知识、弘扬科学精神、传播科学思想、倡导科学方法，致力于提高农民科学素质，促进社会主义新农村建设，做出突出贡献的场所。

推荐条件：

（1）有明确的科普工作规划和任务目标。

（2）获得县级以上（含县级）农村科普工作奖励。

（3）具有开展科普活动的固定场所和科普设备，定期更新科普内容。

（4）常年开展面向农民和农村青少年的科普讲座、展览、培训、咨询等科普活动。每年开展活动的时间100天以上、受益群众1 000人次以上，或推广的实用技术形成产业化优势，在提高农民科学素质和专业技能，建设社会主义新农村方面成效显著，得到当地群众的广泛认可和好评。

3. 农村科普带头人

推荐范围：长期在农村面向广大农民开展科普工作，做出突出贡献的农民专业技术人才和农村科普志愿者。

推荐条件：

（1）努力实践“三个代表”重要思想，坚持宣传和落实科学发展观，模范实践社会主义荣辱观。

（2）获得县级以上（含县级）农村科普工作奖励。

（3）具有奉献精神，热心农村科普事业，普及科技知识、弘扬科学精神、传播科学思想、倡导科学方法；崇尚科学文明、反对愚昧迷信。

（4）在农村开展科普工作连续3年以上。在组织开展农村科普工作和依靠科技带领农民致富，提高农民科学素质和专业技能，促进社会主义新农村建设方面成绩显著，能够发挥模范带头作用，得到当地农民群众的广泛赞誉。

4. 少数民族科普工作队

推荐范围：在少数民族地区成立的，面向少数民族群众开展科普宣传，做出突出贡献的少数民族科普工作队。

推荐条件：

（1）认真贯彻“三个代表”重要思想，坚持科学发展观，模范执行党和国家的各项方针、政策和法律、法规，维护和促进少数民族地区团结与稳定。

（2）获得县级以上（含县级）农村科普工作奖励。

（3）经政府有关部门批准成立，成立时间在2年以上。

（4）具备必要的科普宣传设备，具有较好工作基础。

（5）常年面向少数民族群众开展科普讲座、展览、培训、咨询等科普活动。每年到少数民族地区开展科普活动的时间不少于100天，在提高少数民族群众的科学素质，促进社会主义新农村建设方面成效显著，得到当地群众的广泛认可和好评。

5. 有下列情况之一的单位和个人，不得申报和推荐

（1）有违法违纪行为的。

（2）有损害群众利益行为的。

（3）有其他造成不良影响行为的。

（二）社区科普益民计划

推荐范围：积极面向社区居民开展科普工作、已被命名为省级科普示范社区的社区。

推荐条件：

（1）社区科普工作领导小组、科普协会等组织健全，有专兼职干部负责科普活动的策划、组织和实施。

（2）社区科普基础设施设备完善，利用效果好。具备科普宣传设施和相对固定的科普活动场所；科普宣传内容更换频度适当，不少于每季度一次。

（3）社区科普经费有保障，能够主动争取社会资源用于社区科普，多渠道筹措科普活

动经费。

(4）社区科普活动贴近居民生活，内容丰富，形式多样，受益面广，时效性强。拥有本社区居民参与性强、参与率高、广泛认同的品牌科普活动，每年在社区开展活动不低于4次。

(5）社区居民热心科普事业，主动承担科普志愿者任务，发挥自身专业特长服务本社区居民；广大居民积极参与社区科普活动，居民对社区科普认同度高。

(6）社区科普效果显著，形成爱科学、学科学、用科学的良好文化氛围，近3年内无造成恶劣影响的愚昧迷信活动。

三、组织实施

（一）每年3月底前，由中国科协、财政部综合各省社区、农村科普工作等情况，确定各省农村专业技术协会、农村科普示范基地、农村科普带头人、少数民族科普工作队和科普示范社区的推荐名额，并下达到各省（区、市）。其中农村专业技术协会、农村科普示范基地、农村科普带头人和科普示范社区的推荐名额按评选名额的120%进行分配；少数民族科普工作队由建有少数民族科普工作队的省（区、市）各推荐1个。农村专业技术协会、农村科普示范基地、农村科普带头人和少数民族科普工作队的申报不得交叉重复，申报单位和个人同时符合多个推荐范围和条件的，只能按其中一项进行申报。

（二）省级科协和省级财政部门根据中国科协、财政部下达的推荐名额和本方案规定的推荐范围和条件，结合本省社区、农村科普工作的实际情况，制定具体的实施细则，下发到各市、县，并通过本省的主要媒体广泛宣传，向政府机构、社会组织、社区和广大农民、社区居民公开发布推荐条件和申报程序。认真组织做好本省的推荐工作。

地（市）科协和地（市）财政部门要积极配合省级科协和财政部门做好推荐工作。

（三）县级科协和县级财政部门根据本方案和本省的实施方案，通过当地媒体开展宣传工作，广泛动员当地社会各界积极参与；组织指导符合条件的单位和个人进行申报；组织相关部门和专家对申报材料进行审核，确定推荐单位和个人名单；县级科协和财政部门应将推荐名单在有关社区和乡村进行公示，时间不少于5天，广泛征求意见；公示期满无异议的，由县级科协和财政部门将正式推荐名单和相关材料上报省级科协和财政部门。

（四）省级科协和省级财政部门汇总各县推荐名单和相关材料，成立评审委员会进行审核，在中国科协和财政部下达的推荐名额内，提出推荐单位和个人名单；推荐单位和个人名单须在本省媒体进行公示，时间不少于5天；公示期满无异议的，由省级科协和财政部门于5月底前，将正式推荐名单和相关材料上报中国科协和财政部。

（五）中国科协和财政部汇总省级科协报送的申报材料，成立评审委员会进行评审。评审结果在媒体进行公示，时间不少于5天，公示期满无异议的，6月底前由中国科协和财政部批准并下达各省级科协和财政部门。对受到表彰的农村专业技术协会、农村科普示范基地和少数民族科普工作队授予“全国科普惠农兴村先进单位”称号，受到表彰的农村科普带头人授予“全国科普惠农兴村带头人”称号，受到表彰的社区授予“全国科普示范社区”称号，并均由中央财政资金给予奖励和补助。

（六）各级科协和财政部门要积极宣传获奖对象的先进事迹，要加强对奖补资金的管理和监督，要加大对获奖对象开展科普工作的指导力度，帮助其在提高城乡居民科学素质，助力社会主义文化大发展大繁荣、推进社会主义和谐社会建设中发挥更大作用。要认真做好工作总结和经验交流。省级科协和财政部门应于12月底前将年度工作总结报中国科协和财政部。

四、保障措施

（一）统一认识，加强领导。实施“基层科普行动计划”是贯彻党的十七届六中全会精神，落实《全民科学素质行动计划纲要》，提高城乡基层群众科学素质，促进依靠科技转变经济发展方式、助力社会和谐发展的重要举措。各级科协和财政部门要高度重视，统一思想，在党委、政府的领导下，加强对计划实施工作的组织领导，纳入相应的工作计划，会同有关部门和人民团体共同组织实施，发挥各自优势，密切配合，形成合力，保证计划顺利实施。

（二）广泛宣传，正确引导。受表彰的“全国科普示范社区”、“全国科普惠农兴村带头人”、“全国科普惠农兴村先进单位”是广大基层社区、科普组织和科普工作者的杰出代表。要把评比筛选过程与普及科技知识、弘扬科学精神、传播科学思想、倡导科学方法有机地结合起来，通过广泛宣传他们的先进事迹，进一步激发广大基层科普组织、科普工作者和全社会开展科普工作的积极性、创造性，引导激发基层群众学科学、讲科学、用科学的积极性、创造性，引导全社会共同关注科普工作。

（三）客观公正，加强监督。评比推荐是实施“计划”的关键环节。各地要保证评比的公平、公正、公开，对推荐对象进行认真筛选，优中选优。要建立信息公开和社会监督机制，广泛接受社会各方面的监督。对申报评比过程中发现谎报业绩、编造事迹、弄虚作假的，将取消或核减该省当年的推荐名额。获奖单位和个人有弄虚作假等行为的，经查证属实，撤销其荣誉称号并收回已发放的资金，同时取消或核减该省下一年度的推荐名额。

（四）注重实效，动态管理。中国科协和财政部对获奖单位和个人实行动态管理。获奖单位和个人，不能继续发挥示范带动作用或有损害群众利益行为的，将取消其荣誉称号。相关主管部门要制定组织和指导受表彰奖励的单位和个人开展科普活动的计划，明确目标任务、工作措施和相应职责，加大政策和经费的支持力度，使其在科普工作中取得更大成效。

附件 4：关于开展“科普惠农兴村计划”“十三五”发展研究课题的通知

各有关省（自治区）科协科普部：

为全面总结“科普惠农兴村计划”九年来实施成效，提出“十三五”“科普惠农兴村计划”发展建议，我中心委托中国农科院农业信息所开展“科普惠农兴村计划”“十三五”发展研究，邀请河北、吉林、江苏、福建、山东、湖南、广东、四川等 8 个省及新疆维吾尔自治区科协作为课题参与单位。课题参与单位将承担以下工作：

一、配合开展实地调查

2014 年 12 月中旬至 2015 年 1 月开展实地调查。调查内容主要包括三项，一是了解各地组织实施“科普惠农兴村计划”的特色经验与亮点；二是调查典型获奖对象；三是听取各地对实施“科普惠农兴村计划”的意见与建议。具体见实地调查方案（附件 4－1）。请课题参与单位做好实地调查的组织协调工作，并准备有关材料。

二、组织开展问卷调查

2014 年 12 月至 2015 年 1 月对各级科协和“科普惠农兴村计划”获奖对象进行问卷调查（调查问卷见附件 4－2 和附件 4－3）。各级科协问卷调查范围为问卷调查获奖对象所在的省、地、县三级科协。各省获奖对象调查问卷数约为 2006—2014 年“科普惠农兴村计划”获奖数的 50%，具体数量见调查问卷分配表（附件 4－4）。请课题参与单位积极组织相关人员填写调查问卷，并于 2015 年 1 月 30 日前将调查问卷纸质版邮寄至中国农科院农业信息所。

三、完成本省“科普惠农兴村计划”“十三五”发展研究报告

请课题参与单位充分重视课题研究工作，全面总结本省“科普惠农兴村计划”实施成

效，特别是独具特色的经验与亮点，认真谋划本省“十三五”科普惠农工作，并于2015年3月底前提交本省“科普惠农兴村计划”“十三五”发展研究报告初稿，2015年6月底前提交报告终稿。

联系方式：

中国科协农技中心

联 系 人：王成巍　彭立颖

联系电话：010－62379323　82072974

电子邮箱：wangchengwei@ cast. org. cn

中国农科院农业信息所

联 系 人：赵　亮

联系电话：010－82106259－605

通信地址：北京市海淀区中关村南大街12号

邮　　编：100081

电子邮箱：zhaoliang01@ caas. cn

中国科协农技中心

2014年11月25日

附件 4-1　“科普惠农兴村计划”调查问卷Ⅰ
——各级科协问卷

本次问卷所收集到的信息，仅用于本研究数据统计分析，请如实回答以下问题。感谢您的配合与支持！

填写日期：　　年　月　日

A 基本信息

<table>
<tr><td colspan="2">单位名称</td><td colspan="4">省市县科协（盖章）</td></tr>
<tr><td colspan="2">地　址</td><td colspan="2"></td><td>邮　编</td><td></td></tr>
<tr><td rowspan="3">联系人</td><td>姓　名</td><td></td><td>职　务</td><td colspan="2"></td></tr>
<tr><td>电　话</td><td></td><td>手　机</td><td colspan="2"></td></tr>
<tr><td>电子邮箱</td><td colspan="4"></td></tr>
</table>

B. “科普惠农兴村计划”实施背景和意义

B1. 2006—2014 年，本省\市\县国家和省级获奖对象数量：

获奖对象	国家	省级
农村专业技术协会（个）		
农村科普示范基地（个）		
农村科普带头人（个）		
少数民族科普工作队（个）		

B2. “计划”实施后，当地图书资料增加万册，专用设备增加套，展品展具增加____个，培训讲座增加____次，受众增加____人次，展览增加____次，受众增加____人次，新技术新品种推广增加____项。

B3. 2006 年、2014 年本省/市/县农村专业技术协会民政部门登记数，农村科普示范基地和少数民族科普工作队为主管部门批准成立数：

	2006 年	2014 年
农村专业技术协会（个）		
农村科普示范基地（个）		
少数民族科普工作队（个）		

B4. 本省/市/县是否成立科普惠农工作领导小组，专门负责“计划”实施的组织和领

导工作（　　）。

0 否；　　　　　　　　　　　　　1 是

B5. “计划”实施前，本省 \ 市 \ 县级科协是否有类似的科普惠农相关项目或政策（　　）

0 否；　　　　　　　　　　　　　1 是，名称为____实施起始时间为____年。

B6. “计划”实施后，本省 \ 市 \ 县级科协是否实施科普惠农相关政策 \ 项目的?（　　）

0 否，原因是；　　　　　　　　　1 是，配套资金是____万元。

B7. “计划”实施后，遇到或面临的突出困难是什么？（　　）（可多选）

1. 资金力度不够；2. 覆盖面不广；3. 相关部门支持力度不足；4. 其他（请注明）。

B8. “计划”实施后，本省 \ 市 \ 县最明显的变化主要有哪些方面?（　　）（可多选）

1. 农民科学素质普遍提高；2. 学科学讲科学用科学风气形成；3. 追求新技术新品种意愿增强；4. 农村科普力度加大；5. 其他（请注明）。

B9. 本省 \ 市 \ 县是否利用物联网、大数据和信息终端等信息化技术和装备开展科普惠农工作（　　）

0. 否；　　　　　　　　　　　　　1. 是，具体形式为（　　）

（1）建立省 \ 市 \ 县级网络信息平台；（2）利用电脑/手机/pad 等推送科普知识；（3）远程科技咨询；（4）其他（请注明）。

B10. 是否愿意利用物联网、大数据和信息终端等信息化技术和装备开展科普惠农工作（　　）

1. 很愿意；2. 比较愿意；3. 一般；4. 不愿意；5. 很不愿意

如愿意，您认为突出的问题或困难主要有哪些？（　　）

（1）资金不足；（2）相关人才缺乏；（3）认识不足；（4）其他（请注明）。

B11. 自“计划”实施以来，本省 \ 市 \ 县科协部门表彰奖补的手段和方法主要有哪些变化？（可另附纸）

B12. “计划”的实施对农村科普工作的作用有哪些？（可另附纸）

B13. 您对“计划”今后继续实施的意见和建议有哪些？（可另附纸）

附件4－2 "科普惠农兴村计划"调查问卷Ⅱ
——获奖对象问卷

为全面总结"科普惠农兴村计划"九年来实施成效，提出发展建议，为制定"十三五""科普惠农兴村计划"提供科学依据，特开展本次问卷调查。本次问卷所收集到的信息，仅用于本研究数据统计分析，请如实回答以下问题。感谢您的配合与支持！

填写日期：　　年　月　日

A 基本信息

<table>
<tr><td>省</td><td colspan="2"></td><td>市</td><td colspan="2"></td></tr>
<tr><td>县</td><td colspan="2"></td><td>乡\村</td><td colspan="2"></td></tr>
<tr><td>获奖对象名称</td><td colspan="5"></td></tr>
<tr><td rowspan="5">获奖对象
个人信息</td><td>带头人或负责人姓名</td><td></td><td>性别</td><td colspan="2">0 女；1 男</td></tr>
<tr><td>年龄</td><td></td><td>民族</td><td colspan="2">0 汉族；1 其他</td></tr>
<tr><td>文化程度</td><td colspan="4">1 小学；2 初中；3 高中；4 高中以上</td></tr>
<tr><td>身份（可多选）</td><td colspan="4">1 农民；2 企业人员；3 事业单位人员；4 社会团体人员；5 其他</td></tr>
<tr><td>联系方式</td><td colspan="4">手机：　　　　　　邮箱/QQ：</td></tr>
<tr><td rowspan="4">获奖对象
单位信息
（带头人不填）</td><td>成立日期</td><td colspan="4"></td></tr>
<tr><td>业务主管部门</td><td colspan="4">1 科协；2 农业部门；3 其他</td></tr>
<tr><td>主要职能（可多选）</td><td colspan="4">1 科普服务类；2 生产技术服务类；3 市场营销类；4 其他</td></tr>
<tr><td>成员人数</td><td></td><td colspan="2">其中，农民成员数</td><td></td></tr>
</table>

B"科普惠农兴村计划"实施成效

B1. 请填您所获得国家或省级的奖补资金数额（单位：万元）

2006年		2007年		2008年		2009年		2010年	
国家	省级	国家	省级	国家	省级	国家	省级	国家	省级
2011年		2012年		2013年		2014年			
国家	省级	国家	省级	国家	省级	国家	省级		

B2. 获得科普惠农奖补资金后，是否得到其他部门的奖补支持（　　）

0 否；　　　　　　　　　　1 是，奖补资金是____万元

B3. 所在市或县是否有配套资金奖励？（ ）

0 否； 1 是，配套奖补资金是____万元

B4. 奖补资金主要用途（ ）

（1）图书资料费____万元；

（2）专用设备费____万元；

（3）展品展具费____万元；

（4）培训讲座费____万元；

（5）展览费____万元；

（6）新技术新品种推广费____万元；

（7）其他费用____万元

B5. 奖补资金的使用是否受到监管（ ）

0 否； 1 是，受到哪个部门的监督（ ）？

（1）科协；（2）财政部门；（3）其他（请注明）

B6. 获奖对象在“计划”中的职能或作用主要表现在哪些方面？（ ）（可多选）

1. 技术推广；2. 科普培训；3. 新品种培育；4. 科普信息化服务；5. 其他

B7. 获奖以来，进行技术培训和推广（ ）次，累计培训（ ）人次；推广新品种或新技术（ ）项，带动（ ）农户受益。

B8. 除上述职能外，获奖对象是否还承担其他农业科技项目或服务（ ）

0 否； 1 是，请写明具体名称。

B9. 获得奖补后（农村科普带头人、少数民族科普工作队不填）

农业生产经营规模是否有所增加（ ）0 否；1 是，增加（ ）%

产值是否增加（ ）0 否；1 是，增加（ ）%；

农业单产是否提高（ ）0 否；1 是，提高（ ）%；

带动农户数是否增加（ ）0 否；1 是，增加（ ）户。

B10. 您现在进行科学技术普及的主要工作方式是什么？（ ）（可多选）

1. 技术示范推广；2. 科普培训讲座；3. 发放科普资料；4. 建科普活动设施/场所；5. 利用电脑/手机/pad 等信息终端开展服务；6. 其他（请注明）。

B11. 奖补后，您的最大收获有哪些（ ）

1. 社会影响力扩大；2. 收入显著提高；3. 政府相关部门重视和支持；4. 其他（请注明）。

B12. 您开展科普的内容主要有哪些？（　　）（可多选）

1. 农业生产实用技术；2. 劳动力务工技能；3. 安全生产；4. 健康生活；5. 生态环保；6. 基本科学常识；7. 其他（请注明）。

B13. 会员/成员收入情况（农村科普带头人、少数民族科普工作队不填）：

收入类型 （年人均纯收入，单位：万元）	奖补前	奖补后
1. 农业收入		
2. 非农业收入		

B14. 奖补前后对比，是否带动农民增收（　　）（农村科普带头人、少数民族科普工作队不填）

0 否；　　　　　　　　　　　　　1 是，增收（　　）%

B15. 您认为"科普惠农兴村计划"带动农民科学素质提高的效果如何？（　　）。

1. 非常好；2. 很好；3 好；4. 一般；5. 差；

B16. "科普惠农兴村计划"实施以来，您所在村镇最突出的变化有哪些（　　）（可多选）。

1. 收入普遍提高；2. 社会风气明显变好；3. 农民追求科技的意愿增强；4. 带动就业；5. 产品技术含量增加；6. 生产效益明显增加；7. 其他（请注明）。

B17. 您是否开展农产品质量认证？（　　）（农村科普带头人、少数民族科普工作队不填）

1. 无公害农产品认证；2. 绿色农产品认证；3. 有机农产品认证；4. 无认证

B18. 当地科协是否对"科普惠农兴村计划"进行宣传？（　　）

0 否；　　　　　　　　　　　　　1 是，通过什么途径宣传。

是否对您的先进事迹进行宣传？（　　）

0 否；　　　　　　　　　　　　　1 是，宣传途径是（　　）

（1）电视（2）广播（3）报刊（4）网络（5）手机

（6）其他（请注明）。

C　获奖对象的需求和意愿

C1. 您是否满意"计划"的奖补金额？（　　）

0 满意；　　　　　　　　　　　　1 不满意，理想的奖补金额是（　　）万元。

C2. 奖补后，您是否愿意利用自有资金继续开展科普服务？（　　）

1. 愿意；2. 不愿意；3. 不清楚

C3. 您是否需要再次获得“计划”奖补（　　）

1. 需要；2. 不需要；3. 不清楚

C4. 您觉得农产品质量安全是否重要（　　）

1. 非常重要；2. 比较重要；3. 一般重要；4. 不太重要；5. 根本不重要

C5. 您是否愿意投入更多的资金和精力进行农产品质量安全科普工作（　　）

1. 很愿意；2. 比较愿意；3. 一般；4. 不愿意；5. 说不清楚

C6. “计划”实施过程中，您对组织者和各级科协部门的组织协调工作是否感到满意？（主要从工作效率、工作态度、工作效果等方面衡量）（　　）

1. 很满意；2. 比较满意；3. 一般；4. 不满意；5. 说不清楚

若不满意，请说明理由。

C7. 您认为获奖对象的申报条件是否合理？（　　）

0. 合理；　　　　　　　　　　1. 不合理，请说明理由。

C8. 您在开展科学技术普及和推广过程中是否顺利？（　　）

0 顺利；　　　　　　　　　　1 不顺利，主要困难有哪些（　　）（可多选）

（1）资金不足；（2）农民积极性不高；（3）缺乏统一组织；（4）其他，请说明。

C9. 您是否愿意利用手机、平板电脑等信息终端和相关技术手段开展科普惠农工作（　　）

1. 很愿意；2. 比较愿意；3. 一般；4. 不愿意；5. 说不清楚

C10. 对今后“计划”的实施有什么意见和建议？（可另附纸）

附件 4－3　获奖对象调查问卷分配表

年份	省区市	河北	吉林	江苏	福建	山东	湖南	广东	四川	新疆	合计
2006 年	农技协	2	1	2	1	3	2	1	4	1	17
	示范基地	3	1	2	1	3	2	2	3	1	18
	带头人	3	1	2	1	3	2	2	3	1	18
	工作队	0	1	0	0	0	1	0	1	1	4
2007 年	农技协	2	2	2	2	6	4	1	12	2	33
	示范基地	3	1	2	2	5	5	2	10	3	33
	带头人	3	1	2	2	6	5	2	11	3	35
	工作队	0	0	0	0	0	0	0	1	2	3
2008 年	农技协	2	1	2	2	6	4	1	12	3	33
	示范基地	3	1	2	2	5	5	1	10	3	32
	带头人	4	2	4	4	7	5	3	12	4	45
	工作队	0	0	0	0	0	0	0	1	1	2
2009 年	农技协	7	4	5	7	18	12	4	32	10	99
	示范基地	4	1	3	3	8	7	2	14	6	48
	带头人	4	6	4	5	10	6	6	8	5	54
	工作队	0	0	0	0	0	0	0	0	0	0
2010 年	农技协	20	6	7	20	37	16	5	42	13	166
	示范基地	6	1	4	5	10	9	3	17	7	62
	带头人	6	8	6	6	13	8	8	10	6	71
	工作队	0	0	0	0	0	0	0	0	1	1
2011 年	农技协	21	6	7	20	37	15	5	42	13	166
	示范基地	6	2	4	5	10	9	3	17	7	63
	带头人	6	8	6	7	13	8	8	9	6	71
	工作队	0	0	0	0	0	0	0	0	1	1
2012 年	农技协	21	6	6	20	36	15	6	42	13	165
	示范基地	6	2	4	5	11	9	3	17	7	64
	带头人	6	8	6	7	13	8	8	9	6	71
	工作队	0	0	0	0	0	0	0	1	0	1
2013 年	农技协	21	6	6	20	36	16	6	42	13	166
	示范基地	6	2	4	5	11	9	3	17	7	64
	带头人	6	8	6	7	13	8	8	9	6	71
	工作队	0	1	0	0	0	1	0	1	1	4
2014 年	农技协	20	6	6	19	36	15	6	41	12	161
	示范基地	6	2	4	5	11	8	3	17	7	63
	带头人	6	14	6	7	13	8	8	9	22	93
	工作队	1	0	0	0	0	0	0	0	1	2
合计		204	109	114	190	380	222	110	476	195	2 000

下　篇

“科普惠农兴村计划”“十三五”发展研究分报告

关于“科普惠农兴村计划”“十三五”发展规划的建议

中国农业科学院农业信息研究所

一、趋势和需求分析

（一）趋势分析

1. 中国经济发展进入新常态

当前，我国经济已经由高速增长转向中高速增长，出现了明显不同于以往的许多特征，不仅表现为经济增速的放缓，更表现为增长动力的转换、经济结构的再平衡，面临着复杂的系统转型，也意味着我国经济发展进入一个崭新的历史时期，人们称之为“新常态”。

经济中高速增长。我国经济发展的条件和环境已经或即将发生诸多重大转变，经济增长速度不再可能继续过去30多年10%左右的高速，经济增速换挡回落、从过去10%左右的高速增长转为7%～8%的中高速增长成为新常态的最基本特征。环顾世界，当一个国家或地区经历了一段时间的高速增长后，都会出现增速“换挡”现象，不少国家的经济增速都是从8%以上的“高速挡”直接切换到4%左右的“中速挡”。由于中国是一个发展很不平衡的大国，各个经济单元能接续发力、绵延不绝，导致发展能量巨大而持久，因而中国经济有望在7%～8%的“中高速挡”长期运行。

经济结构不断优化升级。产业结构方面，第三产业逐步成为产业主体。2013年，我国第三产业（服务业）增加值占GDP比重达46.1%，首次超过第二产业；2014年上半年，这一比例攀升至46.6%。美国等发达国家服务业已占GDP的80%以上，新常态下，我国服务业比重上升将是长期趋势。需求结构方面，消费需求逐步成为需求主体。2012年，消费对经济增长贡献率自2006年以来首次超过投资。2014年上半年数据显示，最终消费对GDP增长贡献率达54.4%，投资为48.5%，出口则是负2.9%。城乡区域结构方面，城乡区域差距将逐步缩小。2011年年末，我国城镇人口比重达51.27%，数量首次超过农村人口。随着国家新型城镇化战略的实施，城镇化速度将不断加快，城乡二元结构逐渐打破，区域差距也将逐渐拉近。

经济增长主要动力转向创新驱动。未来将仍然依靠新型工业化、新型城镇化、信息化、农业现代化和基础设施现代化拉动经济增长。特别是从增长来源看，要素投入特别是投资增长率有所下降，无论是技术创新、供给创新、市场创新，还是劳动力和人才培养竞争转移流动，都会提高全要素生产率。而从增长效率来看，经济体制改革都会有效地改进各类要素特别是土地、资源、资本等的配置效率。从增长效益来看，不仅促进了经济效益，而且还促进了社会效益、文化效益、生态效益的提高。例如，有效的创造就业本身不仅具有私人收益率，还具有社会收益率，不仅具有经济效益，还具有其他效益。概言之，所谓"中高速增长"就是实现有质量有效益的速度，实现"实实在在没有水分的速度"。

2. 新常态为现代农业发展提供新机遇

"经济新常态"这一重大战略判断，深刻揭示了中国经济发展阶段的新变化，充分展示了中央高瞻远瞩的战略眼光和处变不惊的战略定力。认识新常态，适应新常态，引领新常态，不仅是当前和今后一个时期我国经济社会和农业农村经济发展的大逻辑，也"十三五"时期科普惠农兴村计划的总遵循。随着中国经济进入新常态，中高速、优结构、新动力、多挑战的趋势性、不可逆转的发展状态，为现代农业发展带来了重大机遇。

雄厚财力为现代农业发展提供物质基础。新常态下，我国经济由高速增长转为中高速增长，增速虽然放缓，但由于经济体量庞大，实际增量依然可观，并且增长更趋平稳，动力更为多元，质量更加优化。当前我国已成为世界第二大经济体，2013 年人均 GDP 接近 7 000美元，国家财政收入近 13 万亿元。在此基础上，我国不断出台各项强农惠农富农政策，构建农业支持保护体系，2013 年中央财政"三农"事业支出超过 1. 38 万亿元。经济的持续健康发展，为我们改造传统农业、建设现代农业提供了坚实物质保障。

工业化、城镇化、信息化加快推进为现代农业发展提供强大牵引力。新常态下，工业化、城镇化、信息化快速发展，为改造传统农业提供了现代的生产要素、管理手段和技术支撑。同时，大量人口向城镇转移，也为农业适度规模经营腾出了空间、创造了条件。近年来，我国农业产业化水平日益提升，龙头企业、农民合作社、种养大户、家庭农场等新型农业经营主体应运而生，现代农业所要求的产业形态、组织形态正日渐成型。

先进技术为现代农业发展提供更强驱动。新常态下，随着人口结构变化、要素成本上升，我国经济发展正由要素驱动、投资驱动转向创新驱动。我们坚定不移走科技强国之路，破除体制机制障碍，增强自主创新能力，最大限度解放和激发科技作为第一生产力所蕴藏的巨大潜能，生物、信息、新材料、新能源、先进装备制造等高新技术广泛应用于农业领域，农业科技支撑体系初步建立，农业机械化水平逐年提升，成为现代农业发展的强劲引擎。

3. 迫切需要充分发挥中国科协的作用

在新常态的宏观背景助力下，抓住农业现代化发展的脉搏，关键是创新农业生产经营方式，提高农民科技素质，培养创新型农民，迫切需要发挥中国科协作用，广泛开展并提升农村科普工作。长期以来，中国科协作为科普工作的主力军，始终致力于我国农村科普事业的发展，对于提高农民科学文化素质，传播推广农村实用技术，培养乡村人才，发挥着重要作用。新常态下面对制约农业发展的瓶颈，更应充分发挥中国科协的作用，全面提高农民科技素质。

加强和改进科协农村科普工作极具重要性和紧迫性。中国科协组织作为科普工作的主力军，长期致力于发展农村科普事业，在促进农村繁荣、农民增收、农业发展等方面发挥了不可替代的独特作用。但是相对于新常态下发展现代农业的要求、相对于农村和农民巨大的科普需求，科协系统的农村科普工作力量依然薄弱。我国农村科普工作仍然存在基础较弱、科学普及率及农村人口参与率不够、农民整体科学素质不高、科技贡献率较低等问题，因此迫切需要充分认识加强和改进科协农村科普工作的重要性和紧迫性。

充分发挥科协在提高农民科技素质中的关键作用。党的十八大提出“普及科学知识，弘扬科学精神，提高全民科学素养”的要求，激励科协组织努力开创科协事业，为经济社会发展服务、为提高全民科学素质服务、为科技工作者服务的新局面。通过充分发挥科协组织在农民科学素质建设中的牵头引领作用，紧密结合“三农”实际，弘扬科学精神，宣传科学思想、传播科学方法，普及科学技术知识，为繁荣农村经济、增加农民收入做出了积极贡献，培养造就千千万万有文化、懂技术、会经营的新型农民，全方位提高农民科技素质已成为新时期各级科协组织农村科普工作的根本目标和首要任务。

科普惠农兴村计划成为科协农村科普工作的重要抓手。“科普惠农兴村计划”由中国科协、财政部于2006年联合启动实施。根据农村科普工作的特点，“科普惠农兴村计划”通过“以奖代补、奖补结合”的资金投入方式，通过表彰、奖补农村专业技术协会、农村科普示范基地、少数民族科普工作队和农村科普带头人，以点带面，榜样示范，进一步激发广大农村基层科普组织和科普工作者的积极性、创造性，引导激发广大农民学科学、讲科学、用科学的积极性、创造性，引导全社会共同关注农村科普工作，助力社会主义新农村建设。“科普惠农兴村计划”发挥了中央财政资金“四两拨千斤”的作用，成为各级科协农村科普工作的重要内容和举措。

（二）需求分析

"科普惠农兴村计划"实施9年以来，满足了农民教育培训、全面造就新型农业农村人才队伍的需求，培育和发展了以家庭农场为代表的新型农业经营主体，解决了农业农村科普信息化推广"最后一公里"的难题。下一步提升"科普惠农兴村计划"影响力，加快科普惠农统领农村科普工作的步伐，发挥农业专业技术协会和农业科普示范基地的科技支撑和社会服务作用，仍需要国家财政的大力支持和奖补方式的大胆探索，最终为发展农业产业化、多种形式的适度规模经营，建设资源节约型、环境友好型农业服务。

1. 提高农民科技素质

农民是实现农业现代化重要的生产要素，农民素质和技能的高低是衡量农业劳动力生产要素质量的重要指标。只有提高农民的素质和技能，现代农业发展才有高质量的生产要素，农业的综合生产效率才能大幅度提高，农产品有效供给才能得到保证，农民的收入才能稳步增长，才能推进新农村建设和农业现代化的进程，而农民培训是农村人力资本形成和农民素质提高的重要途径。

到目前为止，我国在农村地区陆续开展了"绿色证书工程""阳光工程""新型农民科技培训工程""星火计划"等培训工程，但农民培训供不应求和供求错位的问题在总体上比较严重，农民培训供需契合度较低。第一，从供给看，农民培训服务的供给是短缺的。特别是以农民实际需求出发的效果较好的供给很缺乏。由于政府重视程度不够，导致财政投入不足，适合农民的培训项目较少。而农民的支付能力总体处于较低水平，加上农民培训又具有公共物品属性，使得农民培训市场发育不完善，由市场机构自发提供的农民培训很少。因此，总体上政府和市场提供的农民培训服务存在长期短缺。第二，农民培训供需错位，已有的培训存在与农民需求脱节、培训项目监管不到位、培训体系建设缺乏等问题。目前承办农民培训的部门没有根据当地产业特点和农民受教育水平拟定培训方案，培训内容知识理论性多，操作实用性的少。而培训方式又比较单一，普遍存在"填鸭式"和"普教化"的现象，部分地方只注重学时、书面考试、颁发证书等环节，忽略了学习、掌握和验证所学知识、技能的实践环节。第三，农民对培训内容的需求日益提升，他们不仅需要作物种植技术培训，还希望得到市场信息的全面反馈，对农业生态和新科学技术也有强烈的学习愿望。通过奖补对象关于农产品食品安全问题看法的调研数据分析可知（图2-1），在参与调研的1 438个受访者中，认为农产品质量安全非常重要的有1 409人，占到98.0%；认为农产品质量安全比较重要的28人；认为农产品质量安全一般重要的1人；

在受访过程中没有人认为农产品质量安全不太重要或根本不重要，而目前政府和市场提供的培训都无法满足农民关于农产品质量安全等农业生态和新技术方面的需求。但科协始终把搞好农产品质量安全的知识宣传与普及作为一项重要工作来抓，定期到农业生产主体走访，向农业生产主体发放农产品质量安全宣传资料，规范农业投入品使用，做好农产品质量日常抽样检测工作，为农产品质量安全的需求服务。

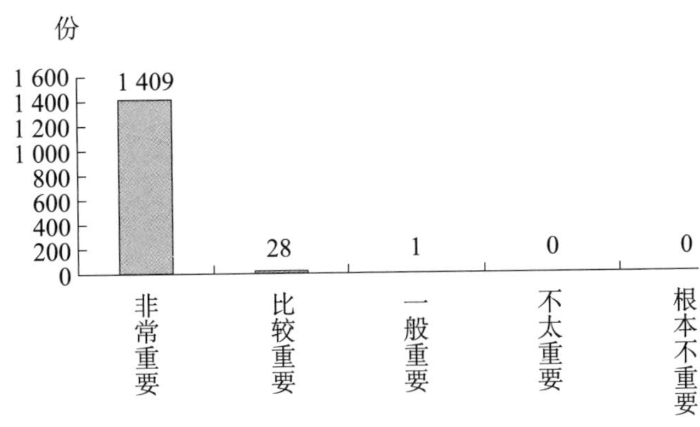

图 2－1　农产品质量安全重要性统计

“科普惠农兴村计划”的一项重要内容就是对农民开展培训。首先，科普惠农培训与政府部门和市场机构开展的培训不同，它不以政绩为导向，不以盈利为目的，从农民的实际需求出发，实现了供需的对接。根据农民的种养特点和地方特色，进行分组管理，提供农业政策、农产品新品种、新技术、病虫害防治通报、气象及灾情预报等方面的信息，实现科技培训与各类实用技术培训相结合。同时搭建科普培训平台，建造农民科技“加油站”，把科普学校同科普服务站、农家书屋有机结合，集培训、学习、咨询于一体，组织科技人员参加各类农业技术培训班，并向农民进行现场讲解、示范农村实用技术、科普知识，实现科技培训与科技入户相结合，通过培训示范户辐射带动周边广大农户学科技、用科技。第二，科普惠农计划充分利用了农民专业合作社和农业技术协会的组织形式，实现了培训的规模效应，扩大每次培训的参与人数，节省了成本。第三，科普惠农把巩固和组建科普示范基地、发展农村专业技术协会、培养农村科普带头人结合起来。通过农村专业技术协会、科普基地强化科技培训，培养和造就了一批“土专家”，科普示范基地和农村专业技术协会成为“土专家”的摇篮。

农民培训的目的是为了让农民掌握基本的知识和技能，从而增加自身素质、提高收入水平，创造更好的就业或创业机会，为农民的知识技能水平整体提升，农民人力资本水平的提高打下坚实的基础。开展“科普惠农兴村计划”是健全农民培训机制的重要举措，是提高农民收入，促进农业科技成果转化和农村科技进步，转变农业发展方式的必然要求，有力地推动了农业现代化的发展和农村市场化进程。

2. 培育新型农业经营主体

2013 年中央一号文件首次提出了发展家庭农场这一新型农业经营主体，并且明确提出新增补贴向主产区和优势产区集中，向专业大户、家庭农场、农民合作社等新型生产经营主体倾斜，家庭农场成为现代化农业发展的方向。在当前城市化与工业化快速推进的宏观背景下，家庭农场作为新型的经营主体是对家庭联产承包责任制度的进一步突破与完善，既可以充分满足非农就业农户的土地流转需要，借以弥补土地就业功能和保障功能的弱化趋势，又可以有效激发专业农户的务农热情与扩大经营的意愿，推进农业的适度规模经营。家庭农场从事规模化、集约化、商品化的农业生产经营，并实行市场化经营、企业化管理，它的发展适应了现代农业的需要。

“科普惠农兴村计划”将家庭农场纳入奖补对象的范围，满足了家庭农场发展中对金融、农业技术和人力资本的需求，为推进家庭农场的健康发展提供物质基础和体制保障。一方面，健全的农业社会化服务体系是家庭农场可持续发展的重要保障，家庭农场虽然生产规模相对较大，生产分工的专业性较强，农业生产各环节间的联系也较为紧密，但仍面临较大的市场风险和自然风险，更加需要为其提供涉及农业产前、产中、产后各个环节的全方位社会化服务。对此，科协及下属的各级部门为家庭农场提供资金、良种、农机、技术、信息、植保、加工、储运和销售等一体化的社会化服务，以增强家庭农场抵御技术风险、自然风险和防范市场风险的能力，同时积极引导和鼓励家庭农场加入合作社，为家庭农场连接市场搭建信息交流平台，激活农业、农村和农民自身的活力。从获奖对象调研问卷的分析（图 2－2）也能看出，农民对“科普惠农兴村计划”实施的热情很高，对各级科协提供的各项服务既有需求也有较高的满意度。在“科普惠农兴村计划”实施过程中对科协的满意度情况调查可知，受访者总人数 1 426 人，对科协服务很满意达到 1 325 人，该比例高达 92.9%。

另一方面，发展家庭农场必须要把工作重心放到职业农民培育上。大力培育新型职业农民，不仅是推进农村改革、增强农村发展活力的重大举措，而且是发展现代农业、保障粮食安全的关键环节。“科普惠农兴村计划”充分利用各类培训资源，提供相应的经费支持，构建了多元化的职业农民培育体系。科协系统着重加强对种养大户、农民技术员、合作社骨干、家庭农场经营者、农业服务组织骨干等的各类人员的教育培训，重点培养生产型、管理型、技术型、营销型和社会化服务型等符合现代农业发展需求的多元化职业农

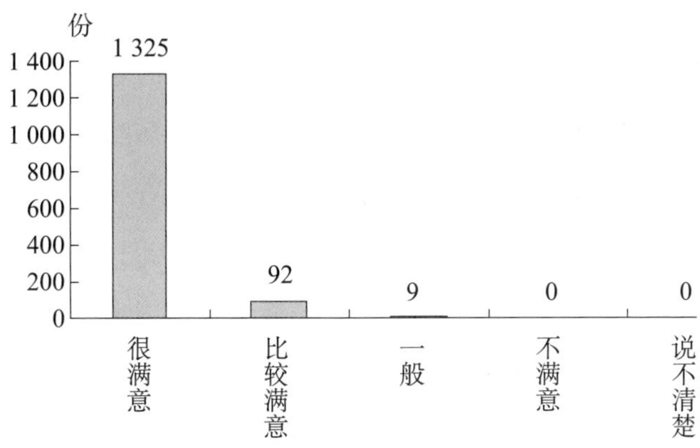

图 2-2 获奖对象对科协满意度情况分析

民，不断提高他们的科学文化素养，使其成为适应现代农业发展的新型职业农民。

家庭农场的发展预示着中国农业现代化的走向，现代农业建设离不开农业生产经营组织创新的推进，“科普惠农兴村计划”充分激发农村生产要素的潜能，建立和健全了农业社会化的服务体系，为推进家庭农场的健康发展提供物质基础和体制保障，是培育和壮大新型农业生产经营组织、发展现代农业的需要。

3. 推进农村科普信息化

农业信息化“重中之重”的战略地位越来越得到肯定，国家提出“四化同步”、城乡一体化发展思路的顶层设计，更加强调了信息化支撑城镇化与农业现代化协同发展的核心作用。农业信息化已成为农业生产要素并贯穿产前、产中、产后整个生产过程，不断地渗透到农业种植资源、作物栽培、畜禽饲养、精准施肥、节水灌溉、病虫害预测预报以及农村远程教育等各个领域。国家各部委纷纷开展了农业信息化相关工作部署，科技部、工信部、中组部联合开展国家农村信息化示范工程建设、农业部开展“金农工程”与农业物联网区域示范等取得了一定的实效，在理论方法、关键技术、应用示范以及网络通信等方面形成积淀，有效解决了我国农业信息化发展软硬件基础设施建设问题。但在信息化如何支撑农业现代化与农村城镇化，还有很多瓶颈问题需要进一步探索与突破，其中最为重要的是打破农业信息化“最后一公里”问题。“最后一公里”问题主要表现在农业技术推广、农业信息服务等无法传达到农民手中，致使农业信息产品与农业生产经营者不能互相交流合作，农技推广、农信服务、农水灌溉等无法到达每家每户，应用于农业生产实践中，信息化建设的投资不能达到预期的效果，农业信息化服务的功能不能有效发挥。

“科普惠农兴村计划”对推进农村科普信息化建设和解决“最后一公里”问题意义重大。第一，“科普惠农兴村计划”打造了农村科普信息化服务体系。科普惠农兴村提供了

“六个一”的基本条件：一处固定场所、一套信息设备、一支专家队伍、一名信息员、一套管理制度和一个长效机制，同时贴近当地经济和社会发展的现实需求，着力为农民提供政策法规、科技咨询、科技培训、市场价格、生产经营、疫病防治、就业致富、文化生活等各类信息的查询、收集和发布等综合信息服务。第二，各省科协与市、县科协探索推出不同特点的农村科普信息化服务模式，大力推进了农村信息化。包括科普视频服务模式、手机短信服务模式以及专家电话热线模式等，把科技和信息用现代化的手段远程、及时地传达给广大农民，引导农民依靠科技致富。图 2－3 是获奖对象利用手机、平板电脑等信息终端开展科普惠农工作的意愿情况调查，可以直观地看出，受访者总人数为 1 434 人，其中很愿意利用信息终端开展科普工作的问卷为 1 169 份，该比例高达 81.5%；比较愿意利用信息终端开展科普工作的问卷为 199 份；一般愿意利用信息终端开展科普工作的问卷为 50 份；不愿意利用信息终端开展科普工作的问卷为 3 份；说不清楚的为 13 份。由此看出，我国农民对农业信息化的接受意愿相对较高，而且愿意尝试信息化的农业农村科普推广方式，“科普惠农兴村”计划满足了农民对信息化的需求，有效地缓解了“最后一公里”难题。第三，农村专业技术协会在推动农业结构调整，加快农业技术推广应用和农业科技成果转化，推进农村科普信息化建设，促进农民增收，维护农村社会稳定等方面发挥了不可替代的作用，是解决农技推广“最后一公里”问题的关键环节。

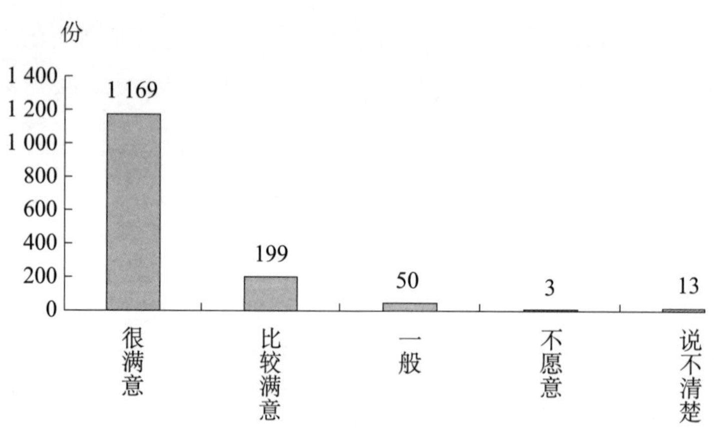

图 2－3　利用信息终端开展服务的意愿

农业信息化是集创新性、先进性、渗透性、集成性和广泛的带动性于一体的一项复杂的系统工程，针对千家万户的生产、千家万户的流通、千家万户的消费这一具体国情，使得我国农业信息化的大规模实施依然面临巨大的挑战，通过开展“科普惠农兴村计划”全面推进农村科普信息化服务体系建设，是解决农技推广“最后一公里”问题的当务之急。

4. 建设环境友好型农业

“科普惠农兴村计划”已经迈入实施以来的第十个年头，通过中央、省、市、县4级财政设置专项资金，极大地缓解了基层从事科普资金短缺的难题，使表彰对象实现了从“想干事、没钱干事”到“想干事、能干事”的转变，激发了他们的工作热情，使农村科普组织和个人备受鼓舞。在表彰对象的示范带动下，数以万计的农村科普组织和个人积极投入到农村科普的热潮之中，科普活动空前活跃。

“科普惠农兴村”计划对达到一定标准并具有示范辐射带动作用的农村专业技术协会、农村科普示范基地、农村科普带头人、少数民族科普工作队和家庭农场进行奖励，激发了他们的生产积极性、促进生产经营规模的扩大，鼓励设施农业、循环农业、特色种植、农业标准化和农业产业化等领域的发展。在此基础上，表彰对象借助奖补资金和自筹资金，拓展培训阵地、强化培训手段，加强师资建设，按照“实际、实用、实效”的原则，坚持系统培训与专项技术培训相结合、课堂培训与现场培训相结合、专家授课与乡土人才授课相结合、培训技术骨干与培训生产农户相结合，开创了我国农民自我教育的新局，切实带动老百姓“学科学、讲科学、用科学”，农民科学素质得到普遍提高，为走资源节约型、环境友好型农业发展道路做好了人才的储备、打下了坚实的科技支撑的基础。对获奖对象调研数据的分析可知（图2－4、图2－5），愿意利用自有资金开展科普培训的受奖励个人和集体达到1 403个，占总受访人数的98.5%，而希望可以再次获得奖补的个人和集体数目达到1 407个，占到受访者总数的97.9%。

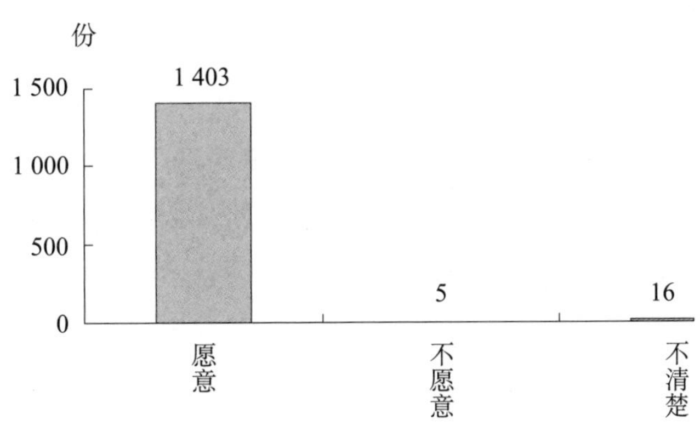

图2－4 利用自用资金开展服务的意愿

在“科普惠农兴村计划”实施以来的示范带动作用下，农民学科技、用科技、依靠科技增收致富成效突出，农村地区打破小农经济的藩篱，由一家一户的生产经营模式向农业专业合作经济组织转变，由自收自支的粗放经营模式向合作化、集约化转变。各地普遍形成了“协会＋农户＋企业＋基地”等多种形式的一条龙产业链发展，促进了农业产业化，

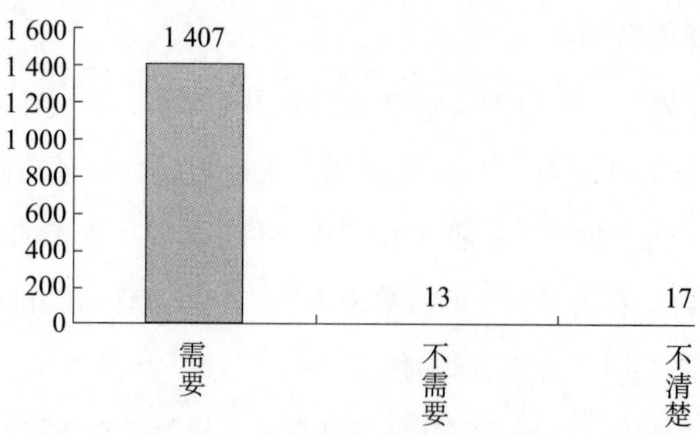

图 2-5 再次获得奖补的需求情况

带动农民走产业化、规模化、集约化经营之路，有效地提高农民进入市场的组织化程度和农业综合经济效益。通过农技协的指导和农村科普示范基地的大面积推广，引进新品种、推广新技术，普及标准化生产，发展无公害的支柱产业，在各地引导建立了具有当地特色的科技主导产业，推动了农业产业结构调整和地区经济发展。此外，受奖补对象在高产优质广适新品种的选育、动植物重大疫病防控、农产品精深加工、农业防灾减灾等领域所形成的经验和成果，有效规避了生产和经营活动中可能造成的风险和损失，带动了农民增收致富。

“科普惠农兴村计划”的实施，围绕农业产业化经营和农民持续增收的需要，集成相关领域先进适用成果，建立成果信息库，提供了有力的科技支撑，激发了受表彰对象的辐射带动效应，为发展农业产业化和多种形式的适度规模经营，建设资源节约型、环境友好型农业发挥了四两拨千斤的作用。

5. 创新财政支农惠农模式

目前“科普惠农兴村计划”全国的奖补对象是农村专业技术协会、农村科普示范基地、农村科普带头人和少数民族科普工作队。为了更好地发挥科普惠农统领农村科普工作的领头军作用，奖补对象所涵盖的范围有逐步扩大的趋势，在部分省市已经形成包括科协系统、行业协会、农业科技教育机构、农业企业、优秀农民、农产品销售部门等在内的多元化的主体优势，构建起科普惠农联盟，形成以联盟为主体、以其他参与体为补充的科普惠农兴村体系。而家庭农场、农业科技服务专家和专业技术指导员也将逐步纳入“科普惠农兴村计划”的奖补体系中，对奖补资金的需求量也随之增加。

随着“科普惠农兴村计划”的逐年推进，为更好地发挥受奖补对象的辐射带动作用，国家和省级奖补对象数量也有逐年增加的趋势，这必然要求相应的奖补资金增量与之相匹配。此外，国家和省级奖补对象之间、获奖的集体和个人之间在奖补资金额度上的差别，也阻碍了“科普惠农兴村计划”下一步的开展和获奖对象积极性的提升，要弥补这种差距，关键还是在形成科普惠农兴村新体系后，增加每个环节的奖补数量，促进整体获奖对象奖补金额的提升。因此，政府在今后仍要持续加强对农业科普经费的投入，将农业科普经费列入同级财政预算，实行专款专用，并加强对农业科普资金的使用监管，提高农业科普经费使用效率。同时，还要灵活运用财政补助、贴息、风险投资、担保、政府采购、税收优惠等多种财政政策，引导社会资金投入农业科普事业，构建多层次科技金融支持体系，逐步建立以地方投入为主、中央适当补助、农民与社会力量积极参与的多元化科普投资体系，创新财政支农惠农模式。

6. 发展农业专业技术协会

农业专业技术协会是在科技示范户、专业大户的带领下，同一专业生产的农户自发地组织起来成立的专业技术经济合作组织。农业专业技术协会在加快农业技术推广应用和农业科技成果转化，推进农村科普信息化建设，满足家庭农场、种养大户、合作社等新型农业经营主体的科技需求方面发挥了极大的作用。首先，农技协自成立以来促进了农业新技术、新成果的推广，满足了家庭农场、种养大户和合作社等新型农业经营主体的科技需求。农技协的优势在于技术的先进性，农技协的科普示范基地是农业新技术、新成果的转化基地、辐射基地和研究基地。农技协通过能人效应和示范效应，把农业新技术、新成果迅速传播到广大会员和农户，形成了“发展一个协会，带出一群能人，创办一个实体，服务一方农民”的局面。通过聘请专家讲课、进行技术指导、与科研单位挂钩、组织会员外出参观学习等形式和方法，农技协将自己成功的技术和经验通过会员不断传播到周围的群众中，帮助会员提高技术水平和经营水平，为新型经营主体的发展提供了科技支撑和社会化服务。第二，农技协将分散的农户组织起来，以市场为导向，努力发展规模经营提高效益，促进了家庭农场、种养大户和合作社等新型农业经营主体的发展，加速了农村产业结构的调整和优化，为农村经济发展注入生机与核心的活力。第三，农技协带领农民依靠科技致富，农民收入普遍增加。目前，在全国范围内已经形成了相当数量和规模的农技协组织，通过实施“科普惠农兴村计划”，推进科普信息化，开展“农超对接”服务，引导和支持农技协把农民共同的致富愿望和经济利益联结在一起，通过产前、产中、产后的系列技术服务和配套措施，大大增加了农民的产品质量和产品生产量，并在拓宽市场销售中实现收入的增加。

农技协的科普示范基地在普及推广农业新品种、新技术、新成果，进行技术示范、品种示范、管理示范中发挥了重要作用。随着农民整体科学水平的提升，科普基地还将成为开展科学技术普及活动、提高公众科学素质的有效途径，更好地发挥技术示范和普及推广工作中具有人才优势、场地优势和资金优势。下一步更应着力加强农业科普基地建设，向社会、公众开展科普教育活动，通过设施改造和功能提升，增强对农民的吸引力。积极组织学生和社会各界人士到基地园区参观学习，开展科技培训、科普讲座、电话咨询或组织实地讲解，多种方式提高科普基地的辐射带动作用。

因此，发挥农技协的科技支撑、社会化服务效应和辐射带动力，关键还是通过"科普惠农兴村计划"进一步帮助、指导农技协建立科学的组织体系，保障农技协健康、稳步发展。通过"科普惠农兴村计划"发挥示范基地作为农村传播科学思想、科学方法、科学精神的重要手段，作为农村产业结构调整、农业增效、农民增收、经济发展的有效举措，充分发挥农业专业技术协会和农村科普示范基地在普及推广农业新品种、新技术、新成果，进行技术示范、品种示范、管理示范中的重要作用。

二、"十三五"发展规划

中国要强，农业必须强；中国要富，农民必须富；中国要美，农村必须美。2011 年以来，中国科协、财政部全面推进"科普惠农兴村计划"，在送科普下乡、带推广服务、促增产增收、建美丽乡村等方面取得显著成效。"十三五"时期是我国经济社会发展的重要历史关口，经济发展进入新常态，农业农村经济发展面临的形势和任务比以往任何时候都更加复杂、更加艰巨，如何在经济增速放缓背景下，根据新时期农业农村科普工作的特点，进一步充分发挥"科普惠农兴村计划"中央财政资金四两拨千斤的作用，使农民得到更多实惠、农村得到更大发展，成为新时期计划实施必须破解的一个重大课题、必须应对的一个重大挑战、必须解决好的一个重大问题。

（一）指导思想和总体目标

1. 指导思想

全面贯彻党的十八大和十八届三中、四中全会精神，以邓小平理论、"三个代表"重要思想、科学发展观为指导，深入贯彻习近平总书记系列重要讲话精神，按照《全民科学素质行动计划纲要（2006—2010—2020 年）》的部署要求，以服务农业农村经济发展方式转变为主线，以提升农民科学素质、推动科普惠及农村为落脚点，在全国评比、筛选、表彰并奖励一批有突出贡献、有较强区域示范带头作用的农村专业技术协会、农村科普示范基地、家庭农场、农村科普带头人、少数民族科普工作队先进集体和个人，通过“以点带面、榜样示范”的方式，着力营造农业农村科普发展的良好环境，为农业现代化和城乡发展一体化提供支撑，为实现“两个一百年”奋斗目标和中华民族伟大复兴中国梦奠定坚实基础。

2. 总体目标

通过“科普惠农兴村计划”的实施，对农业现代化和城乡发展一体化的作用进一步增强。

科普组织体系不断完善。“科普惠农兴村计划”表彰对象在全国 2 200 个农业县实现全覆盖，农村专业技术协会、农村科普示范基地、家庭农场、农村科普带头人、少数民族科普工作队成为农业农村科普事业的生力军。

农民科学素质显著提高。“科普惠农兴村计划”表彰对象辐射带动的农户达到 1 亿户（约占全国农户总数的 40%），比“十二五”期间的受益面翻一番，农民应用新技术、新品种、新装备、参与科普公共服务的能力不断提高。

农业农村科普基础设施得到加强。探索建立“科普惠农兴村计划”资源共享平台和机制，科普信息化的手段、设备获得广泛应用，农业农村科普内容更加丰富、形象、生动，满足不同受众的多样化、个性化的需求。

（二）基本原则

坚持财政主导和市场机制相结合。农业农村科普工作是财政主导的公益事业，在坚持科普惠农兴村计划公益性主导地位不动摇的同时，要积极探索发挥市场机制在资源配置中的基础性作用，通过财政资金的引导与扶持，充分发挥市场主体的积极性，重点引导社会资本积极投入资源开展新品种、新技术以及农业农村科普设备设施的研发、创新及制作，引导科普惠农产品开发向产业化发展，不断拓展科普惠农兴村计划的新空间。

坚持整体推进和重点突破相结合。在稳定增加中央及地方财政投入基础上，统筹协调，整体推进，实现全国农村县科普惠农兴村计划的全覆盖，初步建成与我国农业农村经济社会发展相适应的多层次、广覆盖、可持续的财政支农惠农新途径。重点支持农技协的发展壮大，在奖补额度和评审条件方面实行更加优惠的政策，优先安排支持边疆民族地区科普惠农兴村计划的发展，在统筹考虑普惠发展的基础上，把科普信息化放在突出位置。

坚持分类管理和资源整合相结合。因地制宜、分类指导，从各地区资源禀赋条件、农民科学素质和农业农村经济社会发展水平差异较大的实际出发，紧紧围绕服务“三农”大局和地区中心工作，确定科普惠农兴村计划的主要任务和重点方向，加强分类指导并重点解决突出问题。要充分认识到新常态下发展条件的变化，科普惠农兴村计划奖补对象的评比、筛选要从新增为主转向增量与存量并存的创新调整，对符合更高标准评审条件的获奖对象允许重复奖励，特别注重存量资源的有效挖掘利用，持续发挥科普示范带动作用。

坚持奖补结合和追踪问效相结合。中央及地方财政安排专项资金，通过以奖代补和奖补结合方式对评选出的先进集体和个人开展科普惠农活动进行补助和奖励。奖补资金主要用于奖励和补助先进集体和个人购置科普资料和设备，以及面向农民和农村青少年开展培训讲座、展览、引进推广新技术和新品种等农村科普活动的支出。加强对科普惠农兴村计划专项资金的使用、效果和社会影响的监督评估和追踪问效，建立第三方机构对计划实施意见的反馈、公开、运用等制度，健全计划决策纠错改正机制。

（三）重点任务

1. 培育和发展科普惠农兴村计划主体

扩大奖补对象遴选范围。适度规模经营是现代农业发展的基本方向和重要标志。家庭农场作为我国新兴的农业经营主体，具有规模化、组织化、集约化等特点，是新常态下转变农业发展方式，实现农业现代化不可或缺的组成部分，应成为新时期科普惠农兴村的重要主体。在坚持现有四类奖补对象不动摇的基础上，积极探索将家庭农场纳入“科普惠农兴村计划”奖补对象遴选范围。按照整体推进的原则，在全国2 200个农业县每年评比、筛选1个农村专业技术协会、1个农村科普示范基地、1个家庭农场、1名农村科普带头人；在边疆民族地区全国每年评比、筛选20个少数民族科普工作队。

提高奖补资金额度标准。提高奖补资金额度标准能够进一步调动奖补对象开展新时期农业农村科普工作的积极性和主动性，引领并激发广大农民学科学、用科学的积极性和创造性，是现阶段我国农业提质增效的重要抓手，也是“科普惠农兴村计划”问题导向的顺势而为。中央财政安排专项资金对受表彰的单位和个人，按照“以奖代补和奖补结合”的原则给予奖励支持。农村专业技术协会奖补金额提高至30万元，农村科普示范基地奖补金额提高至25万元，农村科普带头人奖补金额提高至10万元，少数民族科普工作队奖补金额提高至60万元，新增家庭农场奖补金额为15万元。

扶持农村专业技术协会快速发展。农村专业技术协会是国家公益性农技推广服务体系的有益补充。按照重点突破的原则，“科普惠农兴村计划”要重点向主动对接基层农技推广体系，积极承接农技社会化服务工作的基层农村专业技术协会倾斜。在每个农业县评比、筛选1个农村专业技术协会的基础上，针对事关国计民生的农业农村领域中的重大科普工作，加强统筹安排，在全国层面每年评比、筛选5个具有重大突出贡献的农村专业技术协会先进典型，每个奖补金额为500万元，进一步引导农村专业技术协会完善运行机制，增强辐射带动农户能力，为转变农业发展方式，推动美丽乡村建设做出积极贡献。

2. 完善和改进科普惠农兴村计划评选标准

完善和改进农村专业技术协会评选标准。在《“科普惠农兴村计划”实施方案（试行)》(2006）中规定农村专业技术协会奖补标准的基础上完善升级。提升会员农户至200户以上，成立满5年，且会员年均纯收入高于本县农民年均纯收入30%以上，拥有独立注册商标品牌1项。

完善和改进农村科普示范基地评选标准。在《“科普惠农兴村计划”实施方案（试行)》(2006）中规定农村科普示范基地奖补标准的基础上完善升级。增加每年开展活动时间至120天以上，受益群众达到1 500人次以上，或推广实用技术达到200亩以上。

完善和改进农村科普带头人评选标准。在《“科普惠农兴村计划”实施方案（试行)》(2006）中规定农村科普带头人奖补标准的基础上完善升级。在农村开展科普工作连续5年以上，每年培训带动农民100人次以上，每年走访农户50户次以上，显著提高农民科学素质和专业技能，发挥模范带头作用，得到当地农民群众的广泛赞誉。

完善和改进少数民族科普工作队评选标准。在《“科普惠农兴村计划”实施方案（试行)》(2006）中规定农村科普带头人奖补标准的基础上完善升级。经有关部门批准，成立时间在5年以上，每年到少数民族地区开展科普活动的时间不少于150天，每年走访农户50户次以上，对边疆少数民族地区繁荣稳定做出突出贡献。

探索设定家庭农场评选标准。经有关部门批准，成立2年以上，流转土地100亩以上，拥有一项或多项适用技术或种养品种，每年带动农户30户以上，年均销售收入100万元以上，拥有完善的农场运营规范和种养技术标准。

3. 优化和拓展科普惠农兴村计划扶持内容

向提升农民科学素质方面倾斜。围绕注重普及农业生产技术和同时注重提高农民基本科学素质的方向，“科普惠农兴村计划”评选内容需要向保护生态环境、节约水资源、保护耕地、防灾减灾，倡导健康卫生、移风易俗和反对愚昧迷信、陈规陋习等内容逐步拓展，促进在广大农村形成讲科学、爱科学、学科学、用科学的良好风尚。

向健全现代农业社会化服务体系方面倾斜。围绕建立健全覆盖全程、综合配套、便捷高效的现代农业社会化服务体系，不断拓宽“科普惠农兴村计划”评选内容，重点向农业生产的产前和产后延伸，通过抓重点、抓亮点、抓示范，为逐步建立动植物疫病防控体系、农产品质量监管体系、农产品市场体系、农业金融和保险服务体系等现代化农业服务体系服务。

向完善农村科普基础设施方面倾斜。围绕发展农村科普硬件设施，"科普惠农兴村计划"要有效衔接，形成一批在农村具有影响力的科普场地、科普栏目等，重点关注科普惠农服务站建设；围绕建成数字化科普惠农兴村计划信息资源库和共享交流平台，对于在信息平台提供服务和贡献较大的奖补对象，择优给予二次奖补和表彰。

向农业农村科普信息化方面倾斜。围绕推动信息化与传统科普的深度融合，"科普惠农兴村计划"应强化互联网思维，积极引导农业农村科普工作方式的转变，对率先采用信息化手段、设备开展科普工作的对象在评选中予以适当优先考虑，不断丰富科普内容、创新传播方式。

4. 创新和健全科普惠农兴村计划工作机制

简化申报和审批程序。简化国家级表彰奖励的申报环节，申报审批程序采取集中攻关，缩短申报和审批时间，重点全面清理和规范前置申报审批事项。

完善评审制度。鼓励受到表彰的集体和个人再次申请，制定奖补对象二次评选的高标准，对获得奖补后工作突出成绩显著的奖补对象给予重点支持，提高二次参评奖补力度。

深化经费管理制度改革。加强对现有奖补资金的全面监管，积极探索奖补资金的支出范围，允许列支科研人员和农业技术人员依托农村专业技术协会从事农业农村科普工作的工作费用，鼓励形成"产学研推"紧密相联的互动机制。

试点探索绩效管理办法。在边疆民族地区试点实施奖补资金绩效管理办法，允许提取5%的奖补资金作为奖补对象的个人绩效，继续支持边疆民族地区科普惠农兴村计划发展。

（四）保障措施

1. 强化组织领导

深化农业农村科普工作机制，加强对计划实施的顶层设计。各级党委要切实把"科普惠农兴村计划"工作纳入重要议事日程，纳入当地农村经济社会发展的总体规划，纳入相应的工作安排中。各级科协应充分发挥"科普惠农兴村计划中"的主导作用，树立大科普、大协作的理念，加强与有关部门、团体、企业、大专院校、科研单位的联合协作，实现优势互补、资源共享，确保形成合力，全面推动"科普惠农兴村计划"顺利实施。

2. 强化资金投入

中央财政资金要确保“科普惠农兴村计划”投入稳步增加，要实现农村专业技术协会、农村科普示范基地、农村科普带头人和家庭农场四类奖补对象覆盖全国所有农业县，少数民族科普工作队奖补数量也有所增加，按照奖补资金额度提高后的标准测算，“十三五”期间我国奖补资金投入需要从“十二五”期间的每年 3 亿元增加到每年 18 亿元。各级科协和财政部门要积极争取党委、政府的支持，加大地方资金投入，整合资源，扩大科普惠农表彰对象示范带动覆盖面，为科普惠农兴村工作长期稳定发展奠定良好基础；同时，灵活运用财政补助、贴息等多种财政政策，吸引社会资金投入“科普惠农兴村计划”，形成规模带动效应。

3. 强化宣传引导

各级科协组织在实施“科普惠农兴村计划”的同时，要充分发挥体系优势，通过自身的传播渠道和科普活动，面向本地区、本渠道农业农村科普受众群体进行广泛传播，促进“科普惠农兴村计划”成果资源的广泛深度应用；积极与创建“全国科普示范县”有效衔接，引导全社会关心和支持农业农村科普工作。各级党委应利用广播、电视、报刊、网络等新闻媒体，推介先进典型，充分宣传“科普惠农兴村计划”的相关政策和显著成效；鼓励受表彰对象在其生产产品的外包装上注明“科普惠农兴村计划”奖励，打造“科普惠农兴村计划”品牌，不断提高“科普惠农兴村计划”的社会影响力。加强“科普惠农兴村计划”理论与实践研究，总结推广经验，对在计划实施工作中的优秀组织和个人进行激励表扬。

4. 强化监督评估

各级科协组织要保证评比的公平、公正、公开，对推荐对象进行认真筛选，优中选优，要建立信息公开和社会监督机制，广泛接受社会各方面的监督。对申报评比过程中发现谎报业绩、编造事迹、弄虚作假的，将取消或核减该省当年的推荐名额。获奖单位和个人有弄虚作假等行为的，经查证属实，撤销其荣誉称号并收回已发放的资金，同时取消或核减该省下一年度的推荐名额。依托第三方科研机构建立“科普惠农兴村计划”动态评估制度，对计划实施事前、事中、事后进行全程监督，对奖补对象实行分级管理、动态跟踪，重点开展计划实施绩效评估。

河北省“科普惠农兴村计划”“十三五”发展研究报告

崔 章 范玉鑫 李 瑾

自实施“科普惠农兴村计划”以来，河北省按照《全民科学素质行动计划纲要》的有关要求，按照全国和省级《“基层科普行动计划”实施方案（试行）》《“基层科普行动计划”专项资金管理办法》等有关规定，认真抓好典型储备、申报推荐、专项资金管理和建立科普惠农长效机制4个重点环节，努力提高农民群众科学素质，使农村基层公共科普服务能力得到整体提高，农业科技示范推广体系不断完善，科学技术在农村得到广泛应用，科普惠农工作开创了新局面，为促进现代农业发展进程，助力农村经济社会发展做出了积极贡献，得到了中国科协和省委、省政府领导的高度评价和广大农民群众的认可。

一、主要做法

（一）进一步加强科普惠农项目库建设

在继续开展“百强农技协、农村科普示范基地、农村科普带头人”的基础上，自2013年开始，累计投入40万元专项资金创建了《河北省科普项目管理系统》。依托这个信息化平台，省、市、县科协可以同时建立本级的科普惠农项目库，实现了分级管理和基层用户自主管理的项目管理工作格局。各类入库典型即进入3年科普示范建设期。期间，省科协将对项目库进行动态管理，加强对典型的管理、指导和监督，并择优推荐全国和省级科普惠农项目的评选。

科普惠农项目库的建设是落实“科普惠农兴村计划”的综合体现，有利于提升项目管理的规范化、精细化水平，使科普惠农申报、推荐工作关口前移，是进一步做好提高申报、推荐效率和质量的有力保障，便于对各类典型的动态监测，为更好地做好科普惠农工作提供科学依据。目前，入库项目共1 568个，其中，农技协506个、农村科普示范基地567个、农村科普带头人490个、少数民族科普工作队5个。

通过广泛遴选科普典型，深入了解和掌握了优秀基层科普组织发展状况和科普工作开展情况，形成了科普惠农典型的发现、培育机制，实现表彰一批、储备一批、发现培育一批的良性发展局面，有利于制定有针对性的培育扶持计划，推动区域科普工作的协调发展，为深入实施“科普惠农兴村计划”奠定了坚实基础。

（二）扎实做好科普惠农项目申报推荐工作

为保证“科普惠农兴村计划”顺利实施，按照中国科协、财政部的统一部署，省科协、财政厅联合制定了《河北省“科普惠农兴村计划”实施方案》《河北省“科普惠农兴村计划”专项资金管理办法》等文件，对推荐名额、推荐条件、材料要求、申报途径等进行了具体规定，要求各地坚持“面向社会、统一标准，立足科普、注重公益，差额评选、择优支持”的实施原则，从科普惠农项目库中择优推荐先进典型。同时，紧紧围绕省委、省政府的中心工作和重点科普工作任务，在推荐评选过程中，把环首都现代农业园区建设、基层党组织建设、科普信息化建设、科普惠农服务站建设等作为推荐重点，使“科普惠农兴村计划”与整体科普工作相结合，形成相互融合、相互促进的工作格局。

各地科协、财政部门按照全国和省级科普惠农实施方案，严格按照推荐条件和评选原则，广泛动员当地社会各界积极参与，认真履行公示制度，确保推荐出在农村科普工作中做出业绩、具有较强示范带动作用的优秀典型。省科普惠农评审委员会按照“公平公正、突出重点、服务大局、表彰先进”的评选原则，结合平时调研工作中掌握的实际信息，对申报项目进行综合评选，并向社会进行公示，确定科普惠农表彰和推荐名单。严格的程序、规范的操作，保证了评选和推荐工作的顺利实施，一大批基层农村科普典型受到了国家和省级表彰奖励。

截至2014年，全省共有246个农技协、89个农村科普示范基地、93名农村科普带头人、1个少数民族科普工作队获得全国科普惠农表彰奖励，专项资金达7 215万元；全省共有84个农技协、92个农村科普示范基地、50个农村科普带头人，获得省级科普惠农表彰奖励，专项资金达1 910万元。目前，全省160个农业县（市、区）中，有153个县（市、区）获得了全国科普惠农项目，覆盖率达96%；有130个县（市、区）获得了省级科普惠农项目，覆盖率达81%；有169个县（市、区）获得了全国或省级科普惠农项目，综合覆盖率达99%。

（三）不断规范项目管理水平

省科协、省财政厅把专项资金的管理作为整体项目管理的关键环节，要求各地科协、财政局按照全国《基层科普行动计划专项资金管理办法》和河北省《“科普惠农兴村计划”专项资金管理办法》的规定，坚持“奖励先进、定额补助、定向使用”的原则，各负其责，严格实行专项资金报账制管理。各地按照中国科协“科普惠农兴村计划”项目管理办公室下发的《“科普惠农兴村计划”项目实施工作考核办法（试行）》的通知精神，省科协、省财政厅把专项资金管理情况作为考核的重要内容，在各地自查的基础上，不定期进行重点抽查，监督各地按照科普工作规划专项资金预算内容管理和使用经费，对奖补资金层层把关，分项实施，审核验收，专款专用，杜绝了专项资金被截留、挤占和挪用等违纪现象发生。

为进一步提升科普项目管理的规范化程度，省科协定期组织开展科普惠农和社区科普益民项目管理培训班。培训班结合典型案例，对全国和省级科普惠农申报系统功能、申报材料注意要点、专项资金使用、如何引导获奖对象发挥作用等项目管理内容进行了详细讲解。通过培训，提高了各级科普项目管理人员的业务素质，为促进我省科普项目管理水平的提升发挥了积极作用。

二、主要成效

（一）普及科学技术，农民科学素质工作取得新成绩

通过实施“科普惠农兴村计划”，极大地激发了获奖对象开展农村科普工作的积极性和主动性，他们按照科普工作规划和年度工作计划，结合各地实际和群众需要，积极组织农业专家、技术人员和农村科普志愿者广泛开展了丰富多彩、群众喜闻乐见的农民技术培训活动。据统计，年均举办各类实用技术培训班 17. 14 期，培训农民 1 568 人次；不断加大新品种新技术引进、示范和推广力度，年均引进推广新品种新技术 2. 53 个，带动 1 300 多户农民致富。

各获奖对象通过开展科普惠农工作，示范带动作用进一步显现，丰富和完善了农村基层科技传播体系，极大地提高了农民科学素质，促进了农业科技成果有效转化，增强了农民学科技、用科技的兴趣和意识，提高了广大农民依靠科技脱贫致富、发展生产、保护环境、改善生活质量的能力，在广大农村建立起科学、文明、健康的生产和生活方式。

（二）提高科普服务能力，科普惠农长效机制建设取得新进展

各获奖对象以实施“科普惠农兴村计划”为契机，按照预算项目，积极开展科普惠农服务站建设，更新配置了一大批电脑、打印机、照像机、视频投影仪等现代科普设施设备，充实配置了农业实用科普图书、光盘资料，充分满足不同层次农民的学习需求，极大

地丰富了科普资源，为开展农村科普工作奠定了坚实基础，进一步提高了科普服务水平。

据统计，各获奖对象利用科普惠农专项资金，全省共建立科普惠农服务站 3 572 个，共购置科普设备 4 393 台（件、套）；共建立科普宣传网站 280 个，创建"三农网络书屋"116 个，并在农村科普工作中发挥了积极作用，极大地丰富了基层科普工作手段，进一步健全了科普惠农长效机制。尤其是科普惠农服务站的普遍建立，成为集示范、咨询、服务、培训、宣传为一体的有效载体，为会员及广大农民群众提供了快捷、直接、优质的科普服务，成为农村科普工作中的一扇亮丽窗口。

（三）提高科技水平，助力农村经济社会发展开创新局面

通过实施"科普惠农兴村计划"，各获奖对象学科技、用科技的主动性进一步提高，密切了与大专院校、科研院所的联系，加强了与科技、农业等相关部门的合作，积极承担科技项目，大力开展科技试验示范，在不断提高自身科技水平的同时，逐渐成为推动农业科技创新的有生力量。农业科技的广泛普及和推广，提高了农产品科技含量和市场竞争力，增强了农民群众依靠科技致富的能力，产生了巨大的经济效益，为全省农村经济社会发展做出了积极贡献。

据统计，获奖对象共承担或联合承担科技研究（示范推广）项目 601 项。其中，县级项目 358 个，市级项目 112 个，省级项目 88 个，国家级项目 43 个；申请省级专利 32 个，国家级专利 41 个；注册省级商标 178 个，国家级商标 135 个；209 个产品通过无公害认证，139 个产品通过绿色认证，63 个产品通过有机认证，带动会员农户年均增收 30% 以上。获奖对象科技水平的提高，是科普惠农项目实施多年来的一个具体成效，为基层科普组织发展插上了腾飞的翅膀，有力地推动了现代农业发展，有效地促进了全面建设小康社会的进程。

（四）促进科普组织网络建设，农村科普队伍繁荣发展

在"科普惠农兴村计划"项目的带动下，各地通过培训、交流等形式，广泛宣传农技协在农村经济社会发展中的重要作用，积极指导有条件的单位和个人创办农技协，不断规范基层农技协运行机制，努力争取相关部门的支持，为农技协繁荣发展营造良好环境，我省基层农技协组织建设取得了较大成绩，逐步形成了适应农村特点、满足农民科技需求的科普工作新体系。

为促进交流与合作，整合资源、发挥优势，省农技协依托具有较强示范带动能力的获

奖对象，开展专业委员会建设。截至2014年，专业委员会总数达到8个，分别是食用菌、甘薯、辣椒、棉花、粮食、养鸡、蔬菜、生猪专业委员会。同时积极推动市级农技协联合会建设，7个设区市建立了市级农技协联合会，28个县科协科协建立了县级农技协联合会；继续加强农技协党建工作，600个农技协成立了党组织，共24 040名党员；基层农技协达到6 731个，会员201万人；省科协成立了农村科普带头人联谊会，建立了联谊活动制度，通过交流、观摩等形式提高农村科普带头人的带动能力。经省、市、县三级认证的农村科普示范基地达1 289个；少数民族科普工作队达到12个，构建了上下贯通、纵横交织、遍布农村的基层科普组织网络。全省共有1 176个基层农技协实现了与农民专业合作社的互融互认，呈现出良好的发展势头。通过农技协与农民专业合作社的互融互认，其经济实力和发展能力得到较大提升。

三、主要经验及体会

（一）努力争取领导重视

科普惠农项目的顺利实施，离不开各级党政领导的支持。河北省委、省政府对科普惠农项目非常重视，认真听取省科协科普惠农项目实施情况汇报，称科协实施“科普惠农兴村计划”，大力普及科学技术，是抓住了做好“三农”工作的“牛鼻子”。2010年设立河北省“科普惠农兴村计划”专项经费300万元，到2012年增加到400万元。在近几年对各部门财政经费逐年核减的情况下，省财政仍然足额拨付科普惠农专项经费，给予了极大支持。中国科协副主席、书记处书记陈章良、中国科协农技中心领导多次到河北调研，对全省实施科普惠农工作，积极开展农村实用技术培训，努力提高农民科学素质，发挥典型示范带动作用，助农增收等方面取得的成绩给予了高度评价。省科协党组把科普惠农项目作为科协重点品牌之一，定期研究科普惠农工作，党组书记、常务副主席李宗民多次深入各地进行调研，在工作中给予了极大支持。

（二）形成四级联动的社会化工作格局

“科普惠农兴村计划”被列入了《河北省全民科学素质行动十二五规划》，作为实施农民科学素质行动的重要内容，并提出了具体目标和任务，成为各部门、全社会共同参与的社会化工作格局。在科协系统，在全国和省级“科普惠农兴村计划”的引领下，带动了市、县积极参与“科普惠农兴村计划”的实施。沧州市科协与市财政局联合出台《沧州市“科普惠农兴村计划”实施方案》，划拨专项资金50万元，在全省首创科普惠农市级财政配套先例。到今年3月，全市18个县（市、区）全部下发了专门文件，推动“科普惠农兴村计划”表彰奖励机制继续向下延伸，实现国家、省、市、县“四级配套”的格局。目前，唐山市、邢台市、沧州市3个地级市，沧县、行唐县、馆陶县等16个县相继实施了科普惠农项目，设立了专项资金。据统计，全省共有30个地区自主投入配套的专项资金达429万元。

（三）与相关科普工作有机结合

省科协注重发挥“科普惠农兴村计划”的旗帜作用，与相关科普工作相结合，推动科普工作创新发展。先后把科普惠农服务站、“三农网络书屋”、现代园区建设、科技扶贫、民族地区科普工作、农业科普信息化建设等作为申报推荐工作的“规定动作”，积极推动农技协规范化建设、党组织建设。唐山市把“四创一争”活动与实施“科普惠农兴村计划”相结合，配套专项资金30万元，奖励了2个标准化县级科普惠农中心，4个市级优秀科普服务站，4个市级农技协（科普示范基地），10个市级科普示范村（社区），10名科普带头人，在全市产生了积极的社会影响。廊坊市开展的“百万农民大培训”活动，也把推动实施“科普惠农兴村计划”作为重要内容，加强了对农技协领办人、农村科普带头人的培训。

（四）加强宣传，提高影响力

经过多年的实践与探索，各地涌现出了众多科普惠农工作优秀典型，创造了许多先进经验，省科协注重把总结宣传优秀典型作为重要工作内容，充分利用各类媒体进行宣传推广，不断提高科普惠农工作的社会影响力。在《河北省科协》公务网上设立了“科普惠农”专题，对20个先进集体和个人进行了宣传；充分利用《中国农村科普网》《河北科协》《河北科技报》《致富金桥》以及广播、电视等媒体，先后宣传32次。

各地科协同时开展了形式多样的宣传活动。据不完全统计，全省利用各类媒体宣传惠农典型794次，120个农技协在产品包装上印上了科普惠农的宣传标识，在显著地段设立宣传牌346个。通过一系列的宣传工作，进一步扩大了科普惠农工作的社会影响力，为科普惠农工作持续发展营造了良好的社会环境。

四、建　议

一是扩大奖补范围。争取提高奖补资金总额，提高受奖对象数量，扩大科普惠农覆盖面。从政策层面，争取国家、省、市、县4级配套专项资金，扩大奖补规模，提高科普惠农影响力。

二是严格执行专项资金使用办法，完善对获奖对象的监管体系，提高专项资金使用绩效，提高科普惠农实施效果。争取列支项目管理经费，对基层科协管理、督导、监测、调研惠农项目提供专门经费支持。

三是加大对获奖对象的培训，引导各级科协配备专门经费用于对获奖对象的培训工作，尤其是对农技协组织的培训，建立有计划、有针对性、有实效的业务、法律、市场、管理等综合培训体系，持续不断地加强对获奖对象的培养力度，不断推动基层科普组织的繁荣发展，夯实科普惠农工作基础。

四是继续引导推动“站栏员”建设，巩固农村科普阵地，不断丰富和完善科普惠农服务体系。利用物联网、大数据等现代技术，为基层科普组织提供科技和市场信息支持，实实在在提高基层科普组织的科技创新能力，推动基层科普组织持续发展壮大。

五是不断加大宣传力度，制定科普惠农宣传方案，宣传科普惠工作的先进典型，宣传科协在科普惠农工作中所取得的成绩，使科普惠农这面旗帜更加鲜艳、更具有号召力。

五、河北省“科普惠农兴村计划”“十三五”发展规划（2016—2020年）

“三农”工作是党和国家工作的重中之重。近年来，在各级党委和政府的高度重视下，我国和河北省现代农业生产取得了长足发展，粮食生产连年创新高，农民收入持续增长、生活水平不断提高。但是“三农”工作仍然面临艰巨任务。农业科技发展水平仍然滞后、农业比较效益偏低的问题仍然十分突出。为做好服务“三农”的工作，中国科协和财政部、省科协和省财政厅先后实施了“科普惠农兴村计划”，有力地促进了科技与经济的结合，推动了基层科技传播体系建设，提高了农民的组织化程度，涌现了一大批具有较强示范带动作用的基层科普典型，为提高农民科学素质、推进全面建设小康社会进程做出了积极贡献，成为了农村科普工作的一面旗帜。

“十三五”时期是全面建设小康社会的重要时期，也是推动《全民科学素质行动计划纲要》落实的关键时期。为进一步推动科普惠农工作在我省的深入实施，根据中央和省委、省政府关于“三农”工作的指示和全国“科普惠农兴村计划”的安排部署，结合河北省农村科普工作实际，提出2016—2020年河北省"科普惠农兴村计划"发展规划纲要。

（一）"科普惠农兴村计划"实施的基础条件

"科普惠农兴村计划"成果丰硕，奠定了良好的工作基础。在中国科协和财政部的重视支持下，10年来，全省共有246个农技协、89个农村科普示范基地、93名农村科普带头人、1个少数民族科普工作队获得全国科普惠农表彰奖励，专项资金达7 215万元；全省共有84个农技协、92个农村科普示范基地、50个农村科普带头人，获得省级科普惠农表彰奖励，专项资金达1 910万元。获奖对象年均举办实用技术培训17.14多期，年均培训农民1 568人次，带动60万多户农民致富，平均每户每年增收3 000元以上。获奖对象共承担县级以上科技示范推广项目601项，推广新品种、新技术千余项。

科普惠农工作氛围深厚，奠定了良好的环境和条件基础。省委、省政府领导高度重视科普惠农工作，多次做出指示，对实施工作提出了具体的指导意见，使农村科普工作被提到了前所未有的高度。省财政每年列支400万元科普惠农专项资金，用于科普惠农项目工作。部分设区市领导亲自推荐优秀典型、指导工作，给予了大力支持。沧州、石家庄、唐山、邢台等设区市安排配套资金开展本地的科普惠农表彰奖励工作。各级科协与财政部门相互配合、密切协作，严格程序，建立了良好的工作制度。

各类基层科普典型不断涌现，奠定了科普惠农的群众基础。近年来，全省各地涌现出一大批农村专业技术协会、农村科普示范基地和农村科普带头人的优秀代表，他们各有特点和侧重，互为补充，构成了农村基层科普网络中可以依靠的骨干力量，在提高农民科学素质、促进农业增产增收、助力社会主义新农村建设中起到了积极推动作用。农村科普服务体系的建设，有效解决了农业科学技术进村入户"最后一公里"的问题。

（二）指导思想和目标

1. 指导思想

高举中国特色社会主义伟大旗帜，坚持以邓小平理论、"三个代表"重要思想、科学发展观为指导，深入实施《科学素质纲要》，努力提高农民群众科学素质，丰富和完善农村科普体系，加强基层公共科普服务能力建设，推进农业发展方式转变，促进农业增效、农民增收，为社会主义新农村建设和农村经济社会又好又快发展做出贡献。

2. 工作目标

（1）大力发展农村科普服务组织，建立健全农村农业科技示范推广体系。通过抓重点、抓亮点、抓示范，每年评比、筛选、表彰一批有突出贡献、有较强区域示范作用、辐射性强的农村专业技术协会、农村科普示范基地、农村科普带头人。充分调动农村基层科普组织和个人开展农村科普工作的积极性和主动性，鼓励和支持他们发挥示范带动作用，推广先进适用的新品种、新技术，传播科学文明的生产和生活知识和信息，带领更多的农民依靠科技脱贫致富。

（2）努力提高基层公共科普服务能力，切实解决农民生产中的实际问题。指导和支持各类典型建立科普惠农服务站，开展群众性、经常性、社会性科普活动，为农民提供直接、有效、持续的科普服务，激发农民学科技、用科技的兴趣和意识；努力提高广大农民的科学意识和发展生产、保护环境、改善生活质量的能力，引导广大农民建立科学、文明、健康的生产和生活方式。

（3）广泛推广普及农业科学技术，为农民持续增收提供科技支撑。建立健全农村科普工作的长效机制，动员全社会力量广泛参与，开拓创新农村科普工作，提高科普公共服务能力，逐步建立完善适应农村特点、满足农民科技需求的科普工作新体系。

（三）主要任务

培育、扶持一批科普惠农示范优秀典型，提高基层科普队伍建设。健全和完善科普惠农项目库建设，及时了解和掌握基层农村科普典型的工作动态，形成科普惠农典型的发现、培育机制，实现表彰一批、储备一批、发现培育一批的良性发展局面，为深入实施“科普惠农兴村计划”奠定了坚实基础。在评选、表彰过程中，鼓励和支持各地建立农村专业技术协会、农村科普示范基地和农村科普带头人，到 2020 年使优秀典型分别达到以下目标：全省农技协数量达到 8 000 个左右，各级农村科普示范基地达到 2 000 个、各级农村科普带头人达到 10 000 名。

大力开展农业新品种新技术普及推广工作，提高科普服务水平。鼓励和支持开展农业新品种新技术引进、示范、推广工作，提高农业科技贡献率，促进高产、优质、高效和安全的现代农业的发展；加大农民技术培训和咨询服务力度，围绕当地农业产业特点，为农民提供产前、产中、产后系列服务，提高农民致富能力，培养一大批有文化、懂技术、会经营的新型农民。

广泛开展科普宣传活动，营造科普工作良好氛围。充分发挥科普活动站、科普宣传栏（画廊）、科普宣传员的作用，面向广大农民群众宣传党的方针政策，开展“节约资源能源、保护生态环境、保障安全健康”主题科普活动，引导广大农民建立科学、文明、健康的生产和生活方式。

普遍建立科普惠农服务站，建立健全科普工作长效机制。依托科普惠农服务站，加强与农业、科技部门的合作，完善农技服务体系建设，争取政府部门的支持，整合优势资源，进一步延长科普惠农服务链，提高科普惠农服务站的服务质量与水平。围绕各地特色产业和农民实际需求，指导各类典型建立科普惠农服务站，直接面向广大农民推广先进适用技术和技能，解答农民生产生活中的难题，为农民提供及时、周到、持续、有效的科普服务，使其成为农村科普公共服务平台。争取到 2020 年，使全省科普惠农服务站在基层农村科普典型中的覆盖率达到 70% 以上。

加大先进典型的指导力度，提高其持续发展能力。进一步做好基层农技协规范化建设，完善组织建设、制度建设、能力建设等，提升基层农技协的凝聚力、公信力和服务能力，形成一批规范的、有活力的、有影响力的农技协品牌。进一步做好科普带头人联谊会工作，通过专家培训、互相交流、实地考察等形式，使他们进一步理解和准确把握社会主义新农村建设和发展现代农业的内涵及相关政策，掌握开展农村科普工作的方式方法，明确方向和任务，提高他们科技意识、服务意识、市场经济意识和自我发展能力，促进他们在科普惠农工作更好地发挥作用。

努力开展产品质量认证和商标注册工作，推进农业标准化生产进程。积极协调有关部门，帮助各类典型开展产品质量认证和商标注册工作，引导其走标准化生产道路，保障农产品质量安全，提高农业产业竞争力。到 2020 年，使进行产品质量认证和商标注册的农村专业技术协会、农村科普示范基地占全省总数的 30% 以上。

组织参加农产品展销会，搭建市场信息、交流合作平台。为促进各类典型发展，每年组织基层农村科普典型参加各种农产品展销会，使其充分展示各类典型优秀产品及技术，学习先进科学技术和管理经验，帮助进入国内外市场，扩大交流、合作渠道。

（四）保障措施

1. 加强领导

努力争取各级党政领导的重视和支持，自觉把科普惠农工作纳入地方经济社会发展大局。省科协、省财政厅负责领导整体实施工作，进行统一部署、检查和绩效测评。成立工作领导小组，办公室设在省科协普及部。办公室承担惠农项目的日常工作。

市、县（市、区）科协继续将惠农工作纳入农村科普工作重要内容，联合财政部门建立相应工作机构，明确本地工作任务。市科协、市财政局负责管理、监督、初评等工作。

县科协、县财政局负责培养、指导、推荐、总结等工作。

2. 保证投入

随着我省财政收入水平和经济社会发展，比照全国“科普惠农兴村计划”专项经费增长步伐，争取省委、省政府支持，努力使科普惠农专项资金逐步增加。鼓励和指导各市科协、财政局安排专项资金，并根据本地财力每年递增。各获奖对象要逐步提高科普投入，并采取积极措施，吸引社会力量投入科普工作。

3. 科学管理

进一步建立健全和落实科普惠农先进典型评比表彰和专项资金使用的各项规章制度，制定“科普示范带动工程”实施方案、专项资金管理和绩效考核办法，按照“面向社会，统一标准；立足科普，注重公益；差额评选，择优支持；奖补结合，追踪问效”的原则，逐级推荐和评选，确保各个环节公开、公平、公正。

认真开展对实施效果进行监测评估，深入开展调研，研究和探索科普惠农发展规律。各市、县每年要对本地的实施情况进行总结，及时推荐先进工作经验，创新实施工作，认真查找工作漏洞，并提出相应对策及建议。

4. 加强宣传

继续加大宣传力度，制定科普惠农宣传方案，充分利用各级、各类媒体，广泛宣传科普惠农成果、宣传典型事例和先进人物，不断提高科普惠农影响力，使科普惠农这面旗帜更加鲜艳、更具有号召力。

吉林省“科普惠农兴村计划”“十三五”发展研究报告

刘东华 杜维超

按照中国科协《关于开展“科普惠农兴村计划”“十三五”发展研究课题的通知》要求，吉林省科协及时下发了《关于开展“科普惠农兴村计划”“十三五”发展研究课题抽样调查工作的通知》，并按《通知》要求，随机抽取吉林省2006—2014年国家级“科普惠农兴村计划”获奖对象109个，约占全省获奖典型总数的50%。随机抽取的获奖典型所在县（市、区）科协答卷44份，占全省县（市、区）总数的72%；市（州）级科协答卷9份，占全省市（州）总数的90%。全面调查了解了全省“科普惠农兴村计划”获奖对象的实际发展情况。现将全省全面普查和重点抽查情况报告如下。

一、基本情况

吉林省是个农业大省，但在“科普惠农兴村计划”的实施方面还是一个小省，每年获得国家分配的申报指标平均为26个。9年来全省累计获得表彰资助典型共计224个，其中优秀农村专业技术协会80个、农村科普示范基地27个、农村科普示范带头人115名、少数民族科普工作队2个，共获中国科协、财政部以奖代补资金2 815万元。为了推进此项工作开展，进一步扩大“科普惠农兴村计划”项目实施的影响力，从2010年起，全省组织开展了省级“科普惠农兴村计划”典型培育创建工作，为推选国家先进典型做好培育工作。省财政厅每年列专项资金60万元用于奖补省级创建典型，截至2014年，已累计投入奖补资金300万元，表彰奖励资助省级“科普惠农兴村计划”创建典型共计321个。这一奖励资助规模虽较全国其他兄弟省市小很多，但对全省的农村科普工作来讲，也是新中国成立以来从未有过的大投入。因此，全省科协系统，包括各级地方党委政府的领导都对“科普惠农兴村计划”实施工作给予了高度重视。省科协以“科普惠农兴村计划”为旗帜，统领整合全省农村科普工作，将“科普惠农兴村计划”的实际作用发挥到最大最好，成为9年来全省农村科普工作的重要载体平台。

实施“科普惠农兴村计划”9年多来，科普惠农项目受到了农村基层科普组织的普遍欢迎，受到了广大农民群众和社会各界的普遍认可，得到了各级党委和政府的高度重视，取得了预期的科普工作效果。“科普惠农兴村计划”已经成为落实《全民科学素质行动计划纲要》、实施农民科学素质行动的一项重要举措，成为带动农村科普工作的一面旗帜。使吉林省农村科普服务能力实现了3个新的突破。一是对科普惠农兴村计划的重要性的认识上有了新的突破。大部分受表彰典型充分认识到他们所从事的依托科技发展农业生产，不仅是简单的技术推广和服务，而且是提高农民科学文化素质的重要载体，是建设社会主义新农村、建设和谐社会的一项基础性工作。二是在开展科普惠农兴村计划的手段和条件上有了新的突破。奖补资金的支持，使受表彰资助单位和个人有能力购置了急需的电脑、打印机、投影仪、数码照相机、数码摄像机等开展科普活动设备，有效提高了科普活动质量和水平，使科普服务的手段和条件得到了较大的改善。三是在科普惠农兴村计划的内容和规模上有了新的突破。以前由于认识等各方面的原因，惠农典型开展科技培训的内容仅限于与自己生产经营密切相关的技术和信息，对科学思想、科学精神和科学生活的内容和知识几乎不涉及，在获得荣誉得到资助之后，他们纷纷表示，要扩大科普知识面，从多方面入手提高农民的科学文化素质，同时，由于资金的限制，推广和示范的新品种新技术有限，有了奖补资金的支持，他们可以购买或开发更多的新技术和新品种，扩大示范和带动规模，在更广的范围内开展科普服务，提高科普服务能力。

二、主要成效

全省实施“科普惠农兴村计划”9年来，取得了许多成效。概括起来主要有3个方面：一是从科协工作角度来讲，极大地强化了科协农村科普工作的推动力与影响力，夯实了科协组织在农村的社会根基；二是从提高农民科技素质和我国农业生产力的角度来讲，有效地促进了农业科技的普及推广，为科技与农业生产的有机结合创新了体制与机制；三是从深化农村体制改革，加快推进我国农业现代化建设的角度来讲，实施“科普惠农兴村计划”为突破家庭生产局限、建立现代化农业生产经营方式，创造了产业基础。具体地讲，以下4个方面成效更加显著。

（一）实施“科普惠农兴村计划”，发展了农技协组织，为科协切实开展好农村社会科普宣传教育工作，夯实了社会根基

实施“科普惠农兴村计划”使科协的农村科普工作有了项目抓手，有了奖励权、投入权，这无疑对于提升科协工作的号召力、推动力与影响力，具有立竿见影的现实作用。然

而，真正有效地加强科协在广大农村的动员力与影响力的并不仅在于此，而是在于通过“科普惠农兴村计划”的实施，有效地促进了科协的基层组织——农技协的壮大发展，使科协的组织体系能够真正延伸到农业生产一线，并与农村的产业发展、与广大农民依靠科技致富的生产实践活动有机结合起来。科协是做社会工作、群众工作的组织，然而按照国家现行体制，到县科协往下就再没有法定的科协组织设置了，在广大的农村基层和群众之中没组织依托，仅靠县科协十来个人要真正做好农村的科普工作能力十分有限。所以，对于县级科协来讲，要想真正完成好所承担的社会工作，就必须在基层建立起自己的组织体系。农技协就是最有效的组织体系，它以农民群众为主体，以技术协作为核心，既具有科技传播的功能，又与农村的生产、生活紧密结合，是科协做好农村科普工作的重要组织依托，也是科协组织持续生存发展的社会根基。“科普惠农兴村计划”的实施，从国家层面对农技协组织的地位、作用及建设发展给予了正式的认定和有力的资金投入，使农技协组织发展进入了一个全新快速发展的新阶段。

（二）实施“科普惠农兴村计划”，发展了农技协组织，为创新我国农业科技服务体系，长期有效地实现农业科技与生产实践相结合，提供了组织依托

实施“科普惠农兴村计划”，促进了当前农业科技的普及和部分农民科技素质的提高，其作用是明显而有效的，但这只是表面的阶段性的，“科普惠农兴村计划”对于促进农业科技的普及与推广的真正的深层次意义还在于当代中国其实并不是缺少农业科学技术，而是缺少科学技术在生产实践中普及与推广的渠道。我国传统的农业技术推广体系是在计划经济体制下，为集体生产服务而建立的。家庭承包经营后，千家万户混杂分散的小生产根本无法与原推广体系对接，科技传播“最后一公里”问题十分突出。加之原体系本身机制落后、效率低下，早已不能发挥应有的科技传播作用了，取而代之的是种子公司、农药厂、农资供应商及少量的农业科研、教学人员与农村科技能人等各种社会力量，以各自不同的目的和方式，扮演着农业科技传播的角色，科技传播的质量效果十分堪忧。“科普惠农兴村计划”实施的真正的深层次意义就在于，促进了农技协组织体系的建设与发展，从而为重新构建我国现代的社会化的农业科技服务体系，搭建农业科技普及与推广渠道，提供了现实可操作的重要选择。

首先，“科普惠农兴村计划”的实施，极大地促进了基层村屯农技协组织的发展，使千家万户的分散生产通过农技协开始分门别类地联合起来，这就为科技在生产实践层面的

传播创建了网络渠道，为科技向生产实践的传送提供了对接窗口，成为切实解决科技传播"最后一公里"问题的重要选择。在"科普惠农兴村计划"项目的推动下，全省村镇基层农技协组织由2007年1 200个发展到2014年的2 155个，增加了180%。

其次，借助实施"科普惠农兴村计划"带来的影响力与号召力，农技协组织的纵向体系建设也得到迅速发展，为科技向生产实践层面的传送提供了规范有效的渠道。农技协不只是农民的协会，应该是由所有以农业技术或农业技术产品为工作对象的人的协会，只有农业技术的研究者、教授者、推广者及农技产品的生产者、销售者等各环节都加入进来，技术协作才是全面的，科技成果才能有效地传播到生产实践中去。2007年起，吉林省开始在全省建立市、县级农技协联合会组织。主要目的，就是为了更广泛地吸纳科研、教学、推广及农技产品生产各环节的专家和组织加入农技协组织体系，与基层农技协组织对接。同时，也是要通过基层农技协作为市、县农技协联合会团体会员的方式，使广大基层农技协与市、县农技协建立起密切相连的组织关系，更加紧密地团结在各级科协组织周围。我们在实施"科普惠农兴村计划"过程中规定，凡参加"科普惠农兴村计划"评选的典型，首先要加入县级农技协联合会组织，这样就使从事科技示范推广的基地和科普带头人等都加入了农技协体系。通过9年多的努力，现在全省60个县（市、区），9个市州及长白山管委会全都成立了农技协联合会，大批的农业科技专家及农业技术单位加入农技协组织体系。一个以镇、村农技协为基础，市、县农技协联合会为骨干，以省农技协为龙头的新型农业科技普及推广网络体系已基本形成。这个网络体系以技术交流合作为纽带，以互惠互利为动力，不需要国家供养，又可以由科协代表国家掌控，只要我们把这个体系搭建好，并从中介职能出发，为各类会员之间的各种形式的科技交流合作做好服务，就一定会在促进我国农业现代化建设中显现出重大的战略意义。

（三）实施"科普惠农兴村计划"，发展了农技协组织，促进专项化农业生产发展，为突破家庭式生产经营局限，建立现代化农业生产经营方式，创造了产业基础

目前，中国农业并不是缺少现代先进的生产手段和设施，而是缺少适于这些先进手段与设施应用的生产体制与经营方式。家庭承包经营是我国农村基本经济体制，由于家庭生产的规模小，且种类混杂、独立分散，不利于现代农业技术手段的应用和与大市场大流通对接。所以，为了在保持家庭承包经营体制不变的情况下，突破家庭式小生产局限，就成为了当代中国农业发展面临的历史性课题。近年来国家先后提出了发展农业产业化、农业

合作社和家庭农场等新的生产组织形式。然而，从多年来的实践可以看到，农村专业技协会在解决家庭式小生产局限性问题方面，同样有着非常重要的促进作用，其主要表现就是“推广专项技术、发展专项生产”。

现代工业与传统手工业的最大区别就在于专业化分工生产。推进农业现代化，用工业化思维谋划农业，也应首先从推行专业化生产入手。即通过专业技术协会，在某一区域集中推广同一项生产技术，引导农户变多种类的混杂生产为专项生产，从而促进传统农业生产向现代农业发展。

首先，通过推广专项技术，实行专项化生产，农民只需学习使用一项生产技术，可以大幅度提高农民的生产技能和生产水平。其次，通过专项生产连片发展，由农户生产的小规模形成同类群体生产的大规模，即“一村一品，一乡一业”，进而实现与大市场大流通有效对接。第三，通过专营同类生产，使各农户面临相同问题，形成共同利益，从而产生联合协作的需求。进而由技术合作，到生产合作，再到经营合作，形成生产经营的组织化。第四，在区域性专项连片生产的基础上，通过专业技术协会，指导协调监督，每个农户统一按照先进技术规程生产，共同遵守生产标准，从而实现农产品生产的标准化。第五，由于连片生产相同的作物，农户间就可以合作使用现代装备，统一整地播种及收获等等，从而提高生产的集约化程度。第六，通过推进专项产区的规模化发展，吸引有关产前（种子、肥料等）产中（病虫防治等）产后（采收、销售等）的各种社会服务组织，向专项产区聚集对接，并参与到整个产销过程中来，从而使农业生产走向社会化。

多年来，全省各地陆续形成的各类专项特色生产区，都从不同的方面和程度体现或证明了，实行区域性专项化生产是在家庭承包生产经营体制下，提高农业生产经营的专业化、规模化、组织化、标准化、集约化、社会化程度，实现农业现代化的一条有效途径。

通过专业技术协会推动区域性专项生产集中发展，促使各项生产分别向优势产区集中，使各地生产布局趋于明朗，产业结构更加清晰可视，这样产销流通就更加有序，从而生产风险就会降低，市场波动减少，政府的产销调控更加切实有效。

总之，农技协是科协真正做好农村科普工作，并持续生存发展的社会根基；是创新构建我国现代的社会化农业科技服务体系，实现农业科技与生产实践长期有效结合的重要组织依托；是推动发展区域性的专项化生产、改革优化现行的农业生产经营体制，建立具有中国特色的现代化农业生产经营模式的重要组织载体。因此，实施“科普惠农兴村计划”的最直接、最重大的意义，就在于选定并大力度地支持了当代中国农村最具现实作用和历史意义的组织——农技协，为从根本上解决“三农”问题，包括科协组织的生存发展问题，在体制创新层面做出了重要贡献。目前我国农村经济发展和农业现代化建设，面临2个根本性的问题：一是如何加快提高科技的第一生产力作用；二是如何突破家庭式小生产局限，实现现代化大生产。而实施"科普惠农兴村计划"对于解决这2个根本性的问题，都具有重要的现实成效和深远的基础性作用，因此，继续在"十三五"期间深入实施好"科普惠农兴村计划"理由充分，意义重大。

（四）实施"科普惠农兴村计划"，推动全省"科普惠农兴村计划"4类长效机制逐渐完善

几年来，吉林省通过开展建立科普惠农资源数据库、建立科普惠农服务体系、搭建科普惠农技术协作网络、做好受表彰对象的跟踪服务等方面的工作，使科普惠农长效机制建设得到了进一步完善。一是建立优秀项目普查登记机制。吉林省科协将2006年以来，获得中国科协、财政部表彰的"科普惠农兴村计划"先进典型和参加省级"科普惠农兴村计划"创建的先进典型分门别类地统计入库，建立优秀项目典型数据库，将各类典型的基本情况、发展状况、特色优势、示范带动情况等都整理入库，做到对各类典型的深入了解，以有效指导各类典型更好地发挥示范带动作用。在全省范围内开展"科普惠农兴村计划"项目普查登记工作，目前，已普查登记入库的项目2 894个，其中，农技协2 155个，基地269个，带头人457个，少数民族工作队13个。对已普查登记的优秀项目进行跟踪管理，做到物色一批、提升一批、培养一批、推荐一批、规划一批，形成梯队，通过示范引领、典型培育不断扩大项目辐射范围。二是建立优秀项目培育机制。自2010年联合省财政厅共同组织开展省级"科普惠农兴村计划"先进典型的创建工作，选拔培育各类优秀农技协、科普示范基地、科普示范带头人、科普工作队等典型，创建期为3年，确定为省级的创建典型具有3年向国家评选推荐资格，通过优秀项目培育机制，以更好地为中国科协、财政部"科普惠农兴村计划"推荐工作做好储备。目前，已培育省级优秀农技协120个、科普示范基地35个、科普示范带头人132名、科普工作队23个，初步建立起"科普惠农兴村计划"优秀典型培育机制。三是建立优秀项目选推机制。在经过几年来的深入研究和不断完善，全省总结出"科普惠农兴村计划"典型评选行之有效的做法，建立了有40多位省内知名专家组成，涵盖10多个专业的专家评委库，组织召开项目选推评审会，坚持从省级创建典型中选推。四是建立获奖项目持续示范机制。建立优秀项目普查登记机制是做好"科普惠农兴村计划"的前提，建立优秀项目培育机制和选推机制是有效实施"科普惠农兴村计划"的重要手段，真正建立起获奖项目持续示范机制才是"科普惠农兴

村计划”的宗旨和关键所在。省科协一直十分重视这些典型的获奖后的作用发挥和示范带动作用，责成各县级科协组织对获奖典型适时进行跟踪问效，每年都上报年度工作总结，通过广播、电视、网络、报纸、刊物等媒体对各典型的有效经验做法进行宣传推广，有效激发了各典型示范带动的积极性主动性。

三、面临的实际困难和问题

“科普惠农兴村计划”项目实施9年来，虽然取得了一定的成效，但也遇到了一些实际问题，制约和障碍了“科普惠农兴村计划”项目的深入实施和发展。

一是受奖补项目资助数量和范围的制约，影响了更广泛的科普惠农典型参与到项目实施中来。全省2011年普查登记入库项目2 894个，项目实施9年来实际受到国家奖补资助项目只有224个，占实有科普惠农典型的7%，也就是说，还有93%的科普惠农典型没有得到国家“科普惠农兴村计划”项目奖补资助。严重地影响科普惠农典型参与项目实施的积极性。

二是受国家惠农扶持政策的影响，科普惠农典型储备数量不断减少。特别是近几年，国家鼓励支持发展农村专业合作社和家庭农场，奖补政策优厚，申报条件宽松，奖补数量较大，具有很强的吸引力，致使有的农村专业技术协会感到科普惠农项目申报无望，索性翻牌改成了农村专业合作社或家庭农场。

四、吉林省的发展对策

（一）坚持以“四个结合”为工作着力点，扎实推进科普惠农长效机制建设

一是把强化科普惠农项目数据库建设与培育创建科普惠农典型相结合。进一步抓好普查项目基础数据库、创建项目储备库、优秀项目储存库、评审专家资源库等“四库建设”，扎实推进“四种机制”建立，即建立项目普查登记机制、创建项目培育机制、优秀项日选推机制、获奖项目持续示范引领机制。二是把加强科普惠农服务体系建设与推动持续服务相结合。省科协要依托省内涉农大专院校、科研院所的科技专家成立吉林省农业科技专家服务团；依托获奖科普惠农典型创办的吉林省农技协农业技术培训中心，成立吉林省农民

科技培训专家讲师团，充分发挥受表彰奖励的科普惠农典型推手作用；进一步强化科普惠农服务站建设，积极引导受国家和省级表彰的农技协、示范基地等合理有效地利用国家财政和省财政奖补资金，因地制宜地建立科普惠农服务站，为会员和周边农民提供及时、周到、长期、有效的科普服务。三是把搭建科普惠农技术协作网络与促进联合协作相结合。积极推进全省各地成立市、县两级农技协联合会，并充分发挥科普惠农网络技术协作功能，研究推广梅河口市农业经济技术协会拓展组建“支部加协会带农户”模式的村级分会工作经验，使村党支部、村委会的工作职能与农技协的服务职能紧密相连，互为转换。促进市、县、乡、村四位一体的农技协会员技术协作网络的形成，有效地发挥获奖农技协的辐射带动功能。四是把提升获奖典型服务能力与强化示范带动作用相结合。继续做好“科普惠农兴村计划”宣传推介服务工作，在国家和省级主流媒体宣传科普惠农先进典型，在大众媒体传播科普惠农先进典型的先进生产技术和致富项目。

（二）坚持以实施“吉林省专项产业产区科普示范区”建设为载体，有效培育科普惠农典型

为了促进全省农村专项产业快速发展，进一步推进科普惠农长效机制建设，从2013年开始，吉林省在全省范围内组织实施了“吉林省专项产业产区科普示范区”建设工程。一是吉林省科协重点在已获得国家和省级表彰奖励的农村专业技术协会、农村科普示范基地中选择专项产业特色突出的科普惠农先进典型，组织实施“吉林省专项产业产区科普示范区”建设。二是在新创建的“吉林省专项产业产区科普示范区”中培育发展科普惠农典型，要求新创建的专项产业产区科普示范区必须成立农技协或科普示范基地，新创建的专项产业产区科普示范区的领办人必须是科普带头人。同时，在新创建的“吉林省专项产业产区科普示范区”中，开展“专项产业百区科普行”活动。采取涉农大专院校、科研院所、农资生产企业的科技专家与专项产业产区进行专业化生产技术对接的方式，通过对全省专项产业产区进行结对共建，进行专项科技培训、技术咨询和现场指导，通过农村专业技术协会、农村科普示范基地等专项产业特色突出示范区的示范、引领和辐射带动，推动全省农业生产经营体系向集约化、组织化、专业化、社会化方向发展，促进农业生产向“一村一品、一乡一业、几村一品、几乡一业”的产业化方向发展。目前，吉林省科协已在全省选择确定了100个专项产业示范区，其中，有78个专项产业示范区是2006年以来获得国家和省级表彰奖励的“科普惠农兴村计划”先进典型创办或示范带动形成的。

五、有关建议

为更好地发挥各级科协、各级财政大力实施科普惠农兴村计划，充分发挥中央财政资金“四两拨千斤”的作用，助推“三农”工作爬坡上坎。为此，提出3点建议。

（一）继续推动项目实施，不断完善科普工作机制

鉴于“十一五”至“十二五”期间中国科协、财政部组织实施的“科普惠农兴村计划”项目所取得的显著成效，我们感到，“十三五”期间应该进一步加大推进“科普惠农兴村计划”项目实施力度，扩大表彰奖励对象范围和覆盖面，加大奖补资金投入数量，拉动更多的科普惠农典型加入“科普惠农兴村计划”项目实施。

（二）建立健全奖补政策，不断完善财政投入机制

要推动全国各地采用“上下联动、示范带动、奖补拉动”的运作管理方式和“层层奖补、重奖重补”相结合的资金投入方式，用激励政策拉动项目实施。中国科协和财政部从2008年“科普惠农兴村计划”项目奖补资金已达到2亿元。“科普惠农兴村计划”为各级财政支持农村科普工作、推动农民科学素质提高指出了方向、做出了示范、找到了抓手，已经成为各级科协和财政部门实施农民科学素质行动的旗帜和突破口。中央财政转移支付资金以小博大、以小示大的作用已现端倪。为此，吉林省科协建议中国科协和财政部应采取相应的推动政策，促使省、市、县三级都要尽快建立政府牵头、财政支持、乡（镇）村配合、社会广泛参与的实施措施，真正建立起“上下联动、示范带动、层层互动、奖补拉动”的财政投入机制。

（三）加强农技协体系建设，不断完善农技协体系运行机制

在实施“科普惠农兴村计划”项目过程中，建议把市、县两级农技协联合会，列入奖励资助的范畴中，要通过奖励资助的拉动，构建起新型的农业科技普及网络体系，这无论是对农业现代化建设还是对科普事业自身发展都有着十分重要意义。现在基层农技协已经形成一定的规模，今后再把中、高层的农技协组织建立起来，使科研、教学、推广各环节通过农技协，与广大农村基层协会联成一体，上下贯通，一个新型的农业科技普及网络体系就将形成。

（四）把握项目指标分配原则，合理分配推荐指标

实施“科普惠农兴村计划”的目的是推动农村经济发展和农业产业现代化建设。所以分配指标首先要看各省的农业产业在全国农业经济发展中的地位和作用；其次应该看各省农村中实际依靠农业生存发展的人口情况。吉林省是全国重要的商品粮基地，全省2 700万人口，1 200多万农民在农村为国家贡献商品粮，完全依靠农业生存和发展，但由于农村人口总量小，每年得到国家科普惠农项目指标很少。而有的省虽然农村人口规模大，但近一半的农民实际上已脱离了农业外出务工，其农业产业对国家的贡献率不是很高，而获得国家科普惠农项目指标却很多。特别是实施“科普惠农兴村计划”已9年多，各地农业和农村经济发展及科协工作都发生了许多的变化，客观情况在变，扶持奖励的指标分配也应有所调整。

江苏省“科普惠农兴村计划”“十三五”发展研究报告

冯少东 张红兵

2006年启动实施的“科普惠农兴村计划”，10年来在江苏省进展顺利，在引导广大农民建立科学、文明、健康的生产和生活方式，推动社会主义新农村建设，助力农业现代化建设等方面收效显著。为全面总结“科普惠农兴村计划”九年来实施成效，提出“十三五”“科普惠农兴村计划”发展建议，中国科协农技中心开展“科普惠农兴村计划”“十三五”发展课题研究，江苏省科协作为分课题参与单位，研究完成江苏省“科普惠农兴村计划”“十三五”发展研究报告。

一、基本情况

江苏是著名的“鱼米之乡”，农业生产条件得天独厚，农作物、林木、畜禽种类繁多，是全国13个粮食主产省之一。粮食、棉花、油料等农作物遍布全省，蔬菜、林果、茶桑、花卉种植达1 000多个品种，蚕桑养殖闻名全国。目前，江苏在占全国1.1%的国土上、3.8%的耕地上，生产了占全国5.7%的粮食、4.7%的肉类、7.3%的禽蛋、8%的蔬菜和8.4%的水产品，实现了占全国6.4%的农业增加值，养活了占全国5.8%的人口。现代农业建设取得新进展，农业科技进步贡献率达64.2%，农业综合机械化水平达80%，新型经营主体规模经营占比达45%，家庭农场达到2.18万家，农民专业合作社入社农户1 037万户。

2006年至2014年，江苏有91个农技协、61个示范基地和83个带头人受到全国“科普惠农兴村计划”表彰和奖补，获奖补资金累计达3 455万元。同期，江苏省配套实施省级“科普惠农兴村计划”（资金标准为农技协、示范基地6万元，带头人2万元），2006年至2014年，有103个农技协、113个示范基地和150个带头人受到省级表彰和奖补，获奖补资金累计达1 596万元。截至2014年年底，江苏省内8个省辖市、29个县（市、区）已设立科普惠农专项资金，常态化开展“科普惠农兴村计划”表彰和奖补工作，2014年度科普惠农奖补资金共计677.3万。

10年间国家和省内各级“科普惠农兴村计划”，通过“以奖代补、奖补结合”的资金投入方式，引导农技协、示范基地、带头人开展农技社会化服务，着力解决农技推广"最后一公里"难题，惠及全省74个涉农县（市、区）；通过向发展农业产业化、开展多种形式适度规模经营的先进单位和个人倾斜，帮助"小农户"应对"大市场"，助力全省优势农业项目如茶叶、特色果蔬、水产品等做大做强。2014年12月，习近平总书记在镇江市实地考察了丹徒区永利蔬菜合作社科普示范基地（获2014年省级表彰），肯定了农业科技专家赵亚夫（获2006年省级表彰）推广优质高效农业项目，发展观光农业的做法；鼓励农技专家投身"三农"工作，带领、示范农民学科技、用科技、依靠科技增收致富。

二、实施成效

（一）农村科普组织逐步健全，农民科学素养稳步提升

在《江苏省"科普惠农兴村计划"项目实施工作考核标准》的引导下，获表彰的单位和个人，积极投身农村科普工作，农村科普组织日渐壮大，科普覆盖面日趋扩大：获表彰对象一方面充分利用农闲时间，立足农业生产实际需要，完善培训室、图书阅览室、电脑、音响等硬件设施建设，建立服务联系制度，组织开展经常性科技培训活动。经统计，2013年度国家"科普惠农兴村计划"表彰对象于2014年组织科普讲座、举办农技培训共计362场次，培训农民90 765人次，覆盖农户80 558户。2014年常州市获表彰单位和个人，组织农民科技素质培训、种养大户培训、劳动力转移培训、经纪人培训共12.549万人次。另一方面主动"走出去"，积极参加当地科协组织的科普周，科普日，送科技下乡，科普大篷车进基层等活动，现身说法，普及科学知识，提升农业质量，2014年连云港市东海县优势农产品果蔬种植示范基地（2014年省级奖补）在"送科技下乡"活动中，利用科普大篷车车载电子展教平台、自制挂图、蔬菜样品，在县内13个乡镇，宣传普及无公害、绿色蔬菜生产知识，引导农户科学合理使用农药，前后参加人数达19 000人次。

10年间"科普惠农兴村计划"在提升农民科学素质水平上收效显著，江苏地区农村居民的科学素质水平逐年提升，2007年为1.42%，2010年为2.3%，2014年为5.6%，城乡间差距也逐年减小。

（二）农技服务体系逐步完善，农业科技进步提速

"科普惠农兴村计划"中受表彰对象，立足生产实际，利用已有的农业设施，研究、试验、示范、推广农业新技术和新品种已成常态化。经统计，2013年度国家"科普惠农

兴村计划”表彰对象于2014年推广新品种168个，新技术174项；承接县级以上科技项目96项。无锡江阴市璜土镇葡萄协会（2013年国家奖补），研究避雨栽培，频振式杀虫灯、太阳能杀虫等新技术应用，试验限产提质栽培方式，推广无核葡萄品种，示范种养结合栽培方式，2014年带动农户1 000余户，每亩增收1 500元。

“科普惠农兴村计划”中科协作为奖补资金使用监管的守夜人，农业项目落地的助产士，给予受表彰对象示范、推广新品种和新技术完全的自主权，鼓励他们以市场需求为导向，实施高效、优质、生态、安全的农业项目，一方面充分调动了受表彰对象的积极性，另一方面避免了拉郎配等乱作为现象的发生。2014年徐州徐薯薯业科技有限公司（2014年获国家表彰）与国内多家科研院所联系洽谈项目引进，最终选定与徐州市农科院、天津农学院合作，引进菜用茎尖甘薯新品种3个，开发薯类农产品深加工项目，102个村的1.4万农户积极参与，增扩生产基地5 000亩，户均增收2 000元。

“科普惠农兴村计划”助推普惠性农技服务平台进一步完善。通过“科普惠农兴村计划”评选，挖掘、筛选、吸收了一大批“土专家”“田秀才”“养殖大王”“种植大户”“经济能人”，进入农村科普志愿者队伍，与农技专家互为补充开展农业科技“110”服务，打通农技服务的“最后一公里”。2014年在无锡市获表彰对象共受理市内农技“110”热线求助电话4 000多个，实地指导5 000余次，解决难题600多个，与320户农户结对开展帮扶工作。

“科普惠农兴村计划”助推社会化农技服务体系快速发展。受表彰对象借助“科普惠农兴村计划”的影响力，提供农技增值服务，探索与农村专业合作经济组织融合发展，争取当地优势农业项目规模化效益。大丰市大中镇早酥梨标准化生产基地（获2014年国家表彰）与大丰市麋鹿早酥梨生产合作社、大中镇恒北村早酥梨销售协会合作，开展统一施肥、统一病虫害防治、统一采收、统一包装、统一销售等农技服务，2014年覆盖3.4万亩果树种植面积，生产销售果品3万吨，实现产值3 500万元，农民人均果品收入达1.75万元。

（三）农业产业调整加快，新农村建设成效显著

江苏省科协重视“科普惠农兴村”导向引领作用，鼓励受表彰对象根据当地农业产业结构调整和产业化经营需要，发展无公害、绿色、有机农产品，培育当地特色农产品品牌，打造区域公共品牌。各级科协一方面积极协调科研院所，认证机构帮助农技协、示范基地、带头人开展农产品“三品一标”认证；另一方面积极与商务部门沟通协调，争取政

策支持，帮助农技协、示范基地、带头人申请注册商标，创建自主品牌。连云港市科协助力赣榆区墩尚泥鳅产业园（获2011年国家奖补）养殖基地开展泥鳅标准化养殖，标准化养殖面积已拓展到23 000亩，成为全球最大的泥鳅养殖基地；引导灌南县周庄蔬菜协会（获2014年国家表彰），实施“连云港市无公害蔬菜生产技术推广”项目，打造“淮牌”蔬菜品牌，菜农平均每亩增加1 200多元收入。盐城科协帮助响水县特色农产品种养技术协会争取到响水县政府授权（获2013年省级表彰），成功注册地理标志商标“灌河四鳃鲈鱼”，全面推开灌河四鳃鲈鱼商品化养殖。

受表彰对象带头倡导良好的社会风尚，反对愚昧迷信和陈规陋习，促进乡村文明发展。2014年苏州常熟市辛庄镇朱家桥村科普示范基地（2014年获国家表彰）新建图书阅览室60平方米，购置科普类图书4 000多册，周一至周日下午和晚间常态化开放，前来看书的公众络绎不绝；投资20万元建立科普专用宣传栏，按月更新宣传内容，倡导科学生活方式；定期开展群众性科普文娱活动，赌博、迷信活动等不当生活方式日渐淡出。

三、特色亮点

（一）促进农民增收致富

“科普惠农兴村计划”成功实施一要争取农民认可，二要调动农民参与积极性，因此，农业增产，农民增收是关键。江苏省科协在实施“科普惠农兴村计划”中始终坚持两条富民行动：促进农民创业致富，推进农民就业致富，通过增进农民利益，提升农民学科学、讲科学、用科学的积极性、创造性。无锡市科协引导受表彰对象探索“协会＋企业＋合作社”“协会＋合作社＋农户”发展模式，培养600名农业科技经纪人上岗，活跃于蔬菜、果品、畜牧、食用菌、花卉等专业批发市场，在多数农产品价格普遍下降的大背景下，取得了价量齐升的好成绩，受益农户参加农技培训，承接新品种推广积极性高。2014年无锡江阴市璜土镇葡萄协会下辖的12 000亩土地，产出葡萄18 000多吨，获销售额1.3亿元，会员人均增收5 000元，进一步坚定了璜土镇葡萄种植户“只有种得好才能卖得好，只有懂技术才能种得好”的信念，纷纷积极参加协会举办的农技培训班，10期培训班，均场场爆满，共培训1 600人，超计划40%。

（二）构建科普惠农长效机制

江苏省科协将科普惠农兴村计划与兴农富民工程相衔接，与科普惠农服务站建设、基层科普示范创建相结合，优先推荐兴农富民工程优秀项目申报国家和省级科普惠农兴村计划，积极引导兴农富民工程示范基地建设科普惠农服务站，建立了兴农富民工程、科普惠农兴村计划、科普惠农服务站和科普示范乡镇（村居）创建的“四位一体”的科普惠农工作机制。以科技专家“兴农富民工程”为基础，先期开展筹建农技协、建设农业科技示范基地、培育农业科技示范户等工作。以“科普惠农兴村计划”为杠杆，以点带面，放大优秀农技协、示范基地、带头人科普示范带头作用。以“科普惠农服务站”为热点，实现科普惠农公共服务“wifi”式覆盖。目前依托国家、省级、市级“科普惠农兴村计划”表彰对象，江苏省已建立科普惠农服务站1 864个，其中省级科普惠农服务站430个，网格化科普惠农服务系统基本成型。

（三）扶持、服务贯穿全过程

江苏省科协立足群团身份，持续跟进受表彰对象的科技示范项目推进工作，帮助他们争取政策支持，解决实际困难。宿迁市宿豫区亲耕田农业专业技术协会在推广“五环种植”模式（土地统一运营、技术统一指导、农资统一供应、农机统一作业、产品统一营销），开展农业规模化经营时，承包流转土地受阻。在宿迁市科协牵头下，宿豫区政府组织辖区内屠园镇、蔡集镇、陆集镇、侍岭镇、丁咀镇、新庄镇村集体与亲耕田农技协就土地流转方式、土地流转价格、流转土地管理权进行公开谈判，一方面杜绝土地流转中的暗箱操作，保护农户的经济利益；另一方面也节省了农技协操作成本，加快了项目推广进度。经谈判、协商亲耕田农技协承包到以土地经营入股、土地托管等形式流转土地12 000亩，同时当地100多名留守劳动力也获得了宿迁市亲耕田农业专业合作社的工作岗位。

针对受表彰对象在新技术、新品种推广，深加工升级改造时遇到的融资难、风险大的问题，泰州市科协出面组织金融保险机构与泰州市农技协联合会接洽，为农户争取多种“三农”类金融、保险服务，通过“阳光信贷”“联办共保”扩大了农村信贷覆盖面，构筑起屏障风险保障网，为受表彰对象的科技创新、产业发展提供坚实保障。

四、“十三五”科普惠农工作建议

（一）大力实施“科普惠农兴村计划”

积极争取省财政厅支持，力争在现有的300万元省级惠农专项资金基础上有所突破，扩大“科普惠农兴村计划”奖补名额，探索“科普惠农兴村计划”奖补资金追加方式，支持科普实绩显著的受表彰对象，持续开展农技推广，新品种、新项目引进，发挥积聚效应。

引导苏南五市各级科协争取政策支持，开展“科普惠农兴村计划”项目财政立项，常态化实施科普惠农表彰、奖补。引导苏中、苏北各级科协立足本地经济，开展科普惠农配套资金财政立项，给予科普惠农工作成效显著的农技协、示范基地、带头人、专家适度补助，提升科普惠农资金使用效率。

（二）制定效绩考核和监督评估实施细则

落实定期回访制度，建立联系机制，动态跟踪表彰对象科普工作情况，及时回应受表彰对象申请，协调科普资源，做好优质科普师资、农业项目信息的供应方。

出台监督实施细则，量化“科普惠农兴村计划”专项资金使用情况考核指标，确保科普惠农工作落到实处。

推行获表彰对象的科普工作目标责任制，引入契约式设计，制定效绩考核奖惩办法，对开展科普工作有力的受表彰对象给予表彰，对开展科普工作不力的受表彰对象给予适当约束，督促其完成约定的科普工作。

（三）完善对受表彰对象的奖补政策

探索差别化奖补方式，对发展规模大，带动能力强，辐射覆盖面广的农技协、示范基地适当提高奖补资金金额，发挥科普示范规模效益。

探索奖补资金追加模式，对持续开展新技术、新品种推广，农技培训的受表彰对象，在原奖补资金使用完结后，根据其科普实绩，给予适当补助，提升其参与基层科普工作的积极性。

建立科普惠农交流基金，资助受表彰对象开展本省或跨省交流、学习，开展中短期专业技术深造，进修经营管理、现代农业、先进农业技术等专业知识。

（四）大力推动省内农技协组织体系建设

根据《关于加强全省农技协组织体系建设的意见》精神，大力推进基层农技协组织建设，建立健全省市县（市、区）“立体式、跨区域、网络型”农技协组织体系。“十三五”期间拟培育500个以上龙头协会，开展标准化、品牌化、规范化、信息化新型农技推广服务；基本建成以协同创新为核心、以市场为机制、以利益为纽带、以技术为链条，主体多元、类型多样、跨区域、带动性强，具有江苏特色的升级版农技协；建立覆盖省内80%以上的农村地区的农业技术信息服务和农产品销售网络。

（五）创新“科普惠农兴村计划”实施方式

探索在经济发展新常态下，打破条块限制，引入外部力量来开展科普惠农工作的新模式。在部分农村科普力量薄弱，现代农业发展滞后的地区，采用购买服务的方式，委托其他地区有条件的农技协、示范基地、带头人、农技服务组织，根据当地生产实际需求，提供专业农技科普服务，实现农技培训，新品种、新技术推广的跨越式发展，进一步增强“科普惠农兴村计划”普惠性。

（六）持续推进本地特色科普惠农项目

充分发挥科普惠农服务站热点效应。拓宽科普惠农服务站经费筹措渠道，推动建立包括财政拨款、社会投资等在内的多元化投入机制，协调、推动有关部门以政策、资金等方式扶持科普惠农服务站建设，力争实现科普宣传材料与科普设施配置、更新常态化运作。鼓励科普惠农服务站开阔思路、创新模式，围绕当地农业产业结构调整和社会主义新农村建设开展建站工作。切实建立和完善科普惠农服务站的管理考核机制，大力宣传科普惠农服务站的先进事迹和典型经验，不断扩大其影响力。

持续开展三年一周期的“万名科技专家兴农富民工程”。组织省市县三级学会、科技专家，采取“村会挂钩、专家进大户、大户带小户”的方式，组织农业科技专家深入生产第一线，通过科技培训、成果转化、典型示范、信息服务等有效途径，大力推广一批新品种和先进实用技术，努力培养一支懂技术、会经营、善管理的农民专业技术骨干队伍，创建一批有特色、有市场、有规模、有竞争力的主导产品生产、加工、流通推广示范基地，促进农业结构调整和产业化经营，带动农民依靠科技增收致富。

福建省“科普惠农兴村计划”“十三五”发展研究报告

陈永红 杨采薇

实施“科普惠农兴村计划”是贯彻落实中央、省农村工作会议精神的有效措施，是基层科普工作的重要载体。自2006年实施以来，福建省已有240个农村专业技术协会（以下简称“农技协”），70个农村科普示范基地（以下简称“基地”）、100农村科普带头人（以下简称“带头人”）获得全国表彰，累计争取中央财政项目奖补6 700万元；211个农技协、179个基地、200个带头人获得省级表彰，累计配套省级财政项目奖补2 030万元。9年来，这些奖补对象通过“以点带面、榜样示范”的方式，辐射带动农户超过193万户，开展培训及讲座46 000余次，累计受训、听讲座超过687万人次，在带动农民提高科学文化素质、建立科学生产生活方式方面发挥了积极作用；奖补对象累计引进农、林、牧、渔业等各类新品种2 345个（次），新技术1 947项（次），奖补对象注册商标1 094个，帮助农民依靠科技增收致富，促进农业科技创新和发展方式转变。

“十二五”期间，福建省在总结深化“十一五”实施工作的基础上，继续深化科普惠农兴村工作，有力推动农村科普工作，促进农村经济的发展并取得了良好的成效。现将福建省“科普惠农兴村计划”“十二五”实施工作总结如下。

一、领导重视，部门合作紧密，为“科普惠农兴村计划”实施提供了政策经费保障

近年来，福建省委、省政府十分重视科普惠农工作。2011年，把“科普惠农兴村计划”列入《福建省全民科学素质行动计划纲要实施方案（2011—2015年）》，明确了“十二五”期间省级“科普惠农兴村计划”的目标与任务，“科普惠农兴村计划”成为福建省建设社会主义新农村重要工作内容；每年安排500万元支持“科普惠农兴村计划”实施，主要用于农村基层“一栏一站一员”建设和农民实用技术培训项目；2012年，又将科普惠农宣传栏建设列入为省委、省政府民办实事项目，加大对基层科普设施的建设力度，投入省级财政专项经费900万元并要求各级财政配套经费，在全省建设3 286个科普惠农宣

传栏，从而壮大了农村科普服务能力，促进了农民群众科技文化素质的提高。

省科协还主动向省财政厅申请加大省级配套奖补经费，从2010年起，福建省“科普惠农兴村计划”奖补经费从每年250万元，提高到每年320万元，有效地扩大了科普惠农工作的受益面。省科协、省财政厅还大力推动市、县财政配套奖补经费。目前，全省9个设区市都开展了市级“科普惠农兴村计划”的评审表彰，其中有5个设区市配套奖补经费。部分县级科协也拿出科普经费支持基层科普组织发展和活动开展。

“科普惠农兴村计划”的实施，得到了各级党委、政府的广泛认可和重视。各级科协在努力争取资金、政策扶持农村科普组织建设的同时，也因地制宜，主动将科普惠农工作融入当地党委、政府的中心工作。明溪县为进一步促进农业科技普及推广，由县财政拨出30万元专款将农业科技普及推广这一重要任务交由县科协组织实施，县科协、县财政等部门制定了《明溪县农业科技普及推广实施办法》，进一步增强了“科普惠农兴村计划”的造血功能，起到了“四两拨千斤”的作用。

在各级领导的重视和各有关部门的支持下，“十二五”以来福建省获得“科普惠农兴村计划”的表彰项目大幅增加，获得中国科协、财政部“科普惠农兴村计划”表彰的单位（个人）累计270个；表彰省级科普惠农兴村计划先进单位（个人）共计316个，对宣传示范带动更多的农民依靠科技致富，起到了很好的促进作用。

二、机构完善，上下联系通畅，为“科普惠农兴村计划”实施提供了组织运作保障

为认真贯彻落实中国科协、财政部有关“科普惠农兴村计划”会议文件精神，福建省成立了“科普惠农兴村计划”实施工作领导小组，由省科协主要领导任组长，分管领导及省财政厅有关负责人任副组长，省科协、省财政厅责任处室及有关部门负责人任成员，办公室设在省科协科普部。各市、县、区均成立本级实施工作领导小组，下发实施方案文件，明确职责和任务，实行主要领导负责制。全省上下形成完整严密的实施工作网络，分级管理，一级抓一级，一级带一级，各司其职、各负其责，层层抓落实，形成良好的工作机制和工作合力。省科协领导十分重视这项工作，在不同的会议和场合多次强调，要求各涉农市（县、区）提早安排，选准项目，培育项目，精心指导，努力做好项目申报材料的搜集、整理、完善工作，力争取得好成绩。此外，省科协、省财政厅还不定期组织检查组

深入基层检查指导科普惠农工作，亲自抓项目的培育、服务工作。

为了提高工作质量，各级实施工作小组每年年初会召开专题会议研究“科普惠农兴村计划”工作，制定当年实施工作的计划，并要求按照进度，逐条落实计划内容。为进一步做好项目申报工作，各级科协还积极举办项目申报培训班，邀请申报工作负责同志主讲，基层科协项目负责人参加培训，统一学习中国科协、财政部有关会议文件精神，促进业务能力的提升。

在项目实施过程中，福建省各级科协上下配合，主动加强与财政部门的沟通合作，深入调研摸底逐层广泛收集、了解，做好项目申报材料的搜集、整理、精心筛选、推荐申报，选择有规模效益、有地方特色、竞争力较强、社会反映较好的项目进行申报。省、市科协对所有项目逐个进行检查验收，严格标准，真正把示范作用好，有影响力、有一定规模，能授益农民群众的先进单位和个人，择优上报参与全国评选与省级表彰，保证推荐工作公平公正透明。

三、制度规范，申报推荐民主，为“科普惠农兴村计划”实施提供了工作制度保障

为规范“科普惠农兴村计划”实施工作，规范项目申报及奖补资金的使用，2011 年 4 月，省科协联合省财政厅在原有的《福建省科普惠农兴村计划实施方案（试行）》的基础上，出台了《福建省科普惠农兴村计划项目管理办法》，细化评选标准，规范申报流程，完善组织实施，明确责任分工，强化资金管理，为全省各级科协组织、财政部门规范化的开展实施工作做到有据可依、有例可循，为“十二五”期间福建省“科普惠农兴村计划”实施工作的顺利开展提供了有力的制度保障。

在做好省一级工作制度的确立贯彻的同时，省科协还鼓励市县科协积极争取将“科普惠农兴村计划”建设纳入县委、县政府重要议事日程，由县委、县政府办出台了“科普惠农兴村计划”工作方案，进一步明确建设目标、具体任务和主要措施，形成上下一贯的制度保障体系。

在制度的保障下，福建省在“科普惠农兴村计划”评选推荐过程中，严格按照规章制度施行，坚持查阅材料与现场考察并重，坚持按要求公示，接受社会监督，本着“公正、公平、公开”的原则，认真筛选，优中选优。

此外，管好用好中央财政、省财政奖补专项资金是实施好“科普惠农兴村计划”的关键所在，也是真正落实党和政府惠农政策的具体体现，福建省严格执行了财政部、中国科协《基层科普行动计划专项资金管理办法》以及《福建省科普惠农兴村计划项目管理办法》的有关奖补资金使用的规定，按照《科普惠农兴村计划专项资金项目预算表》的规定用途使用，实行奖补资金层层把关，分项实施，审核验收，专款专用，做到了报账便利，使用便捷，杜绝了奖补资金的“跑、冒、漏、滴”和截留、挤占、挪用等违纪现象发生，使“科普惠农兴村计划”和奖补资金使用做到了“三到位”“一满意”，即惠农政策宣传到位，奖励资金补助到位，科普工作服务到位，受奖对象和监管单位满意的良好效果。

四、服务创新，惠农措施有力，为“科普惠农兴村计划”实施提供了长效机制保障

为深化“科普惠农兴村计划”在福建省的实施效果，省科协在评审之外也下足功夫，围绕“科普惠农兴村计划”受表彰对象及潜在的申报对象，努力创新科普服务形式，打造新服务平台，突出惠农实效，延伸科普服务链，努力促成科普惠农长效机制的健全完善。

（一）打造科普惠农服务站，树立科普惠农服务品牌

早在2009年，福建省科协、省财政厅就联合出台了《关于加强福建省科普惠农服务站建设工作的意见》，从开展试点到经验推广再到全省动员，逐步摸索，完善机制，全省各涉农县、市、区普遍建立了由科协主管的县级科普惠农服务总站，对基层站点加强分类指导与管理引导，促进形成合力。省科协、省财政厅计划逐步将科普惠农服务站打造成为科普惠农服务的主窗口，通过服务站这个平台将先进农技协、基地、带头人的科普资源、人才队伍作为志愿服务的产品提供给广大农民，提高他们的科学文化素质，帮助他们依靠科技致富，也树立了自己的服务品牌。

为了促进科普惠农服务站建设的发展，2011年7月，省科协、省财政厅还在三明联合召开了科普惠农服务站现场经验交流会，明确建设意义与标准，指导全省的建设工作。各级科协不断创新科普惠农服务站建设和管理使用模式，拓展科普功能，使科普惠农服务站在开展科普宣传教育，提高公民科学素质方面发挥了重要作用。沙县科协注重建立科普惠

农服务总站、行业科普惠农服务分站、专业科普惠农服务站三级科普惠农服务管理体系，分层次明确服务站的指导思想、目标任务、建设标准、职责分工、建设方式、组织结构、服务职责、服务内容、工作机制、工作要求等作了明确规定；三元区科普惠农服务站开创性地成立了总站党支部，建立了科协为主管单位、农民自我管理运作的发展模式，成为三元区农业产业发展的重要力量。这种依托民间社会力量开展“三农”服务的做法得到也得到了当地党委政府的高度肯定；尤溪县政府办《关于印发尤溪县加强科普惠农服务站建设工作意见的通知》，提出对建站规范运作且辐射带动成效明显的先进单位予以表彰，并给予奖补资金。县财政拨出专款 40 万元，由县科协牵头抓好全县红心柚种植示范推广和技术改造实施。

全省各县（市、区）科协设立科普惠农服务总站，设总站站长、副站长、成员、顾问、产业发展负责人等组成。通过总站的建立，凝聚了各类农业农村人才，形成了科普惠农组织和人才网络覆盖了县域内农业各个产业。据不完全统计，截至 2014 年年底，福建省建立科普惠农服务站 2 836 个，其中各级科普惠农表彰对象建立服务站 882 个。科普惠农服务站已成为福建省落实建立健全科普惠农长效机制、完善农村新型科技服务体系目标的主要抓手和载体，将为实施工作继续发挥重要作用。

（二）发挥科协组织优势，加强回访服务引导提升

发挥科协组织优势，加强对受表彰对象的管理和指导，实行跟踪服务，帮助他们开展农村适用技术培训、技术讲座、科技咨询、技术服务等活动，引导受表彰对象通过建立基层科普服务站及参与“科技周”“科普日”、科技下乡、科普进社区等科普活动，为群众提供更加及时、周到的科普服务。

东山县芦笋协会根据季节和农民的需求有针对性地组织科技进农家活动，举办实用技术培训和讲座、面对面地传授新技术，积极配合县科协与县农业局开展芦笋科技培训 25 次，参加 2 500 培训余人次，发放芦笋科普图书 1 000 册及宣传材料 2 000 份，辐射带动农户 5 000 户。

泉州市科协主动为基层农村科普示范基地与科研单位之间搭建合作与交流的平台，促成 2012 年省级科普惠农兴村先进单位安溪县山格淮山 PVC 管横式种植新技术示范基地与泉州市农科所开展淮山组培育种项目合作，由市农科所为基地进行组培育种试点工作。泉州市科协、安溪县科协也适时组织专家到该基地为农民办培训班和技术咨询，深受农民欢迎。

长泰县柑桔协会以通过科协组织牵线，积极与福建农业大学、厦门大学、省农科院、厦门亚热带植物研究所、中国农业科学院柑桔研究所联合，以"协会+农户+企业+高等院校+市场"的方式开展柑桔果园立体种养，经济施肥、黄化防治、优良品种选育等项目试验，并取得显著成效。

（三）引入先进技术手段，拓宽科技传播形式渠道

为了创新农村科普服务的手段方式，方便群众及时了解科学生产、健康生活等科普知识，福建省科协积极响应中国科协的号召，认真贯彻落实《全民科学素质行动计划纲要实施方案（2011—2015年）》指出的"总结推广三农网络书屋等行之有效的做法"，以"科普惠农兴村计划"为依托，在科普惠农服务站等基层科普窗口中广泛建立网络书屋，有力促进了农民科学素质提高，取得了显著成效。

三明市率先实现了"三农"网络书屋全市范围覆盖，按照三明市委、市政府提出实现"三农"科技网络书屋覆盖全市1 735个行政村，受益面100%的要求，所辖12个县（市、区）全部开通Cnki"三农"网络科普书屋网站，做到村村通。为使"三农"网络科技书屋成为广大农民群众能运用互联网等现代信息技术获取农业科技信息知识，三明市科协制定了《三明市"三农"网络书屋管理办法》，并配合中国科协举办"三农"网络书屋建设与农村信息技术科普培训班。通过培训，学员可在网站上查找科技信息、编写科普资料、发布各种信息、在线科普交流等，为三明市广大农民群众建立了一座"活"科技图书馆和农业科技知识信息平台，使群众运用互联网等现代信息技术获取农业科技信息的能力。

自2011年福建省组织开展"三农"网络书屋建设推广工作以来，福建省9个设区市科协、52个县（市、区）科协、农技协获得中国科协农技中心、中国农技协颁发的先进示范单位荣誉称号，分别占到全国地市级受奖单位的25.7%与县级受奖单位的42.6%，多位同志获得优秀组织者荣誉称号，名列全国前茅。福建省的"三农"网络书屋建设推广工作，得到了中国科协有关部门的充分肯定。

此外，福建省还将"三农"网络书屋引入科普惠农服务站建设，拓宽服务站的服务方式，增强服务站的服务能力。在福建省各级科协共同推动下，目前全省建有基层书屋1 384个，受益农民近50万。

（四）探索交流发展模式，强化人才队伍组织建设

"科普惠农兴村计划"的实施，极大地调动了农村基层从事科普工作、依托科技惠及

农民兴旺乡村的热情。福建省各级科协组织在公平公正透明地做好项目评选工作之外，十分重视开展课题研究，总结工作经验，探索发展模式，利用科协组织优势，帮助扶持基层农技协、农村科普示范基地发展，强化农村科普带头人的培训，关心其个人成长，着力打造一支扎根农村、兢兢业业从事科普工作的队伍。

2013 年 8 月，农业部科教司刘艳副司长为组长、中国科协农技中心张晓军主任为副组长的中国科协科普专委会调研组，走访福建三明市、泉州市等多个地市，专门调查研究调研农技协与科普惠农长效机制工作。永安市竹业协会科普惠农服务站发挥农技推广“最后一公里”作用，大田县华兴乡油茶协会由合作社成立农技协，大田县屏山乡茶叶协会创党建先进，以及福建省的县级农技协联合会与县科普惠农服务站有机结合、协同运作等工作都给调研组留下了深刻印象，也为福建省“科普惠农兴村计划”实施工作总结了多种发展模式，创造了许多宝贵经验。

基层科普组织是农村科普工作的堡垒，加强基层科普组织建设是开展实施工作的基础。2013 年 3 月，福建省科协联合省委农办、省农业厅出台了《关于加强全省农村专业技术协会组织建设的意见》，文件确定 2013 年为全省农村专业技术协会组织建设年，明确 2013 年全省各设区市和（县、市）全部成立农技协联合会的目标任务，为加快基层农技协的培育力度、推动农技协组织规范建设发展起到重要作用。

各级科协在加强服务基层服务能力的基础上，积极落实对受表彰和重点培育对象的服务帮扶工作，加快科普人才培养。如 2013 年获得省级表彰的上杭县茶地乡水稻抗病育种研究协会，领办人是 2008 年全国科普惠农兴村带头人陈进周。在获得全国个人先进表彰后，他始终把科协组织当作自己的家，热心科普工作。而在他在抗病虫害水稻育种和新品种技术推广的艰辛道路摸索过程中，遇到瓶颈和困难，也首先想到了科协。在科协的帮助和引导下，陈进周充分发挥自身优势，带领当地农民走可持续发展之路，创办试验基地、合作社，组织成立了上杭县茶地乡水稻抗病育种研究协会，为当地推广优质水稻发挥了重要作用。各级科协通过积极开展帮扶工作赢得了受表彰对象的广泛认可。

农村科普员是农村科普工作的一支重要力量，是科协组织开展农村工作的触角和执行者。2013 年，福建省科协承担中国科协的科普员队伍建设研究课题，力求破题，找准科普员发展的规律、支撑和方向。2014 年，在福建省科协的积极争取下，科普员职能纳入了福建省农村“六大员”中的文化与食安协管员，享受财政补贴。目前，由多部门共同制定的《村级文化与食安协管员管理（暂行）办法》正准备出台，将对农村科普队伍建设起到很好的促进作用。此外，全省各级科协也十分重视农村科普队伍的建设工作，积极推动当地财政投入。如厦门区同安区已将农村科普员的补助列入财政预算，每年投入 30 多万元用于农村科普的补助。

五、宣传广泛，先进典型带动，为"科普惠农兴村计划"实施提供了舆论发动保障

在"科普惠农兴村计划"的实施过程中，福建省科协还重视宣传工作，通过树立先进典型，宣传先进事迹，示范带动更多的基层科普组织和带头人投入科普惠农工作；通过建立科普惠农项目库，指导培育后备项目，凝聚社会力量实施农民科学素质工程；通过总结工作经验，汇报惠农成效，把握舆论导向，促成农村科普工作的大联合、大协作。

"十二五"期间，省科协先后编印了《全国科普惠农兴村计划带头人福建省获奖者先进事迹》《闪光的足迹——福建省农村科普志愿者的故事》，并免费发放至省直各有关单位与基层农村，对农村科普带头人的先进事迹和工作经验进行宣传，取得了良好的社会反响，争取各有关部门对科普惠农工作的认可，为吸引更多的热心科普的有识之士投入科普惠农工作起到了积极推动作用。

2011 年 10 月，省科协科普部还编辑出版《福建省"十一五"期间获全国科普惠农兴村计划表彰项目汇编》《福建省"十一五"期间获全国科普惠农兴村计划表彰项目执行情况汇编》《福建省"十一五"期间获全国科普惠农兴村计划表彰项目资金使用情况汇编》，对项目成果成效进行总结宣传，同时报送给省财政厅，主动让财政部门了解"科普惠农兴村计划"的实施情况与奖补资金使用情况。

2011 年起，福建省科协启动科普惠农项目库建设工作，要求各级科协都建立本级项目库，摸清家底，强化措施，加快培育，形成梯队，促进发展，规范运作，将"科普惠农兴村计划"评审工作关口前移，引导吸引基层优秀科普组织和个人参与到这项工作中来。各级科协重视对后备项目的培育帮助工作，通过为他们牵线搭桥，让他们有更多的与外界交流的机会，开阔视野，了解发展最新动态，壮大自身实力。如：南平市科协按照省科协、省财政厅的统一部署，培养一批有特色、上规模、能带动农村经济发展和农民科技致富的农技协、科普示范基地和科普带头人的示范典型，通过开展科普活动，有 98% 的会员掌握 1 ~ 2 门农业实用技术，全市优良品种覆盖率达 90% 以上。科普惠农实施工作真正起到了"建一个协会，兴一个产业，致富一批农民"的作用。

各级科协还通过专报专刊、广播电视、纸质媒体、门户网站，宣传被表彰对象情况，帮助表彰对象打响知名度，进一步扩大辐射带动面或促成党委、政府对惠农工作的关注。如：泉州市科协从2011年3月开始编辑刊发《科普惠农兴村工作动态》，每月1期，还利用《泉州晚报》《泉州科普报》《泉州科协简报》及省、市两级科协网站等媒体宣传受表彰对象先进事迹，促进信息交流。浦城县科协长期以科协承阅件方式向县委、县政府主要领导及相关单位的领导报送。通过领导这一层面的宣传，来引起广大基层领导干部和各有关单位领导重视科普、热爱科普。经过他们的努力，由浦城县政府专门下发《浦城县科普惠农兴村计划储备项目库的通知》，要求县直有关部门、乡镇积极做好科普惠农兴村计划储备项目库的申报工作。石狮市、惠安县则在本地县级电视台上制作的《时代先锋》《科普天地》播出科普惠农专题节目。

六、今后工作面临的挑战

经过多年的持续实施，“科普惠农兴村计划”已经成为科协农村科普工作的一面旗帜，科普惠农工作得到了各级党委、政府的肯定以及广大农民的认可，福建省科协也应该清醒地认识到科协人不能心安理得躺在功劳簿上裹足不前。目前，我国正处在全面深化改革的攻坚阶段，社会发展的各个方面正处于不断变革中，这势必给“科普惠农兴村计划”实施工作带来很多挑战，应当正确处理好几个问题。

1. 处理好取消奖补经费和推动工作发展的问题

随着财政制度改革的深入，“十三五”期间国家是否继续奖补科普惠农项目，将对科普惠农工作产生巨大影响。2014年，福建省财政暂停了省级科普惠农兴村计划奖补经费的配套，如何引导基层科普组织继续开展科普惠农工作，成为一个应优先探讨的问题。

2. 处理好发挥科普惠农长效作用的问题

在实施“科普惠农兴村计划”过程中，建立健全科普惠农长效机制作为实施工作的重要内容，在工作实践中得到了充分重视并取得了一定成绩，特别在科普惠农服务站建设方面，福建省作了积极探索，但是在今后工作中，如何围绕科普惠农服务站，积极开展农村科普工作，发挥惠农实效也成为一个必须探讨的问题。

3. 处理好农技协与合作社共同发展的问题

在国家大力扶持农民专业合作社，合作社组织数量井喷式发展的背景下，农技协组织应当如何谋求发展，如何处理好与合作社的关系，如何发挥各自优势为农民增产增收服务，如何携手共同发展，也成为一个值得探讨的问题。

七、福建省"科普惠农兴村计划""十三五"规划

为贯彻落实《全民科学素质行动计划纲要（2006—2010—2020）》、中国科协"八大"精神以及中共福建省委《关于进一步加强新时期科协工作的意见》，推动科协福建省农村科普事业健康发展，按照中国科协、财政部《关于组织实施"基层科普行动计划"有关文件要求，严格遵照《基层科普行动计划实施方案》《基层科普行动计划专项资金管理办法》以及《福建省科普惠农兴村计划项目管理办法》，结合实际，制定本规划。

（一）指导思想和主要目标

1. 指导思想

"十三五"时期是全面贯彻落实党的十八大和十八届三中、四中全会精神和习近平总书记系列重要讲话精神，是全面建设小康社会的关键时期，也是深化改革、扩大开放、加快转变经济发展方式的攻坚时期。建设社会主义新农村是党和国家的战略部署，"科普惠农兴村计划"是党和政府交给科协的一项重要任务，是推进农村科普工作，提高农民科学素质，为"三农"发展作贡献的重要措施。各级科协组织要从全面建成小康社会、加快推进社会主义现代化的战略高度出发，主动适应经济发展新常态，按照稳粮增收、提质增效、创新驱动的总要求，进一步加强和改善对"科普惠农兴村计划"工作的领导，明确目标任务，积极采取措施，突出重点，突破难点，切实担负起责任，扎扎实实开展"科普惠农兴村计划"工作，以巩固和拓展党的群众路线教育实践活动成果，坚持不懈改进工作作风，努力提高"科普惠农兴村计划"工作的能力和水平。

2. 主要目标

在不断总结科普惠农兴村计划实施以来的成功经验基础上，全省各级科协组织和广大农村科普工作者、致富带头人共同努力，继续推动科普惠农兴村项目实施的组织体系创新、运行机制创新、活动方式创新和工作方法创新，提升"科普惠农兴村计划"工作上新水平。通过继续深入实施"科普惠农兴村计划"，充分调动全社会开展农村科普工作的积极性和主动性，引领和激发广大农民学科学、用科学的积极性和创造性，进一步提高广大农民的科学文化素质，让科普公共服务持续惠及广大农民，助力新农村建设、农业现代化

建设及新型城镇化建设。

进一步规范“科普惠农兴村计划”项目运作，坚持公开透明，确保公平公正。项目管理水平显著提升，对项目实施情况进行跟踪问效，实现精细管理；项目储备质量和实效得到增强，培育扶持的方式和手段更加灵活；对项目评审和资金使用的监督力度进一步增强，奖补资金使用效益得到提升。

进一步强化受奖补对象自身建设发展，促进基层科普服务能力持续提升。通过科学的引导和帮助，受奖补对象自身实力和科普服务能力得到长足发展，辐射能力显著增强；基层科普组织队伍进一步壮大，科普惠农受益面逐步扩大。

进一步增强“科普惠农兴村计划”的影响力、号召力，打造农村科普工作品牌。加大对受奖补单位和个人的事迹的宣传力度，发挥好奖补对象的引领示范作用，引导和帮助更多的农民建立起科学、文明、健康的生产和生活方式，提高科学文化素质，使“科普惠农兴村计划”成为农村科普工作的重要抓手。

进一步整合农村科普资源，发挥优势资源作用，完善科普惠农长效机制。依托现有的科普惠农服务站等平台网络，充分利用现有的政策优势、组织优势、智力优势，进一步整合各类科普资源，打通技术培训、推广、示范到生产经营的联合，延伸科普服务链，满足新形势下农业科技服务的需求多元化需求，切实提高农业技术到位率。

进一步推动农技协承接农技社会化服务工作，在基层农技推广体系中发挥更大作用。努力提升农技协服务水平。协同农业部门将农技协纳入基层农技推广体系，把农民专业合作社等各类农业新型经营主体作为技术服务的主要对象，与各级涉农学会、农业技术推广机构和服务机制相结合，形成社会化的现代农业技术普及服务网络，引领和支撑现代农业经营组织的发展。

（二）主要任务

1. 强化“科普惠农兴村计划”项目管理，提升项目奖补资金实效

重点工作：

（1）搭建“科普惠农兴村计划”项目管理信息平台。运用信息技术，搭建“科普惠农兴村计划”项目管理信息平台，从项目的储备培育、评审奖补、资金监管、跟踪问效等重点任务入手，将项目管理过程数字化、信息化，提高项目管理的准确性、实时性，加强对计划实施情况的统计分析，实现对项目的精细管理。

（2）完善科普惠农项目储备库建设。建立和完善省、市、县三级科普惠农项目储备

库，将符合条件的基层农技协、农村科普示范基地、农村科普带头人纳入项目储备中，并且为储备项目建立培育发展计划，着力提高储备项目的规范运作水平和惠农服务能力，为计划实施奠定良好基础。

2. 加大对受奖补对象的帮扶力度，提升科普惠农服务能力

重点工作：

（1）引导农技协规范化建设。通过省、市、县三级农技协联合会的帮扶和指导，引导受奖补农技协合理安排奖补资金，促进协会发展的规范化运作；积极开展社会化服务，提升协会自身造血能力；积极推动协会建立党组织，发挥党员模范带头作用。

（2）强化农村科普示范基地辐射能力。充分发挥农村科普示范基地的辐射带动作用，解决改变技术服务与生产实际脱节的问题，建立科技服务机制；抓住产业技术核心，不断推动产业技术发展；注重技术吸收和转化，变科技下乡为科技驻乡；按市场导向灵活经营，促进农村科普示范基地不断提高产业化水平。

（3）开展农村科普带头人培训。在农技推广和农村科普服务方面，注重发挥人的因素的重要作用，积极开展农村科普带头人的培训，在传授实用五新农业技术的同时，还要注重传授农业经营方法与理念，以及获取市场信息的能力，帮助农村培养留得住、用得上、能带头的乡土科普人才。

（4）推动“银会合作”。在开展“银会合作”工作中，将受奖补对象作用重点服务对象加以支持。通过深入掌握和动态了解受奖补对象的科普惠农工作的实施情况，建立与各级邮储银行良好的沟通协调机制，共同研究具有地方特色的银会合作方案，共同建立农村诚信信用体系，为受奖补对象提供有针对性、便捷的金融服务，促进先进农业科技的运用及推广。

（5）发展多元化的科普信息化服务。依托“三农”网络书屋、“福建科普”微信平台、“科普智慧云”科普大屏的载体，为广大农民提供农技、农资及市场信息；依托福建数字科技馆、福建省数字科普教育基地，满足农民群众，特别是广大农村青少年的网络科普需求；提供农民科学素质，引导广大农民学科学、用科学、爱科学，建立科学的生活、生产方式。

（6）促进农村电商发展。通过宏观政策、技术服务与指导，积极帮助有条件的受奖补对象发展农村电商，利用互联网开拓市场，改变传统的农产品流通模式，打通优质的农产品在互联网上的流通渠道，帮助农民增长增收，努力发展“一乡一业、一村一品”，促进农业产业化、集约化、现代化。

3. 整合资源人才，创新机制方法，提升科普惠农工作水平

（1）加强科普惠农服务站建设。继续推动科普惠农服务站建设，整合受奖补对象的科普资源，以科普惠农服务站为窗口，向广大农民提供农技推广、科技咨询、科普示范等服务。加强对县级科普惠农服务站网络的建设，创新组织形式和运作模式，最大限度发挥受奖补对象的辐射带动作用。

（2）组建科普惠农专家服务团。建立省、市、县三级科普惠农专家库，根据从事专业、行业，组件专家服务团，有针对性地帮助农民解决生产发展的实际问题。积极推动专家服务方式与运作机制的创新，探索尝试农技服务的市场化运作。

（3）建立科普惠农技术协作网。依托省、市农技协联合会建立跨区越域、同行同业之间的横向联络与技术协作发展的科普惠农技术协作网，搭建网员单位与大专院校和科研院所之间的交流与合作平台，有效地促进技术发展、信息透明，帮助网员单位增强市场竞争力。

（三）保障措施

1. 加强组织领导

各级科协组织，把科普惠农兴村计划的实施列入日常工作的重要议事日程，推动解决在工作中遇到的实际困难和问题。省科协要加强对规划实施工作的领导、检查和督导。明确职责分工、落实工作责任。各市、县（区）科协要以规划为指导，提出具体的实施方案，并组织力量抓好实施。

2. 确保经费投入

争取财政科普经费投入。在科协科普经费中要安排预算，用于推动发展农村基层科普组织和科普带头人队伍建设。推动省委《关于进一步加强新时期科协工作的意见》贯彻落实，在有条件情况下，积极争取配套奖补科普惠农兴村计划项目。积极争取上级科协等有关项目经费支持。

加强经费管理。全面实施项目管理考核，严格按照《基层科普行动计划专项资金管理办法》及《福建省科普惠农兴村计划项目管理办法》，加强预算管理，坚持专款专用，提高资金的投入使用效率。

3. 落实政策法规

认真贯彻落实近年来中央、全国人大、国务院制定的一系列与“科普惠农兴村计划”

有关的政策法规文件。进一步争取各级党委、政府有关科普惠农工作政策，推动对农村科普组织队伍建设、科普基础设施建设和科普活动开展的优惠政策的落实。

4. 创新工作方法

建立大联合、大协作、社会化和群众化工作方式，充分发挥科协系统的集成、互动和相互支持的作用，建立和完善分级负责制。

坚持统筹规划、典型示范的工作方法，以点带面，推动科普惠农兴村计划深入实施。注重调查研究，及时发现和总结典型做法与成功经验，通过各种形式和渠道加以宣传、推介。

5. 加强监督检查

建立完善规划实施的监测评估评价机制和有效的激励机制，开展科普惠农兴村计划实施情况的监督检查、总结评估和表彰奖励。

山东省“科普惠农兴村计划”“十三五”发展研究报告

朱 明 赵书平

中国科协、财政部联合实施的“科普惠农兴村计划”是贯彻落实科学发展观，助推社会主义新农村建设，支农、惠农的重要举措；是灵活运用“以点带面，榜样示范”“以奖代补，奖补结合”机制，使优秀科普组织和个人“强筋骨”，让广大农民群众得实惠的成功典范。科普惠农成为农村科普的主要载体，为农村科普工作注入了生机和活力，以科技促进了农业增效、农民增收，产生了“四两拨千斤”的杠杆效应。

山东是农业大省、人口大省，支农、惠农一直是各级科协、财政的重点工作。“科普惠农兴村计划”实施以来，全省共有 1 190 个先进单位和个人受到国家或省级的表彰奖励，累计奖补资金 14 940 万元。受表彰单位和个人扎根农村，榜样示范，带动了农村科普工作全面发展，促进了农业新技术、新成果的转化，持续推动农业稳定发展，为提高广大农民科学素质，推动社会主义新农村建设做出了积极贡献，得到了各级党委、政府的认可，受到广大农民的热烈欢迎和社会各界的广泛赞誉。

一、山东省科普惠农工作基本情况

山东省各级科协、财政部门把组织实施“科普惠农兴村计划”纳入议事日程，立足于讲实际、办实事、求实效，本着“扶优扶强、促进裂变、科普惠农、助推发展”的原则，稳步推动各项工作的落实。

（一）高度重视，认真部署，组织领导有力

各级各地普遍高度重视惠农工作，省、17 市以及部分县（市、区）分别成立了科普惠农工作领导机构，切实加强工作组织和指导。定期召开领导小组会议，及时研究解决工作实施中的重要政策、重大问题和关键措施。省里制定了《实施“科普惠农兴村计划”工作方案》和《山东省“科普惠农示范工程”实施方案》，建立健全了各项工作制度。同时，把科普惠农工作纳入对各市科协、财政局的工作考核，有力保障了科普惠农工作的实施。济南市积极争取党政支持，把科普惠农工作纳入党政部门目标管理和干部绩效考核体

系中，切实加强对科普惠农工作的组织领导。文登市科协动员政协科技界委员，积极建言献策，科普惠农工作进一步得到党政以及相关职能部门重视和支持。枣庄市会同相关涉农部门出台了《枣庄市实施科普惠农六大工程的意见》。德州市出台了《关于加强科普惠农工作意见》，为惠农工作顺利实施营造了良好的环境。

（二）上下联动，配套衔接，形成工作合力

在承接国家“科普惠农兴村计划”主要内容和运作管理机制的基础上，山东省每年安排500万元专项资金，配套实施了“科普惠农示范工程”，彰显了山东特色。按照“鼓励、自愿”的原则，通过推荐名额倾斜的方式，鼓励和促进市县配套实施，实现惠农资金积聚效益最大化。目前，全省17个市中有15个设立了科普惠农专项资金，年奖补资金573万元；另有28个县（区、市）每年投入204.75万元设立科普惠农专项资金。在项目推选工作上，山东省采取与国家政策相衔接配套原则，按照“推优、奖中、去劣”的总体思路，实行一次评审，择优推报，不重复表彰的办法，达到以质论奖、公平公正的效果。

（三）严把质量，立项建库，规范工作流程

为确保申报项目叫得响、过得硬，几年来，每年对示范作用好、辐射能力强、带动作用显著的示范基地、农技协和科普带头人进行评选表彰，建立和完善了“基层科普行动计划资源库”，并将其作为申报评选的“硬杠杠”。在推报工作中，不搞形式，不走过场，坚持“逐级申报、三级审核、专家审定”的工作流程，好中选好、优中选优，特别对创新工作机制、示范带动作用突出的单位优先考虑，在此基础上，由省科协分管领导带队，组织科协、财政部门相关人员对申报单位进行实地抽查，从而保证了申报单位的先进性、示范性和典型性。在申报过程中，严格执行评审公示制度，对拟定申报的单位和个人分别在中共山东省委机关报《大众日报》和《山东科技报》、省科协、省财政厅网站等媒体予以公示，确保了推报项目的公正与公开。

（四）建章立制，规范使用，严格管理资金

为管好、用好奖补资金，防止挤占挪用，山东省制定了《山东省科普惠农资金管理使用细则》，进一步明确了支出范围、支出程序，为惠农资金使用装上了“红绿灯”。惠农项目推报资格审查环节，加大预算审核力度，不符合预算要求的项目，不提交评审。资金到位后，联合财政部门开展追踪问效和资金使用情况检查，将检查结果与下年度推荐名额

挂钩，与年度工作考核挂钩，保证了资金的合法使用。在动态监测调查中，所有项目的资金未发现截留、挪用、超范围支出、不按程序支出等违规现象，做到了按照预算严格支出、按时支出、财物相符、账账相符。

（五）配置资源，强化支撑，延伸发展格局

为提高地级市科普惠农能力，省科协、省财政厅联合实施了“流动科普平台建设工程”，省财政安排640万元，为17市配发了“科普车”，强化了各地科普惠农的手段，“科普车齐鲁行”“科普车惠农百村行”等活动，成为全省科普惠农工作的新亮点。全省以大专院校、科研院所、各级农业部门专家为依托，组建了省市县三级科普惠农服务团，通过结对帮扶、技术入股等方式，开展了“百名专家联千村，科普惠农富万户”活动，进一步支持表彰对象发挥作用。建立了省科协与有关科普示范基地、农村专业技术协会、示范社区联系制度，发挥“山东省科普惠农联盟”作用，加强对示范基地、农技协和广大农户的技术指导和培训，解决他们生产中的技术难题。2011年起，在全省实施了山东数字科普工程，建设于农村乡镇文化中心（站）、村文化大院的数字科普终端，面向广大农村公众播放科普节目，延伸了山东省科普惠农格局，强化了“科普惠农兴村计划”工作实效。

（六）加强宣传，创新手段，营造舆论氛围

科普惠农工作实施以来，山东省通过电视、报刊、电台、网络以及科协、财政系统工作信息等多种渠道进行了全方位的宣传，引起了社会各界的普遍关注，形成了全社会共同关注农村科普的良好氛围。《山东科技报》《科技致富向导》杂志开设了专栏，宣传受表彰单位和个人的先进事迹。山东省针对科普惠农工作，组织了大型的科普惠农专题宣传报道活动。淄博市拍摄了《科普惠农淄博行》专题片、德州市开通了科普惠农短信平台，临沂市、烟台莱州市开设了科普惠农电视栏目。中央电视台《新闻联播》曾以《微山湖上科普船》为题对微山县渔业协会进行了报道。通过多形式、多层次、大范围的宣传活动，激发了广大农村基层科普组织和科普工作者的积极性、创造性，为科普惠农工作开展营造了良好的社会氛围。

二、科普惠农工作取得显著成效

几年来，山东省科普惠农已覆盖面全省所有农业县（市、区）。通过几年来的努力，

科普惠农工作有力地推动了山东省农民科学素质行动的实施，以科普惠农为总揽的农村科普工作局面初步形成，良好的综合效应开始显现，成为新农村建设中的亮点。

（一）提升了农村科普服务能力，农村科普公共服务体系建设不断发展

通过以奖代补的形式，对优秀的农技协、示范基地和带头人，进行资金扶持，让这些科普典型享受到党和政府的惠农政策，使其自身科技含量以及示范、培训、辐射能力和发展能力等明显增强，成为推动农村科普公共服务体系建设的重要渠道。

1. 推动农村科普服务组织升级壮大

近几年来，在科普惠农工作的影响和促动下，省地市科协建立了科普惠农项目库，采取“培育发展、表彰壮大”的方式，加强科普组织和科普队伍建设。泰安市以实施“科普惠农兴村计划”为统领，先后组织实施了“122”工程（即在全市每年重点扶持10个科普带头人、20个农技协、20个科普示范基地）、“建百会、育百品、兴百村”三百计划（即重点打造100个辐射带动能力强、经济效益显著的农技协，培育100个农技协品牌产品，推动100个村实现经济振兴）、“双千计划”（即在1 000个村，扶持培育1 000个农技协，促进当地农村经济发展，带动农民实现增收），成效显著。以奖代补的形式以及后续的政策、技术扶持，为农技协等基层组织的发展又翻开了新的一页。全省新成立特别是民政登记注册的农技协明显增多，总量保持在1.3万个以上。农技协兴办科普基地的数量也不断增加，基本形成了“一乡一品、一村一业一协会”的格局。受到表彰的协会、基地，得益于科普惠农专项资金的有力扶持，取得了长足的发展，展现了强大的辐射带动优势和科技致富优势。

另一方面，随着农技协的发展，逐渐由过去以技术信息服务转为技术信息服务与市场营销、加工等业务并存，农技协的发展壮大，也推动了与合作社、龙头企业、家庭农场等农村经济组织的融合发展。以山东省寿光市蔬菜协会为理事长单位的全国科普惠农蔬菜种植技术协作网，汇聚了全国数百家相关领域的农技协、龙头企业，向理事单位和农民群众提供相关技术、管理经营及市场信息、品种推广等方面的服务。

2. 推动农民科技培训辐射力度增强

科普惠农工作的实施，一大批受表彰的协会、基地、带头人真正起到了“做给农民看、领着农民干、帮着农民办”的作用，科普培训、科普示范等活动空前活跃，科普惠农工作的辐射力度显著提高。在科普培训方面，系统培训与专项技术培训相结合，课堂培训与现场培训相结合，专家培训与乡土人才培训相结合，骨干培训与农户培训相结合，内容

丰富，形式多样，直观、实效的现代化培训手段得到广泛应用，培养了一大批“懂经营、会管理”的新型农民。据统计，全省受表彰的农技协、科普基地和带头人，获奖后平均每年开展科技培训活动 7 789 次，比获奖前增加了 2 438 次，受训人数达到 528.9 万人次，平均每年多培训 141.5 万人次，农民科技培训辐射力度显著增强。

3. 推动科普惠农长效机制建立完善

为充分发挥惠农表彰对象的示范带动作用，提升科普服务能力和水平，探索建立科普惠农长效机制，山东省通过科普惠农服务站建设工作，探索深化科普惠农工作的新路子。目前，全省表彰对象已建立科普惠农服务站 5 452 个，比获奖前新增 4 273 个，与全省 4.2 万个乡村科普站一道，为广大农民获取技术、信息提供便捷服务，促进了惠农工作的阵地化、规范化、长效化。聊城市鲁西毛皮动物研究会依托服务站，在各地分别设立了技术服务分站，为当地 1 300 多家养殖户的 1.5 万只地产狐进行了品种改良。莘县科普惠农服务站开通了“农业视频医院”，建立了惠农网站。胶南市绿茶开发研究会投资 12 800 元，建成面积 80 平方米的高标准“科普惠农服务站”，通过组织培训讲座，使 6 445 名种茶科技带头户学到新技术。

（二）加强农业科技创新与推广，农业和农村经济结构优化发展

1. 促进了农业产业化经营和现代农业发展水平提升

近几年，通过发挥表彰对象的示范带动作用，以市场为导向、以科技为支撑，围绕主导产业，通过进行专业化合作、标准化生产、产业化经营和合同购销，采取“协会 + 农户”“基地 + 农户”“协会 + 基地 + 农户”“协会 + 合作社 + 农户”等多种形式，大大增强了辐射带动作用，提高了农民的组织化程度，对提升农业产业化水平，推动现代农业发展具有十分重要的作用。建立一个农技协、一处农村科普示范基地，培养一名科普带头人就会带动一项农业产业发展，激活一片区域经济，富裕一方农民群众，进而促进农村各项事业的发展。据统计，表彰对象每年示范带动农户达到 142.69 万户，比获奖前增加 34.89 万户。在农技协、科普基地的带动下，一批特色的支柱产业已经形成，寿光蔬菜、烟台苹果、登海良种、青州花卉、日照绿茶等山东知名产业享誉全国，良种大王侯秀涛、狐狸大王宋书桥、蘑菇大王李柱兰、畜牧大王陈伟、果树大王刘昌发等成为传播科技的“二传手”、农民科技致富的“领头雁”。

2. 有效加强了农业新技术新品种推广

农技协、示范基地是建立在当地主导产业之上的基层科普组织和阵地，直接从事种

植、养殖、加工、销售服务等，是技术示范推广的主力军，是农村科技推广体系的重要组织部分。随着乡镇政府职能的转变，农技协等基层科普组织逐步成为农村科技推广体系的有力载体。郯城县港上镇草莓协会先后推广"丰香"草莓等新品种6个，推广大棚草莓深冬栽培等技术16项，辐射带动全县及周边的草莓、甜瓜种植面积15 000亩，会员人均纯收入6 606元，高出全县人均收入近55个百分点。级索镇级翔良种协会先后推广、应用农业新技术、新成果65项，引进、试验、示范、推广种植新品种88个，主要农作物良种覆盖率达到95%，农业先进适用技术覆盖率达到90%，科技进步对农业增长的贡献率达到65%以上。据统计，在农业技术示范推广方面，这些表彰对象累计承担县以上科技项目比获奖前增加了213次；获奖后平均每年累计推广新品种达到2 288个，比获奖前增加31%。农技协、科普基地成了农业新技术、新品种的"孵化器"，一大批新技术、新成果在这里"安家落户"，农业专家成为受表彰单位的常客。

3. 增强了农民依靠科技致富的能力

在表彰对象的辐射带动下，每个农户平均每年增收3 445元，增收幅度达到90%多。农村科普带头人梁山县肉鸭养殖协会会长贾翠英，坚持走"公司+基地+农户"的饲养模式，依托养鸭协会，深入各个乡镇、每个养殖户家中免费开展现场技术咨询和指导，随时解决农民群众养殖过程中遇到的难题。在她的带动下，全县及周边县区1 500多户农民群众依靠科技养鸭走上致富路。协会主办的肉鸭养殖基地吸收630多名农民转移就业，为农民增加收入900多万元，该协会会员人均实现纯收入1.36万元，是当地农民人均纯收入的2.3倍。科普惠农工作的开展，增强了农民的科技意识，降低了农民的生产经营风险，拓宽了农民的增收致富渠道，已成为提高农民群众依靠科技增收致富能力的强劲引擎。

（三）提升了农民科学素质，服务社会主义新农村建设

科普惠农工作在发展科技、服务经济的同时，潜移默化地提高了农民的科学素质，强化了广大农民群众科学文明生活的意识，科技致富、科学生活成为更多农民的追求。

1. 提升农民科学素质，培养服务新农村建设的新型农民

农技协、科普示范基地"进门是课堂、出门是现场"，科普带头人是科技致富名人，通过发挥协会、基地以及带头人的独特作用，深入开展科技下乡、农民科技培训、先进实用技术推广、科普宣传教育等活动，向农民传授新技术、新思想、新方法，推动农民掌握科学的生产生活方式。在全国科普日、科技周、送科技下乡等大型科普活动中，这些表彰对象逐渐成为农村科普的"主角"，与涉农部门一道，演起了科普惠农的"大合唱"，广

大农民群众相信科学、崇尚科学，学习科学、运用科学已蔚然成风。

2. 传播科学文明的生产生活方式，服务农村精神文明建设

在农技协内部建支部，发挥表彰对象在村级事务管理中的特殊作用，是科普惠农工作在农村精神文明建设中的特色亮点。国家表彰的科普带头人刘继杰是长清区文昌苗木花卉协会的会长，同时担任村支部书记，他利用协会会长这一特殊身份，借助协会与会员紧密的利益关系，轻松化解了许多村级事务，协会在村级事务管理中的作用日益彰显，达到事半功倍的效果。烟台农村科普带头人慕泉欣受到表彰后，成立了由他任组长的科普工作领导小组，确定了村委副主任具体负责科普工作，并把科普工作列入“两委”工作的主要内容，定期召开科普工作会议，研究制定科普工作规划、制度。农技协、基地和带头人已经成为宣传党和国家“三农”政策，传播科学知识，破除封建迷信的桥梁和纽带，科学、健康、文明的生产、生活方式走进了千家万户。

三、下一步科普惠农工作打算

实践证明，科普惠农工作是贯彻科学发展观，落实党和政府农村政策，提高农民科学素质，发展农村经济，助力社会主义新农村建设的有效措施。在中国科协的领导下，山东省将进一步强化措施，一如既往地推动科普惠农工作深入开展。

（一）加强组织协调，继续深化科普惠农工作

全省将进一步总结各地经验，分析研究工作中存在的问题与不足，提出深化科普惠农工作的意见，做好政策配套、资金管理、平衡发展的文章。在全省科协、财政系统，进一步统一思想，强化措施，加大工作力度，从组织力量、工作实效上下功夫，推动科普惠农工作持续健康发展。

（二）把握工作关键，提高科普惠农工作水平

进一步整合利用农村科普资源，支持表彰单位开展科普惠农工作；支持科协重点抓好农技协规范化管理、科普基地服务能力建设、农村科普骨干培训等工作，提高基层科普组织和个人科普惠农能力；延长科普惠农服务链，探索建立科普惠农长效机制。加强对惠农表彰对象的后继管理与跟踪服务，针对受表彰对象需求，开展技术、信息和人才服务。引导农技组织切实发挥好自身优势和作用，在生产、营销等各个环节，积极为农户、农村经

济实体提供技术指导、质量认证、市场推广等各方面的专业服务。

（三）加强工作集成，努力打造科普惠农工作品牌

本着做大做强科普惠农工作，打造新时期农村科普品牌的考虑，将整合集成更多资源，支持科普惠农工作。将以科普惠农为引领，搭建合作交流平台，积极推动表彰对象与农业院校、科研院所、涉农学会建立紧密型合作关系，提高惠农技术的先进性；利用各类媒体，加大对先进典型和科普惠农工作的宣传力度，扩大科普惠农工作社会知名度，营造全社会各界关注和支持这项工作的良好舆论氛围。

湖南省“科普惠农兴村计划”“十三五”发展研究报告

李世才　曾　玲

为全面总结分析湖南省“科普惠农兴村计划”9年来的实施成效，为“十三五”发展研究提供依据。湖南省科协按照中国科协农技中心《“科普惠农兴村计划”发展战略研究工作方案》的要求，通过问卷调查、调研访谈的方式开展了“科普惠农兴村计划”实施的效果评价，向14个市州，122个县市区2006年以来的奖补对象发放了调查问卷，收回调查问卷200多份，对问卷中的信息进行了分类整理和信息采集；省市县三级科协领导以及4个获得国家和省级奖补对象代表，围绕“科普惠农兴村计划”的实施效果、面临的问题和“十三五”的发展需求和工作建议四个方面进行了座谈交流，并实地调研察看了奖补对象宁乡县喻家坳金醇合作协会和长沙县黄兴蔬菜协会。调研情况如下。

一、基本情况

（一）项目背景及表彰情况

2006年，中国科协、财政部联合实施“科普惠农兴村计划”，采取“以奖代补”的形式，对评选出的有突出贡献的农村专业技术协会、农村科普示范基地、少数民族科普工作队20万元和农村科普带头人5万元的奖励。2012年改为“基层科普行动计划”，下设两个子计划，即“科普惠农兴村计划”和“社区科普益民计划”；2010年省科协、省财政厅配套实施省级“科普惠农兴村计划”，每年设立专项650万元，2015年增加到850万元，通过以奖代补和奖补结合方式对评选出的先进农村专业技术协会、农村科普示范基地、少数民族科普工作队10万元和农村科普带头人5万元的奖励补助，旨在以点带面，榜样示范，进一步激发广大农村基层科普组织和科普工作者的积极性、创造性，助力社会主义新农村建设。

“科普惠农兴村计划”实施以来，湖南省共有207个农村专业技术协会、130个农村科普示范基地、118个农村科普带头人和2个少数民族科普工作队受到国家表彰，奖补金额7 430万元；共有153个农村专业技术协会、98个农村科普示范基地、78个农村科普带头人和19个少数民族科普工作队获省级表彰，奖补金额3 210万元，9年来国家和省两级奖补金额达10 640万元。长沙市2013年设立“科普惠农”专项奖补资金100万元，2014年增加到180万元；2014年湘潭市、娄底市、怀化市分别设立了市级配套专项资金，实施科普惠农兴村计划，衡阳市也将从2015年启动科普惠农兴村计划奖补。继2011年攸县、宁乡县、新化县设立县级科普惠农配套外，2014年慈利县、炎陵县也设立了县级科普惠农专项。国家、省、县三级奖补格局，促进了全省惠农项目计划的深入实施，造福了更多的农民群众。

（二）项目分布情况

1. 项目区域分布情况

9年来，国家和省“科普惠农兴村计划”奖补项目共805个，奖补金额达10 640万元，长沙市奖补项目49个，金额660万元；株洲51个，金额600万元；湘潭36个，金额515万元；岳阳61个，金额865万元；衡阳73个，金额980万元；郴州66个，金额815万元；常德63个，金额910万元；益阳50个，金额645万元；娄底39个，金额505万元；邵阳83个，金额1 145万元；湘西52个，金额720万元；张家界33个，金额555万元；怀化79个，金额850万元；永州70个，金额875万元（图2-6）。

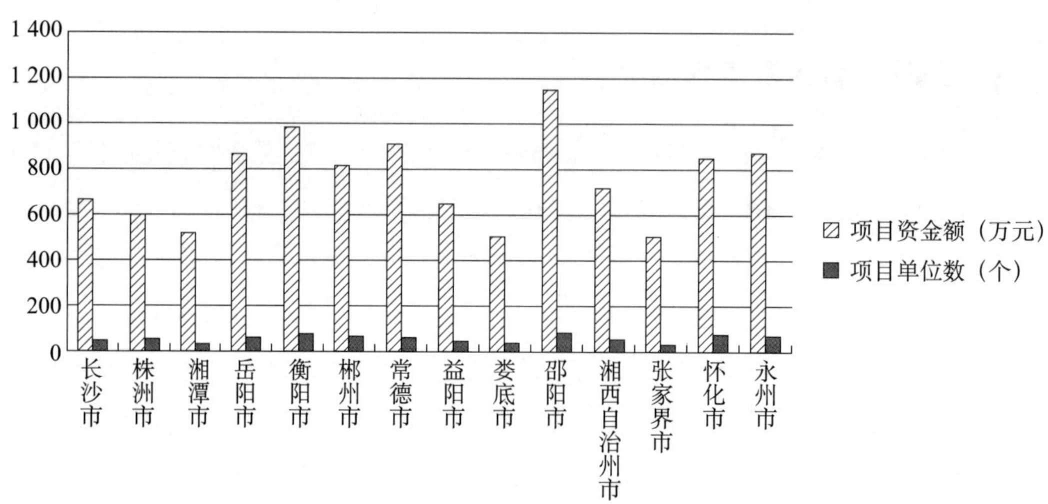

图2-6　“科普惠农兴村计划”各市州项目分布情况

从图2-6看出，在项目专项资金分配上湖南省按照统筹兼顾，突出重点，优中选优、综合布局的原则：一是项目安排综合考虑农业人口、县市区数量和惠农计划实施环境，同时兼顾科普示范县市区优先安排原则。国家和省科普惠农兴村计划资金安排覆盖14个市州。二是按照国务院统筹区域发展，完善扶贫攻坚机制的要求，项目重点向武陵山区贫困地区倾斜，包括邵阳、常德、怀化、湘西等市州的县市区，据统计该地区项目286个，占比36%。

2. 项目行业分布情况

对9年来受国家和省“科普惠农兴村计划”奖补，并且仍能较好地发挥典型示范引领作用的619个对象的问卷调查（农技协、基地因其他原因造成运转不良、示范作用不好或带头人已去世的均未统计在内）表明，项目行业分布广泛，有种植、养殖、林果、蔬菜、花卉、农产品加工等30多个农业产业。如果将其按种植业、养殖业、农产品加工业和其他（混合农业、科技知识推广等）4大类分类，种植业项目355个，占比57%，金额5 700万元，占比58%；养殖业项目185个，占比30%，金额2 800万元，占比29%；农产品加工业项目17个，占比3%，金额300万元，占比3%，其他项目62个，占比10%，金额960万元，占比10%（图2－7）。

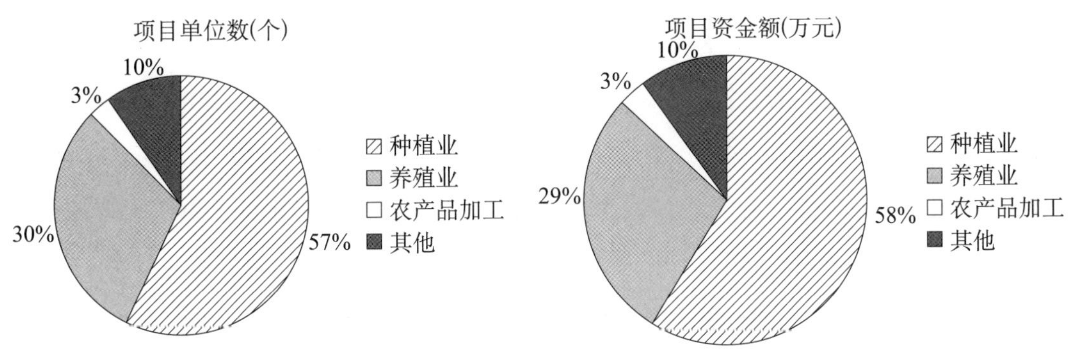

图2－7 “科普惠农兴村计划”行业分布情况

在项目行业的选取上，一是围绕中央文件精神选项目。如在粮食生产方面成效突出的农村专业技术协会、农村科普示范基地和科普带头人予以优先推荐，二是重点扶持特色产业。对突破传统种植业、养殖业和普通经济作物的新兴特色产业进行重点扶持，如农村旅游、农闲观光、传统工艺、特种养殖等特色产业项目，正逐步从生产技术领域向流通、加工、储运、营销等领域延伸，并在他们的带动下，一些特色产业已成为当地农村的支柱产业。

（三）项目实施主要做法

科普惠农项目属于奖励补助项目，重在社会效益的特性。科普目标包括辐射带动农户、开展技术培训服务农民人次，同时注重科技含量，要求以科普示范方式普及先进技术和良种良法，转化推广科技成果或承担科技成果以及引进新品种等方面，这些均属于科普社会效益。惠农目标主要指带动农民致富，要求对协会会员年收入高于当地农民收入的比例均有要求。湖南省在项目实施方面的主要做法如下。

1. 规范资金投入和使用

一是资金拨付落实到位。省级财政直接拨付省直管县市财政和市州财政（非省直管县和城区），资金到位率100%，各市县均拨付到位，但拨付时间有先后。二是有专项资金管理制度。基地、协会全部有专项资金管理制度和专门账本和票据，没有出现挪用现象，各县对资金有效跟踪管理，如：永兴县隆和美油茶产业协会财政支出审批表由科协审核，财政局、县政府领导审批，监管规范到位。三是资金使用按预算开支，从实施单位资金使用情况来看，各项目实施单位都能专款专用，按照资金使用预算表使用，但也有根据实际情况，适当合理调整资金预算方案。

2. 延长服务链，助力建立长效机制

一是开展银会合作。为解决奖补对象在生产经营中遇到的融资难问题，湖南省科协与湖南省农村信用社联合社建立了战略合作关系，共同开通了专项融资服务，搭建了全省“银会合作”平台，在贷款利率、额度、期限等方面给予奖补对象最大的优惠。据统计，截至2014年12月30日，银会合作共为农民贷款3.2亿元，年利率低于10%，对象全部为2006年以来获奖补的农技协会员、带头人。二是广泛建设“三农网络科普书屋”。省科协采用奖补结合的办法，对已开办了网络书屋的县市区给予每个3 000元的奖励，对新开通网络书屋的县市给予2 000元的补助，全省开通了网络书屋的县市达到23个。三是认真组织我省广大农村妇女开展了2014年“全国农村妇女科学素质网络知识竞赛”活动，湖南省科协被评为省级优秀组织单位，岳阳市云溪区科协等6个县市区科协被评为县级优秀组织单位。湖南省科协无论参赛人数和获奖单位数量在全国均名列前茅。四是积极向上级汇报，并与有关部门加强衔接，争取省财政的大力支持，扩大科普惠农的覆盖率。省科协党组多次向省政府领导及省财政厅汇报，争取省财政加大支持。

3. 省人大两次提案推动“科普惠农兴村计划”深入实施

2010年1月衡阳石康凤等9位人大代表即在省第11届人大第3次会议上提出了《关于进一步加强科普惠农资金投入的建议》，建议省、市、县三级财政列出专项资金配套实施科普惠农兴村计划。2011年，株洲市邓玲玲等10位人大代表在省第11届人大第5次会议上提交了《关于修改〈湖南省科学技术协会条例〉的议案》，建议新增第十五条“科学技术协会负责国家科普惠农兴村计划的贯彻实施，大力培育和发展农村科普示范基地、农村专业技术协会和农村科普带头人”，省人大两次提案推动了“科普惠农兴村计划”的深入实施，设立了省级专项配套资金，并将其纳入了法制轨道。

4. 典型宣传和科普信息化情况

湖南省科协下发了《关于加强科普宣传工作的通知》（湘科协发〔2013〕66号），强调既要抓好经常性科普惠农宣传工作，又要做好“科普惠农兴村计划”表彰对象先进典型宣传工作，同时给予评比奖励；开展了“科普惠农兴村计划”先进典型征文活动，并在《湖南科技报》《湖南科协》杂志和湖南省科协网站宣传获表彰对象，据统计，每年全省在市州媒体上宣传获奖对象达40多次，展现他们在科普惠农工作中的突出成效，如永州市科协编印了《雨润潇湘——科普惠农在永州》一书，免费向全市基层科普组织发放，还在永州日报宣传获表彰的农村科普带头人6个，在新浪新闻网、新民网、中国日报网等大型网络媒体宣传蓝山县科普之星的表彰活动。张家界市科协开通了“张家界科普”微信，怀化市科协开通了“怀化科协微科普”平台，湘西自治州科协开展了扫描二维码、获取致富经的科普信息服务活动，主要服务对象为农技协、科技示范户和科普惠农奖补对象，内容涉及生产生活方面的科普知识，由于内容实用，受到农民朋友的热捧，单篇科普微信最高关注度达51 000人次，单天最高关注度11 000人次。

二、项目主要成效

“科普惠农兴村计划”的实施，激发了湖南省农村基层科普组织和个人开展农村科普工作的热情，培养了农村科普工作骨干力量，促进了农村科普服务体系逐步完善。各基层和科普组织普遍反映，“科普惠农兴村计划”是一项“花钱少，办实事”的民心工程，是对基层组织和广大农村最实在的支持，也得到社会各界及人大代表的关注和关心，他们对该项目的满意度达到98%，并一致要求加大“科普惠农兴村计划”投入力度，使农村专业技术协会等基础科普组织发挥更大的作用。

（一）科普成效

1. 促进了农业科技创新能力提高

一是推广新品种新技术。项目实施以来，表彰对象平均每年推广新技术804个，新品种达1 200个，有效提高了农业生产经营水平。据统计，2013年，表彰对象引进和自培新品种25个，推广新品种12个，承担大专院校试种试养科研成果1项，推广新技术和良种良法21项。如：长沙市望城区格塘镇无公害生态优质稻种植协会推广水稻新品种中嘉早17、星2号、黄花粘、湘晚籼17号、玉针香等新品种后，协会迅速发展，现已成为有会员282户，固定资产860万元，种粮面积7 676亩，土地流转面积1 520亩，辐射带动种粮面积2.1万亩的特色产业。二是承担科技项目。长沙市开福区光伏基地承担湖南农业大学石雪辉教授葡萄避雨栽培模式技术成果，醴陵市白兔潭农产品协会承担亚华种业超级稻深两优5814百亩水稻育种试验，湘阴牛业协会承担县畜牧局冷冻精液肉牛品改试验，常德市西湖管理区湘绿蔬菜水果种植基地承担市蔬菜所脱毒马铃薯繁育品种试种，洞口县雪峰山山羊养殖协会承担县畜牧水产局“雪峰山羊”新品种培育项目。这些科研成果科技含量高，项目产出效益大。

2. 农村科普服务体系日益完善

“科普惠农兴村计划”的实施，加快了农村科普公共服务体系的快速发展，基层科普组织队伍开展公益性科普服务积极性和主动性极大提高。一是科普基础设施建设加强。从总体资金使用范围来看，10 460万元资金，实际资金使用率达到95.6%。其中用于科普专用资料和设备费占比46.1%，科普活动费（包括培训、技术推广费用等）占比42.9%，其他占比10.9%。全省科普惠农资金用于专用设备的费用，使科普基础设施建设明显加强。如科普惠农服务站建设明显加快，截至2014年，全省所有“科普惠农兴村计划”表彰对象、科普示范县（市、区）部分村、有条件的农村基层科普组织率先建立了科普惠农服务站，全省已达到1 808个。二是基层科普组织队伍持续壮大。据统计，2014年，全省新发展科技示范户809户，表彰先进农技协319个、农村科普示范基地212个，并确认315个农村科普示范基地。如永定区少数民族科普工作队获奖后，更加积极推广五倍子蚜虫越冬技术，掀起了农民学科学、用科学热潮。

（二）惠农成效

1. 提高了农民科学素质，加快了农业科技成果的引进推广

“科普惠农兴村计划”奖补对象常年以科技培训、科普展览、科普宣传、开展科普活动等形式，向广大农民传播科学思想和方法，把新的管理理念、生产技术传递到农民手中，提高了农民科学素质，农民的科技种养和商标、品牌意识进一步增强。如怀化靖州苗族侗族自治县茯苓专业协会，提出并参与制定了茯苓菌种、标准化种植、干、鲜茯苓等4个湖南省地方标准，成功选育茯苓新菌种“湘靖28”并攻克了松茯苓袋料高效栽培新技术，“湘靖28”进行了“神舟10号太空茯苓”诱变育种试验，成功注册“靖州茯苓”地

理标志证明商标，靖州茯苓标准化示范种植区，获国家医药管理局通过GAP认证成功。攸县葡萄协会积极引导各葡萄合作社、各会员注册商标，并已经注册了“果美大学生”“酒江山城”“金狮潭”3个商标，并引导“果美大学生”葡萄在2014年获得绿色食品葡萄认证。协会积极与湖南农业大学、湖南农科院果树研究所、株洲市农科所等农业科研机构建立合作关系，加快葡萄品种改良和种植技术更新。

2. 实现了农民增产增收，促进了农村经济的发展

在“科普惠农兴村计划”资金支持下，表彰对象积极引进示范推广农业先进技术，提高农民专业技能，推动了农业增产、农民增收。据统计，2014年科普惠农表彰对象会员年人均收入高于当地农民40%。如郴州永兴冰糖橙种植业协会，会员遍布16个乡镇，销售冰糖橙收入达1亿元。其中个体会员年收入在10万元以上的有65名，年收入在3万元以上的有150余名。2013年，全县冰糖橙种植面积达12.5万亩，产量6万吨、产值达5亿元，永兴冰糖橙产业已成为永兴县农业的一大特色支柱产业和富民产业。衡阳蒸湘区振兴生猪养殖协会，全区瘦肉型猪产业产值达到2亿元，占到大农业总产值的30%以上。年均组织外销生猪10万头以上，年均为农民增收1 000余万元。新技术、新成果的推广运用所创造的经济效益累计达500余万元。宁乡县食用菌协会，2013年会员食用菌单项收入达30万元以上的有9户，20万元以上的有15户，10万元以上的45户，5万元以上的有110户，共创社会经济效益3 450多万元。

三、存在问题

科普惠农项目辐射带动农民致富，具有很强的社会影响力，但同时也存在一些问题。

（一）总体奖补面远不能满足实际需求

以湖南为例，每年获得国家20万元奖补项目50个（协会32个，基地18个）；省级奖补10万元项目53个（协会35个，基地18个），两级奖补集体项目103个，相对于全省128县市区，还不能做到全覆盖。即使加上带头人小项目，我们才能勉强全覆盖县市区，但是每个县市区平均1个左右，远远满足不了需求。湖南省有农村专业技术协会6 000多个、科普示范基地28 000多个、农村科技示范户5万户、少数民族科普工作队19支，这一特殊群体对全省农业科技的普及推广、技术革新、产业培育和发展作出了特殊贡献。从2010年起省“科普惠农兴村计划”专项支持该社会组织，主要奖补这一群体中科

普工作成绩突出、效果显著、群众认可、有较强区域示范作用的典型代表，4 年来扶持奖补 115 个协会，80 个基地，62 个带头人，17 个工作队，奖补数不足 1%，远远不能满足农民专业合作组织的需求，无法有效支持他们发挥更大效应，亟待加强。

（二）单个奖补资金量偏小，支持力度远低于农村合作社

一是外部环境改变需要加强扶持力度。自《农民专业合作社法》颁布后，农村专业技术协会组织发展的外部环境发生了改变，虽然全省农村专业技术协会存在产业协会、技术服务协会、技术推广协会与村级技术交流协会等 4 种实践形态，它与合作社在农村社会发展中发挥着不同的功能，但是合作社得到法律保障，每创办 1 个省级示范合作社能获得农业部门 50 万元的奖励资金。而农技协没有相关法律和政策，这更需要增加科协的引导扶持，从而实现农村合作经济组织多元化发展的格局。二是资金实际效益降低。近年来，物价上涨，特别是科技设施设备、科普设施价格普遍上涨，有限奖补资金发挥科普效应减少。根据本次调查，225 份问卷全部要求增加奖补资金，也一定程度上说明了这个事实。

（三）资金拨付周转慢，使用效益低，监督管理不一

一是拨付周转慢。据调查统计，虽然资金到位率达到 100%，但自项目表彰决定下发后，至资金落实到项目单位，需要 3 个月时间的项目比例达到 80%，有 10% 的项目资金要到次年才能完全到达。这些都严重降低了资金使用效益，局限了辐射带动作用和资金杠杆作用的进一步发挥。其中既有基层财政调剂延滞资金拨付时间的原因；还有科协缺位，没有主动沟通衔接的原因；也有项目单位积极跟进不够等方面原因。二是资金监督管理不统一。根据资金管理办法，项目资金应该是报账制，即由科协审核，到财政报账。如永兴县隆和美油茶产业协会财政支出审批表由科协审核，财政局、县政府领导审批，监管规范到位。但大部分地方财政都放弃直接监督管理，而是将资金一次性直接拨付科协或项目单位，监督管理缺位，科协审核力度也有限。再次是资金实际使用与预算有偏差。专项资金使用中大部分缺乏专项资金管理制度，资金使用与预算有出入，个别协会与基地没有开设账户，在科协报账后，资金打入个人账户，不规范。

四、下一步工作建议

为解决“科普惠农兴村计划”实施中存在的问题，我们提出以下几点建议：一是中央

财政和地方财政同步增加资金总额，加大支持力度。二是国家当年项目的申报评审应于前一年第四季度完成，以便加快财政拨付周转速度，提高年度资金使用效益。三是奖补标准适当调整，特别是对贡献突出的农技协奖补金额可达60万元，有效支持农技协做大做强。四是修订资金管理办法，明确规定资金到位时间，并要求奖补项目单位必须开单位账户，以规范管理专项资金。

广东省“科普惠农兴村计划”“十三五”发展研究报告

吴焕泉　黄善辉

一、全省“科普惠农兴村计划”实施概况

为贯彻实施《全民科学素质行动计划纲要（2006—2010—2020)》（国发〔2006〕7号)，提高农民科学素质，助力社会主义新农村建设，2006年，中国科协、财政部联合实施“科普惠农兴村计划”。2007年，参照国家做法，广东省科协、广东省财政厅联合实施“广东省科普惠农兴村计划”，配套专项资金256万元。“广东省科普惠农兴村计划”的实施，通过“以点带面、榜样示范”的方式，每年在全省评比、筛选、表彰一批有突出贡献、较强区域示范作用、辐射性强的农村专业技术协会、农村科普示范基地和农村科普带头人等先进集体和个人，带动农村广大农民依靠科技走致富道路，提高科学文化素养，掌握生产劳动技能，引导广大农民建立科学、文明、健康的生产和生活方式，促进农村农业增产和农民增收，“科普惠农兴村计划”深得人心，深受各级党委、政府的高度重视和肯定，深得广大群众的高度欢迎和认可，被广大群众称为“得民心、益民智、信得过”的科普惠民工程，称赞为“科普惠农惠万家，处处开出幸福花”。

截至2014年，广东省获全国“科普惠农兴村计划”表彰的农村专业技术协会76个、农村科普示范基地51个和农村科普带头人108人，中央财政奖补资金共3 080万元；“广东省科普惠农兴村计划”表彰的广东省农村专业技术协会45个、农村科普示范基地64个和农村科普带头人51人，广东省财政奖补资金1 890万元。同时，广东省各地也结合实际，设立了本级的科普惠农专项资金，2014年，广东省的珠海、汕头、惠州、中山、江门、阳江、湛江、肇庆8个地市设立科普惠农专项资金，奖补资金190万元；有4个县（区、市）设立科普惠农专项资金，奖补资金94.45万元。

二、主要做法和成效

（一）主要做法

一是强化组织领导，完善工作机制。为规范项目实施的推荐、网报、评审和监督工

作，结合全省实际，2014年广东省出台了《广东省科普惠农兴村专项资金管理办法》（粤财教〔2014〕141号），原《办法》（试行）同时废止，从而使项目的推荐申报程序、评审标准条件、实施工作步骤和资金使用要求得到进一步的规范。建立评审工作机构、评审专家委员会和评审工作监督组。同时，建立了广东省“基层科普行动计划”地级以上市科协、县（市、区）科协、申报单位和个人“三级”实施制度，明确各级科协和申报对象的责任和义务。2014年专门印发《广东省科协关于开展国家“基层科普行动计划”和“广东省科普惠农兴村计划”专项资金绩效评价工作的通知》（粤科协普〔2014〕17号）文件，对近3年获国家“基层科普行动计划”和广东省“科普惠农兴村计划”奖补单位和个人进行绩效评价。在广东省政府省级专项资金管理平台上建立广东省“科普惠农兴村计划”专项管理平台，向社会公布专项的管理办法、项目申报指南和项目的推荐、评审、结果，确保项目实施过程“公平、公正、公开”。2006年以来，广东省从未收到有关投诉意见。

二是坚持以评促建，培育先进。在实施“科普惠农兴村计划”中，广东省在做好优秀项目推荐评审工作的同时，坚持“以评促建、重在培育”的原则，充分发挥组织、人才、技术优势，大力扶持和培育基层农村专业技术协会、科普示范基地和科普示范户，指导和帮助科普惠农奖补对象提高科普示范、技术推广、技能培训、信息服务等方面的能力。据不完全统计，目前，全省建有各类农村专业技术协会2 800多个、农村科普示范基地5 680个。他们扎根农村，上联科研院所，团结农村能工巧匠，与群众有着千丝万缕的联系，是开展农村科普工作的重要力量。“科普惠农兴村计划”的实施，极大地调动了广大农村科普组织的积极性，不断改善科普工作条件和科普基础设施，增强了农村科普示范带动能力和辐射面，以省农技协为载体，坚持开展农技协经办人培训交流活动，引导基层农技协规范管理，加强内部制度建设，探索农技协多元化、多模式发展路子，基层农技协的示范带动、公共服务能力普遍得到提高，为科普惠农兴村计划实施奠定坚实的组织基础，加强了全省农技协的指导和管理工作，破解了基层农技协小、散、弱的难题。目前，全省已建立科普惠农项目库844个，其中农技协229个，科普基地320个，科普带头人295人。对入库项目加强跟踪指导，实行动态管理。

三是加强指导，发挥奖补对象的示范带动作用。农村传统产业的优化升级，技术支撑是关键。获奖补的先进单位和个人，既是先进技术的需求者，又是直接应用者、受益者和传播者。全省各级科协系统指导获奖补单位和个人通过开展科技信息交流和技术培训，向农户提供优良种子、种苗，共享市场信息，提供产、供、销全方位的服务，带动专业农户进行规模化、标准化生产，形成区域性优势产业，实现了“建立一个协会、建设一个基地、带动一个产业、致富一方百姓”的效果。同时，现代农业的发展，离不开专家教授的指导，更离不开长期扎根于农村、为广大农民服务的乡土科技人才。“科普惠农兴村计划”的实施，为全省培养了一大批乡土科技人才。据不完全统计，2011—2013 年的国家（省）级科普惠农奖补单位和个人，共开展科技培训 3 530 次、受训人数为 41 万多人次，共辐射带动 46 万多农户。

四是建立电子商务平台，发展农村电商。近年来，全省部分获奖单位和个人，开始试探建设科普惠农农产品的电子商务平台，通过线上、线下资源互补，开展农村特色产品配送，拓宽产品销售管道，以信息化节约投资和运营成本，促进农民增收致富。如惠州市惠东县四季鲜绿色食品科普示范基地建设了四季鲜农副产品电子商务交易平台，带动了合作社旗下 800 户农户进行生产种植，在 2014 年果季，每天销往全国的荔枝约 6 000 至 8 000 件（每件重 2.5 千克），高峰期每天将达 1.5 万件。惠州市惠阳区镇隆荔枝协会也开展网络销售，促进了当地荔枝产业化发展，会员 2013 年度人均收入 20 100 元，比本区农民 2013 年度人均收入的 16 747 元增加了 3 353 元。今后，广东省将全省的科普惠农优质农产品汇聚起来，打造广东省科普惠农优质农产品电子商务平台。

五是加强资金监督管理，建立绩效评价制度。为加强广东省科普惠农项目资金使用和管理工作，全省已建立了资金管理信息平台。在广东省网上办事大厅省级专项资金管理平台建立“省科普惠农兴村计划专项资金”管理信息平台，全部申报、获奖补对象的信息公开，及时接受社会监督。为保障项目实施资金使用的最大效益化，2014 年下发了《广东省科协关于开展国家“基层科普行动计划”和“广东省科普惠农兴村计划”专项资金绩效评价工作的通知》（粤科协普〔2014〕17 号），对近 3 年来获国家“基层科普行动计划”和广东省“科普惠农兴村计划”奖补单位和个人的社会科普工作进行绩效评价和总结，指导获奖补对象更好地发挥示范带动作用，提升他们服务群众的能力和水平，同时为进一步优化和完善全省的“基层科普行动计划”工作机制奠定基础。

（二）取得成效

一是加快了先进适用技术的推广应用，促进农业增效、农民增收。获奖补的农村专业技术协会、科普示范基地和科普带头人以极大的热情开展新技术的示范推广，坚持以市场需求为导向，以技术项目为纽带，上联科研院所，下联千家万户，创造了科技成果快捷、方便、高效进农户的新途径，加快了农业科技成果在农村的迅速转化和利用，实现了农业增效、农民增收。肇庆市封开县水果协会引进新品种台湾早脆梨，瞄准市场服务农户，2010 年投入资金种植 20 亩，协会为会员及其他农户提供早脆梨种苗和技术指导，2013 年和 2014 年加大技术培训和指导力度，邀请种植专家和技术人员开展技术培训 500 多场（次），派发技术资料 30 000 多份，召开现场会 100 多场，使会员和农户逐渐熟悉早脆梨种植技术规程，在水果协会会员的带动下，全县掀起了种植台湾早脆梨的热潮，截至 2014 年，已在全县带动种植 500 多亩。近 3 年来，水果协会积极组织专家编印有《封开油栗种植技术规范》《封开油栗早结丰产栽培技术》《封开麒麟李早结丰产栽培技术》《沙糖桔结果树管理》《贡柑高产栽培技术》《马水桔高产栽培技术》等技术资料，下发农户指导种植、发展生产；水果协会的专家、科技人员和长期聘任的农科学院专家、教授在全县各乡镇举办了技术培训班 700 多期，参加培训的农民达 10 000 多人次，派发技术资料 15 种 200 000多份（册）、各种声像资料 12 种 3 000 多盒，举办了专家讲座 180 期，参加人数高达 75 000 多人次，现场咨询和个别指导 200 000 多人次，培育了水果示范户 1 600 多户、水果种植土专家 800 多人、科技带头人 360 多人。2013 年，封开县各类水果大丰收，产量和价钱均有所增长，水果协会的会员年人均纯收入达到 2. 8 万元，是封开县农民人均纯收入 9 607 元的 3 倍，为封开县农业产业结构的调整和产业升级做出了重要贡献。

二是带动区域优势产业发展，促进农村产业结构调整优化。农村传统产业的优化升级，技术支撑是关键。获奖补的先进单位和个人，既是先进技术的需求者，又是直接应用者、受益者和传播者。通过开展科技信息交流和技术培训，向农户提供优良种子、种苗，共享市场信息，提供产、供、销全方位的服务，带动专业农户进行规模化、标准化生产，形成区域性优势产业，实现了"建立一个协会、建设一个基地、带动一个产业、致富一方百姓"的效果。惠州市龙门县生态养蜂科普示范基地，2013 年获省级"科普惠农兴村计划"奖补 15 万元后，聘请省内外养蜂专家、教授前来讲授中蜂产品安全与标准化生产、中蜂抗逆增产等技术培训，采取集中授课与进村入户、实地操作相结合的培训模式，免费举办养蜂技术培训班 4 期，培训蜂农 520 多人（次），培训班辐射带动周边市、县，并利用网络平台设立养蜂专栏、手机信息平台及时发布养蜂防治、技术培训信息 3 534 条（次），周到的技术服务带动蜂农 2 000 户，间接带动 5 000 户果农，提高了农户生产能力、管理水平和市场营销能力。基地推广使用新型双皇蜂箱和引进优良蜂皇品种，实现了每箱产蜜比原有产量增加 20% 以上，蜂蜜产品的档次和附加值也大大提高，加工后的蜂蜜产品售价提高了 10%；会员蜂产品销售比上年增加了 20%，全县蜂农增收 314 万元、户年均增收 1 900 元，为山区群众脱贫致富和社会主义新农村建设做出了积极的贡献。据不完全统计，2011—2013 年的国家（省）级科普惠农奖补单位和个人共辐射带动 46 万多农户。

三是培养了一批乡土科技人才，带动农村群众提高科学素质，增强科学发展的能力。现代农业的发展，离不开专家教授的指导，更离不开长期扎根于农村、为广大农民服务的乡土科技人才。阳江市阳东县的农村科普带头人罗三兴，致力于开展农村科技的普及与推广，树立以“做给农民看、引导农民干、带动农民增收”为服务目标，以协会和合作社为载体，积极组织开展科技培训工作，推广良种良法、调整生产布局、大力推广标准化生产，发展绿色科技食品，依托省级“科普惠农服务站”平台，提高农民种植水平。多年来，共推广生物技术、优良品种、丰产栽培、农业节水等新技术、新成果 30 项，开展农村劳动力培训达 6 500 人（次），带动周边农户 3 200 户；会员年人均收入增长 30%。汕头市莲华食用菌专业研究会的农村科普带头人潘文生，30 多年来一直致力于食用菌的栽培研究和种植生产，积极引进和推广食用菌生产新技术、新品种，逐步扩大生产规模，示范带动，发展壮大食用菌特色产业。在他的带动下，食用菌专研会已发展成为占地面积 4 000平方米，拥有 11 个大型菇棚的生产基地，年生产各种鲜菇 30 万千克。为带领农户通过科技致富，他经常开办培训班和知识讲座，传授食用菌栽培技术和经验，免费为广大农户提供贴心咨询服务和技术指导，近 3 年举办各类培训班 13 期、培训 1 040 人次，开展科普讲座 200 次、受益 14 400 人次，目前食用菌种植已成为莲华镇的特色产业，去年全镇食用菌产量 2 200 吨，产值 3 000 万元。据不完全统计，2011—2013 年的国家级和省级科普惠农奖补单位和个人，共开展科技培训 3 530 次、受训人数为 41 多万人次。

四是加强了农村科普组织建设，增强了农村科普公共服务的能力。“科普惠农兴村计划”的实施，极大地调动了各地培养和成立农村专业技术协会的积极性。据不完全统计，目前，广东省建有各类农村专业技术协会 2 400 个、农村科普示范基地 5 680 个。他们扎根农村，上联科研院所，团结农村能工巧匠，与群众有着千丝万缕的联系，是开展农村科普工作的重要力量。“科普惠农兴村计划”的实施，极大地调动了广大农村科普组织的积极性，不断改善科普工作条件和科普基础设施，增强了农村科普示范带动能力和辐射面，加强了全省农技协的指导和管理工作，破解了基层农技协小、散、弱的难题。

三、存在的问题

一是全省每年国家“科普惠农兴村计划”的申报指标少，导致广东省获得国家的奖补资金低、获奖覆盖率不高。2014 年国家“科普惠农兴村计划”表彰农技协 962 个、基地

386个、带头人558人，全省获得国家表彰的协会13个、基地7个、带头人16人，全省占全国的获奖比例为1.9%。2014年国家"科普惠农兴村计划"奖补资金3亿元，广东省获得国家奖补资金480万元，广东省占全国的奖补资金比例为1.6%。由于每年的申报名额少，严重地打击了广东省农村科普基层组织和个人的申报热情和组织开展农村科普工作的积极性。

二是"科普惠农兴村计划"项目的监管跟踪和绩效评价不到位。每年项目一评审完，各级科协就没有更好的方法、手段对获奖单位和个人进行监管跟踪，对专项资金的使用情况、项目实施的绩效评价等都缺乏有效的管理方法，导致不能更好地为三农服务、不能有效的利用科普惠农历年来优质资源。

三是宣传不够到位。向当地党委、政府和在当地媒体的宣传力度还不够。要加强对奖补奖补对象的事迹收集、整理和宣传，在当地媒体广泛宣传，使广大社区、农村农民学有榜样、赶有目标，在全社会营造"爱科学、学科学、用科学"的良好文化氛围。并将事迹及时上报给当地党委、政府和上级科协，积极争取当地党委、政府的重视支持。

四、"十三五"发展的意见和建议

"科普惠农兴村计划"的实施，给基层农村组织和农民带来技术和资金的实惠，益民智、得民心，受到广大农民的广泛认可和热烈欢迎。截至2013年，广东省有乡镇人口6 973万户，乡镇从业人员3 560万人，农业总产值4 946.81亿元，由于广东省是农业大省，山区、东西两翼的农业技术欠发达，建议中国科协、财政部加大对广东省"科普惠农兴村计划"的支持力度，增加申报指标。

项目的实施过程要实施动态管理，建立追踪问效责任制，强化项目的绩效管理。对绩效好、带动性强、效益明显的项目，可以在一定的年限后进行再次表彰奖励，并增加其省级的申报指标。

加快科普惠农的信息化建设，打造科普惠农的信息网络平台，抢抓农村电商的发展机会，建设科普惠农优质农产品电商平台，加快社会主义新农村建设。

四川省“科普惠农兴村计划”“十三五”发展研究报告（摘要）

刘 进 刘先让 周正彬

当前，我国经济发展进入新常态，农业发展迈入走中国特色新型农业现代化道路的新阶段。四川作为西部农业大省，发展现代农业是四川由农业大省迈向农业强省的必经之路，提高农民科学素质是加快全面建成小康社会的重要基础，农村科普工作是适应农业发展新常态、实施“三大发展战略”的重要举措。

“十二五”以来，四川深入实施“科普惠农兴村计划”，注重把项目化管理与社会化评估相结合、把公益性扶持与示范性带动相结合、把推广实用技术与提升农民科学素质相结合、把整合社会资源与完善农村科普体系相结合，提供了现代农业发展的科技支撑，推动了农技推广社会化体系建设完善，促进了农民群众科学素质有效提升，助推了科协工作转型发展，对于提高农民科学文化素质、助推农业现代化发展以及推动四川从农业大省向农业强省转变发挥了重要作用。

实践证明，实施“科普惠农兴村计划”的5年是农民得实惠的5年，是四川现代农业又好又快发展的5年，是四川农村科普事业创新发展的5年。“科普惠农兴村计划”已经成为农村科普工作的重要支撑，成为基层科协组织服务地方经济社会发展的重要载体，但也存在一些不足，主要表现在：一是奖补资金相对有限与农村科普需求强烈的矛盾日益突出，项目资金规模和覆盖面相对不足。二是农村科普工作地区之间、行业之间发展不平衡，项目奖补以激励工作基础好的单位和个人为主，导致个别地区项目的分布、结构不尽合理，难以实现全面覆盖。三是受表彰单位和个人在产业结构分布上存在固化的倾向，新兴产业、新生项目相对较少，农村科普组织和个人发展后劲相对不足。基于此，四川仅提出争取加大财政投入，提高财政资金使用效率，提升信息化工作水平，探索创新项目实施方式等工作建议。

“十二五”期间，四川坚持以邓小平理论、“三个代表”重要思想和科学发展观为指导，认真贯彻中央和省委相关会议精神，贯彻落实习近平总书记系列重要讲话精神，全面推进《全民科学素质行动计划纲要（2006—2010—2020年）》实施，以服务“三农”为目标、以财政奖补为基础、以社会融资为支撑、以示范带动为重点、以完善机制为保障，着力培养新型农民和农村实用人才，不断完善农村科普服务体系，切实推动"科普惠农兴村计划"项目化管理、信息化建设、社会化评估、科学化发展，努力为提高农民科学文化素质、推进现代化农业发展和社会主义新农村建设做出新贡献。

一、背景概述

当前，我国经济发展进入新常态，农业发展迈入走中国特色新型农业现代化道路的新阶段。四川作为西部农业大省，系统总结"科普惠农兴村计划"实施成效和经验，探索服务"三农"的有效方式和载体，对于提高农民科学文化素质、助推农业现代化发展以及推动四川从农业大省向农业强省转变具有十分重要的积极意义。

（一）发展现代农业是四川由农业大省迈向农业强省的必经之路

2014 年中央农村工作会议研究和部署了当前和今后一个时期的农业和农村工作，强调要坚定不移走中国特色新型农业现代化道路，加快转变农业发展方式，不断提高土地产出率、资源利用率、劳动生产率，实现集约发展、可持续发展。四川是我国农业开发最早的地区之一，是中国粮食作物和经济作物的重要产地，粮食、油料、棉花、肉类等主要农产品产量居全国前十位，四川粮食总产是仅次于吉林、黑龙江的第三产粮大省。如何加快建立与农业大省地位相适应的新型农业科技创新体系，加快调整农业产业结构，大力发展优质高效特色农业，促进区域农业可持续发展是四川发展现代农业必然面临的一个重要课题。

（二）提高农民科学素质是加快全面建成小康社会的重要基础

目前，"三农"问题仍然是我国的突出"短板"，是全面推进社会主义现代化、全面建成小康社会的重点和难点所在。可以说，没有农业现代化就没有国家现代化，没有农民全面小康，就没有全国人民全面建成小康社会。据 2014 年人口变动抽样调查资料测算，四川乡村人口达 4 371.3 万人，农民科学素质的高低直接影响全省公民科学素质的整体水平。《科学素质纲要》提出，到 2020 年，我国公民科学素质达到世界主要发达国家 21 世纪初的水平。要实现这一目标，大幅提高占我国人口半数以上的广大农民的科学素质水平是关键。提高农民科学素质，关系到能否营造建设创新型国家的良好环境，能否打牢全面建成小康社会的坚实基础，是一项十分艰巨的国家长期任务和全社会的共同任务。

（三）农村科普工作是适应农业发展新常态、实施“三大发展战略”的重要举措

农业现代化是国家现代化的基础和支撑。当前，我国经济发展进入新常态，加快推进农业现代化，走中国特色新型农业现代化道路是农业发展的新常态。加强农村科普工作有助于改善农业农村基础设施和公共服务，推动农业新产业、新业态、新模式，培育新的经济增长点，对稳增长、调结构、惠民生意义重大。近年来，四川提出了“多点多极发展战略”“两化”互动、城乡统筹发展战略和“创新驱动发展战略”等“三大发展战略”，要坚持“四化”同步，以新型工业化为主导，以新型城镇化为载体，以农业现代化为基础，以信息化为支撑，推进全省现代化健康发展；要以结构调整升级为主攻方向，坚持做大规模与提升质量效益并举、改造提升传统产业和培育发展新兴产业并举、产业链技术创新和价值链高端融入并举，加快解决发展面临的结构性矛盾。农村科普工作以科技支撑现代农业发展，助推农业产业结构调整，推动农村新型主体适度发展规模经营，提高农业生产力，对于四川适应农业发展新常态、实施“三大发展战略”具有十分重要的积极意义。

二、实施概况

（一）基本情况

2006 年至 2014 年，国家“科普惠农计划”累计表彰四川省 1 016 个全国科普惠农先进单位和个人，其中农村专业技术协会 585 个、农村科普示范基地 263 个、农村科普带头人 164 个、少数民族科普队 4 个，国家奖补资金达 18 095 万元，省级财政也逐步加大了资金奖补力度，涉及水果、茶叶、养殖、中药材、花卉林木、蔬菜等多个类别的种养殖产业。四川省 2006—2014 年受中央和省级财政奖补资金情况见图 2－8。

（二）使用用途

国家“科普惠农兴村计划”奖补资金大部分用于开展农村科普活动、购置科普资料和

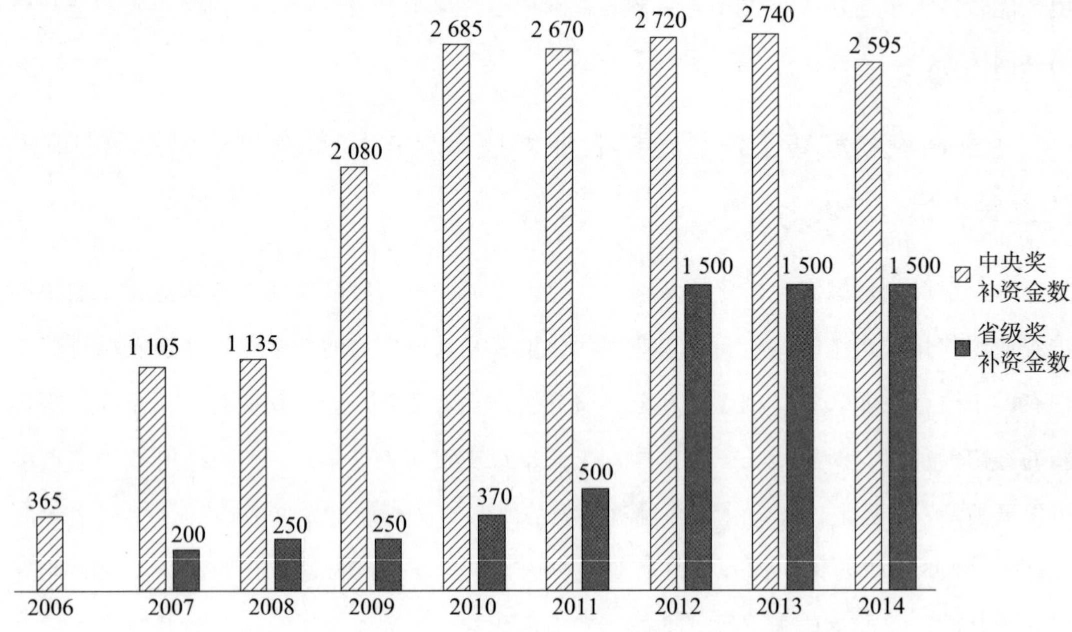

图 2-8　四川省 2006—2014 年受中央和省级财政奖补资金情况

设备，农村新技术推广费用比例有所增加，确保了专款专用和资金使用效率。以达州市2014 年国家奖补资金使用情况为例，表彰对象用于科普设备购置达 25%、科普宣传达32%、新技术推广达 25%（图 2-9）。

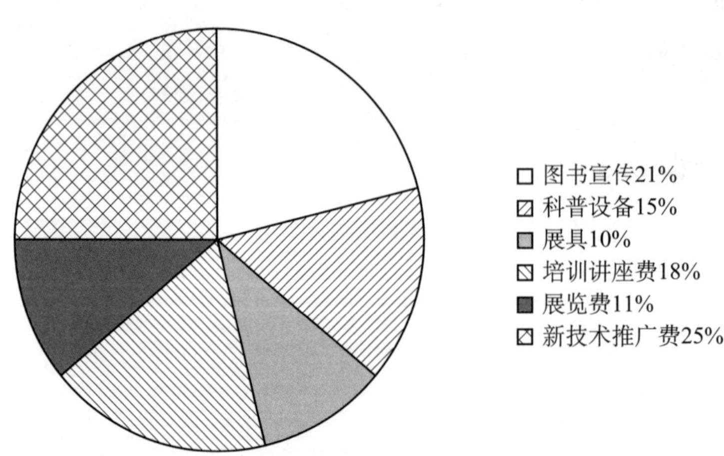

图 2-9　达州市 2014 年国家科普惠农兴村计划奖补资金用途比例

2014 年，达州市国家级科普惠农表彰对象共有 8 个农技协、基地获奖补资金 160 万元，其中购买图书、印制宣传资料为 33.36 万元；专用设备 24.55 万元；展品展具制作15.54 万元；培训讲座费 28.81 万元，展览费 17.25 万元，新技术推广费 40.49 万元（表 2-1）。

表 2-1　达州市 2014 年国家科普惠农兴村计划奖补资金使用情况

（万元）

惠农资金经费使用项目	达川永进葡萄协会	通川北山畜禽协会	渠县黄花协会	宣汉新华畜禽协会	达州鹏程果业协会	开江骑龙板栗协会	大竹水稻制种基地	通川明月生态农业基地	合计
一、科普资料设备	9	8	8.02	10.6	12.5	5.83	12.5	7	73.45
1. 图书	2.6	1	3.36	4.07	9	3.33	9	1	33.36
2. 设备	4.4	4	2.66	3.51	2.5	0.98	2.5	4	24.55
3. 展具	2	3	2	3.02	1	1.52	1	2	15.54
二、科普活动	11	12	11.98	9.4	7.5	14.17	7.5	13	86.55
1. 培训	2	3.8	6.3	3.31	3.1	4.2	3.1	3	28.81
2. 展览	1	3	2.98	2.55	1.9	1.92	1.9	2	17.25
3. 新技术推广	8	5.2	2.7	3.54	2.5	8.05	2.5	8	40.49
三、其他									

三、主要成效

5 年来，四川深入实施“科普惠农兴村计划”，积极探索构建新型农技推广服务体系，以科技支撑现代农业发展，对于促进农民群众科学素质提升、助推科协工作转型发展、服务农民增收致富、完善农村科普公共服务体系等方面发挥了较好作用，得到了各级党政领导、农村基层科普组织、广大农民群众及社会各界的一致好评和充分赞誉。总体而言，实施“科普惠农兴村计划”的 5 年是农民得实惠的 5 年，是四川现代农业又好又快发展的 5 年，是四川农村科普事业创新发展的 5 年。

（一）5 年来，“科普惠农兴村计划”提供了现代农业发展的科技支撑

推动四川“两个跨越”，解决好“三农”问题是重中之重，发展现代农业是关键所在，提高农业科技支撑能力是核心动力。“科普惠农兴村计划”着眼于为现代农业提供科技支撑，以支持科技含量高的特色产业发展为重点，以扶持农村科技致富带头人为导向，引导农村新型经营主体适度发展规模经营，服务农业标准生产，逐步提高农业生产力，探索走上了一条促进农民增收致富、助推现代农业发展的新路子。

1. 服务地方特色产业健康发展

注重服务地方经济发展和当地主导产业发展，受表彰对象立足当地实际，因地制宜地发展科技含量高、经济效益好、市场前景广的特种种植和养殖业，借助奖补资金来突破特

色产业种植、调整产业结构，带动了许多地方主导产业、特色产业、支柱产业的快速健康发展，涌现出了一批农村科技致富带头人。攀枝花仁和芒果协会及南亚热带作物名优水果基地以科技为支撑，走农业产业化可持续发展道路，不断扩大产业规模，先后在总发乡立新村、前进镇普达村等地建成水果基地达2.6万亩，生产的“仁和牌”芒果荣获“名优农产品”称号，基地分别被命名为“无公害农产品基地”“南亚热带作物名优基地”和攀枝花市农业产业化重点龙头企业之一。眉山市丹棱县生态源果业协会为会员提供产前、产中、产后服务。协会聘请国务院津贴获得者高级农艺师、水果专家谭后根等10名中高级技术人员为顾问，技术骨干240人，会员3 545人，水果种植面积10 000余亩，辐射12个市、35个区县、400个乡镇、3 000个村，带动农户18 000人，水果种植业已发展成为当地的特色产业。内江市隆昌县蚕桑协会抓好桑树新品种引进和品种优良化，积极引进推广了农桑10号、农桑14号、嘉陵20号、川98－1、川7637、川826等优质良桑品种11个，并选育出适合当地种植的川桑98－1、川7637、川826等优良品种作为全县第三代良桑主推品种，全县良桑化程度达90%以上，亩桑产叶量提高746千克。

2. 促进适度规模经营水平提高

受表彰单位和个人利用奖补资金扩大产业规模，且带动了当地群众从事农业产业经营的积极性和主动性，激发了当地农业新型经营主体创业创新的热情，许多地方已初步形成了产业适度规模经营。成都市崇州市白头镇天鹰种植业协会2005年成立时会员仅102人，现已发展到1 566人，培育科技示范户158户，示范带动农户3 130余户，种植面积由2 000余亩发展到5 000余亩，示范带动面积达7 000余亩。眉山市仁寿县羊业股份合作协会充分利用奖补资金，以点带面，发展会员6 658户，发展肉羊存栏28.6万只、出栏21.5万只，年产值3.2亿元，建立肉羊示范基地，集全县优良肉羊品种引进、繁殖、饲养、销售为一体，所引进的“波尔羊”在全省首屈一指，先后获得国家工商总局颁发的注册商标和产品质量认证书，在壮大经营规模的同时带动了农民增收。南充市蓬安县蚕茧丝绸技术协会2012年获得“基层科普行动计划”先进单位后，坚持“为生产服务、为蚕农服务”的宗旨，组织专业技术人员大力开展技术培训、技术指导、基地示范、蚕桑“百万工程”建设，推动了蚕桑产业的发展。截至2014年，全县桑园面积达到8万亩，养蚕发种4.6万张，产茧162万千克，茧款收入4 050万元，与2012年相比，桑园增长12%，发种增长15%，产茧增长17%，收入增长19%，会员年增收达20%。巴中市通江县巴山土猪养殖协会建成标准化生猪圈舍3 600平方米，现代养猪设施250套（个），外血良种种猪300头，每年生产优质青浴巴山猪仔猪和母猪10 000头以上，并针对20个无公害肉猪基地乡镇10 000余户适度规模养猪农户开展技术培训，现已发展成为当地第一个从事青浴巴山土猪规模繁育、养殖、销售于一体的协会，提升了当地巴山土猪规模养殖的水平和质量。

3. 助推农业生产力逐步提高

受表彰单位和个人广泛开展技术推广活动，有效提升了广大农民的种养殖技术水平，促进了农民现代生产能力提升，助推了农业生产能力的逐步提高。德阳市什邡市湔氐镇食用菌协会2013年被表彰为“科普惠农兴村”先进农技协后，以技术创新为重点，不断探索黄背木耳种植技术，先后进行了出耳棚架结构改造、食用菌微喷技术应用、培养基pH值调节、食用菌绿色防控技术应用、出耳方式及水源净化的推广、控温发菌等技术推广应用，出耳棚架改造后，改善了生产棚通风透光条件，每袋木耳增产干耳15克，亩均增收1 200元左右。微喷技术的推广，亩均节约人工3 000元，节水900吨，节电270度，综合亩均效益4 700元；培养基pH调剂技术应用降低了疣疤病15%的发病率，亩提高产量500千克以上，增收12 000元；食用菌“绿色防控”技术的推广，生产期防治病虫由过去喷药3次减少到1次，亩减少农药投入100元。

4. 助推农业标准化生产

近年来，许多受表彰对象探索制定标准化生产技术规范，实施农业标准化生产，研究制定当地特色种养殖业加工标准，并取得产品质量认证资格。乐山市夹江县马村乡藤椒协会建立了“标准化藤椒种植核心示范片”200亩，进行规范化示范栽种，示范片内新建大小蓄水池30口，铺设了灌溉管道，修建了生产便道，科技示范效果明显。乐山市金口河区天麻科普示范基地建立起天麻科普示范育种基地10 000平方米；建立标准化、工厂化立体式天麻钢架种植基地34 000平方米；引进长64米×宽18米的一条龙天麻商品加工生产线一条。从天麻有性繁殖到无性繁殖，从生产种植到产品加工，从节能环保到病虫害防治，从技术示范到科技培训都建立起完整的科普示范体系。种植户以村（组）为单位，到示范基地学习天麻种植技术，基地技术人员对天麻播种到采收各个环节的技术要领进行详细讲解，并通过基地展示的数十幅科普图片，浅显易懂地帮助种植户掌握天麻种植技术要点。内江市威远县大头菜协会为推动全县大头菜产业化发展，一是抓好基地建设和标准化示范，协会在向义镇大冲村建立了大头菜科普示范基地2 551亩，推广应用无公害标准化栽培、病虫害综合防治等多项技术，采取原产地品种提纯复壮和品种杂交的办法，培育开发出了自己的“香型Ⅰ、Ⅱ号”大头菜系列新品种，并成功申报获批“省级无公害农产品产地”“国家级无公害农产品产地认定证书”，申报注册了“向义”“鼎肴坊”“威龙”

"金川玉"等产品注册商标。宜宾县永兴藕业协会充分利用当地资源优势，建成万亩莲藕农业产业化基地，被誉为"西部藕海"，永兴种藕区被四川省环境保护局、四川省农业厅批准为"永兴莲藕农业生态园区"，获得四川省农业厅颁发的"无公害产品产地认定证书"，获得农业部颁发的"永兴无公害农产品证书"，注册了"戎州"莲藕商标。

5. 促进农民增收成效显著

帮助农民增收、带动农户致富是实施"科普惠农兴村计划"的一个显著成效。通过受表彰对象的示范引领，各地农户积极使用和推广农业先进技术，提高种养殖技术水平，实现了农业增产、农民增收。攀枝花盐边县和爱乡蔬菜协会通过举办"草莓节"、印发宣传资料、刊登公益广告、外出找商家，积极拓展市场等形式和游客田间采摘等趣味活动，提高了仁和草莓的知名度，为果农解决产品销售困难的问题。会员收入达 5 万 ~10 万元的 50 多户，收入上万元的占会员户数的 82%，会员家庭人均纯收入达 10 312 元，会员家庭人均纯收入比普通农户多 3 453 元。广元市朝天区转斗乡核桃产业协会充分利用山区自然资源，大力发展核桃产业，2013 年核桃产量 1 500 吨，产值 6 000 万元，会员年人均纯收入 7 550 元，高于全区农民当年人均纯收入 25 个百分点。核桃产业已成为当地农村的支柱产业和农民增收的主要来源，被山区农民称为"摇钱树"，曾多次被评为朝天区"农业产业化建设先进带动主体"，2013 年度被区委、区政府表彰为"科普工作先进集体"。据达州市不完全统计，受表彰单位在实施"计划"项目后，会员年人均增收超过 2 150 元，截至 2014 年年底，受表彰单位会员人均纯收入达 12 875 元，比全市农民人均纯收入 8 945 元高出 44%。

达州市宣汉县新华畜禽养殖协会的特困会员李祥文、刘大国、邱光林、文德令、庞德坤等 10 户群众，协会于 2014 年受表彰后，采取"特困会员出一半、协会补一半"的方式，为这 10 户特困会员每户配购了 1 只波尔山羊、黑山羊等优质种公羊，目前已产羔羊 38 只，预计实现户均增收 1 500 余元。协会还先后对会员、农户进行了培训、对牲畜疫情进行了防疫，覆盖农户 17 400 户，受益人口达 101 275 人，截至目前，已实现产值 15 604 万元，人均收入增加 200 元。其中家庭增加 1 000 ~2 000 元收入的有 1 781 户，增加 2 000 元以上收入的有 663 户，基本实现了受助群众持续增收。达州市开江县鑫盛生态养殖协会的会员周兴冬，靠科学养猪致富，为民解决养殖中的困难，被当地群众称为"爱心会员"，积极参加协会组织的养猪技术培训和学习，依靠科学养猪脱贫致富，目前养猪 50 余头，实现产值 8.5 万元。达州市"十二五"期间受表彰单位会员收入与全市农民平均收入对比见图 2 -10。

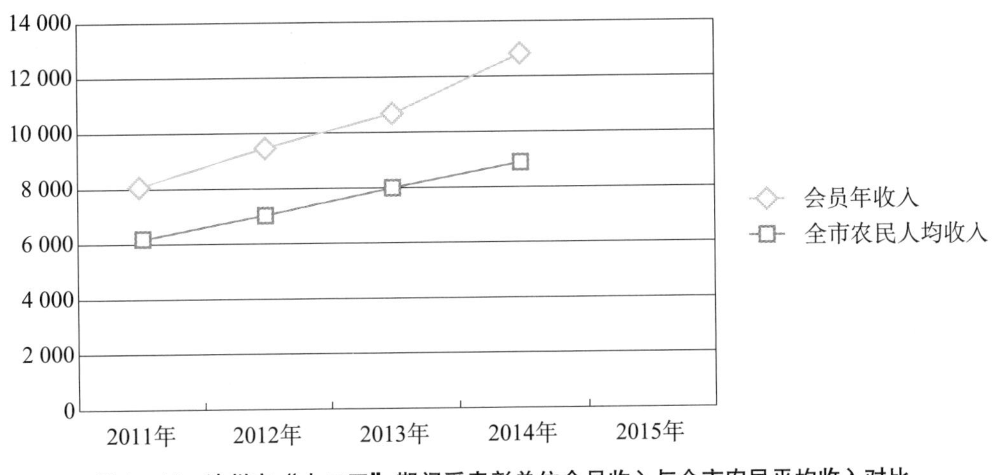

图 2－10　达州市“十二五”期间受表彰单位会员收入与全市农民平均收入对比

（二）5 年来，“科普惠农兴村计划”推动了农技推广社会化体系建设完善

做好农技推广是提高农民科学文化素质、促进科技成果转化的重要载体。近年来，四川依托实施“科普惠农兴村计划”，积极探索加快农业科技成果转化的方式和路径，努力构建主体社团化、人才专业化、模式多元化、手段信息化、支撑市场化的新型农技推广服务体系。

1. 帮助农技协健康发展

农技协作为科协在农村的群众性技术推广服务组织，与农民群众一体相连，成为农业技术的传播中心、辐射源头和带动节点，有效解决了农技推广的“最后一公里”问题。“科普惠农兴村计划”直接推动了农村专业技术协会的健康发展（图 2－11），壮大了农村科普组织，特别是受先进农技协示范带动的影响，全省各级农技协在切实加强自身建设的基础上，不断完善农技推广体系和方式，推动了农技推广的规范化、常态化。

从全省层面上看，截至 2014 年 12 月，全省农技协总数达 1.1 万个，会员总数 319 万户，带动农户 867 万户。全省农技协实现销售收入 614 亿元，销售收入 2 亿元以上的农技协 55 个，1 亿元至 2 亿元的农技协 119 个。2014 年会员人均收入达到 9 731 元，比 2013 年增加 1 363 元。全省基层农技协中“公司＋协会”的有 2 404 个，“协会＋合作社”4 843个，协会建支部的 2 778 个；经济技术实体类 3 975 个，技术服务类 4 384 个，技术交流类 1 745 个，其他类型 1 118 个。农技协不仅与合作社共同担当起农业经济生产的主力军，在农村改革发展和社会主义新农村建设中正发挥出积极作用。从地区层面上看，自

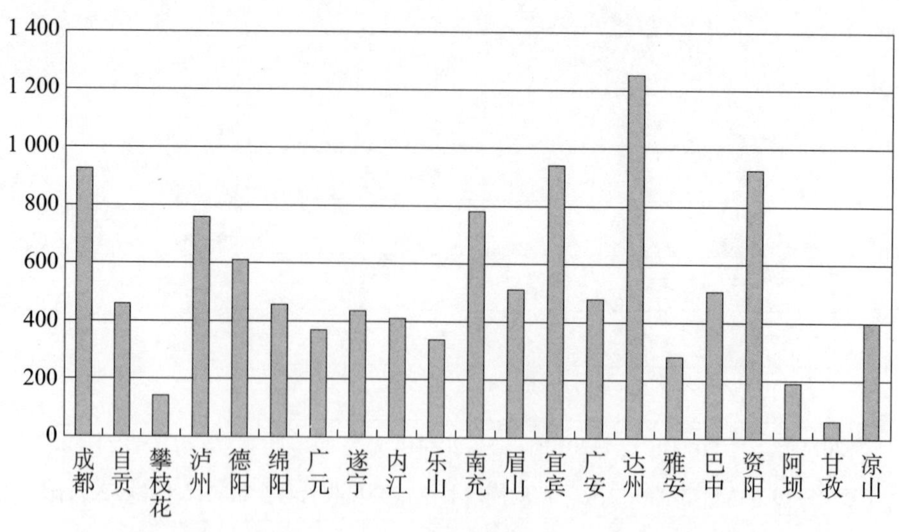

图 2-11　四川省各市（州）农技协数量（截至 2014 年 12 月）

贡市农技协数量较“十一五”新增 25 个，目前全市农技协已达 461 个，其中，经济技术实体型 101 个，技术服务型 254 个，技术交流型 97 个。带动农户 30 多万户，年创产值 30 多亿元。全市有科普示范基地 82 个，注册商标 21 个，获产品质量认证 20 个，科技示范户 8 920 户，参加科技之春科普宣传月、科技周和科普日等科普活动的人数达 23.61 万人，科普宣传活动覆盖乡镇 84 个，发放各类宣传资料 51.9 万份。全市乡镇有农技服务站1 532 个，科普宣传栏 1 528 个，科普宣传员 1 535 人。

2. 调动社会力量有效参与

随着政府向社会力量购买服务工作不断深化，科协系统积极支持和鼓励基层农技协承接政府购买社会服务，拓展农技协的服务职能和范围，探索完善农技推广社会化服务体系建设。“科普惠农新村计划”实施也呈现出“政府主导、财政支撑、社会参与”的新特征，许多受表彰对象更多、更有效地吸引了社会力量参与农村科普工作。四川通过深化“银会合作”，充分发挥财政资金的杠杆作用，逐步形成了引导社会资金参与农村科普工作的长效机制，撬动社会力量和资金投身社会主义新农村建设。截至 2014 年 12 月，全省发放“银会合作”贷款 6 509 笔、7.33 亿元，有效缓解了部分农技协贷款难和资金短缺的问题，拓展了科普惠农的资金来源和工作渠道。巴中市农技协已承接政府发展项目 108 个，政府共投入资金 4 亿多元，涉及农民技术职称评定、产业扩建、畜牧草场建设、乡村旅游、农业标准良田、水产健康养殖操作标准和质量追溯体系制定等项目。乐山市农技协联合会受乐山市职改办和乐山市科协委托，开展农业实用技术职称评（认）定，目前已有 260 人取得中高级农技师职称。

3. 探索构建多方合作模式

随着受奖补对象和范围的日益扩大，“科普惠农兴村计划”实施过程中出现了农技协、农村科普基地、高校、企业、志愿者队伍等多方合作的发展模式，共同推动项目实施和纵深发展。各地因地制宜探索形成形式多样的农技推广传播模式，建立了“支部 + 协会”“龙头企业 + 农技协 + 基地 + 农户”“市场（超市） + 农技协 + 农户”等模式，探索形成“农民教农民”“专家教农民”“党员流动科普服务队”等农技服务形式，累计培育农村科普示范基地4 100个，科普示范乡镇1 476个，科普示范村7 548个，农村科技示范户64.2万户。遂宁市大英县通仙乡花椒业协会采取“协会 + 公司 + 基地 + 科普中心 + 农户”的产业经营模式，通过契约以最低保护价收购的方式与会员密切合作，通过经济上的相互渗透，建立起与种植户利益共享，风险共担的运行机制，实现花椒产业化、集群化发展。在协会的基础上成立了“四川仙丰农牧有限公司”，兴建了“大英县蜀鑫食品有限公司”，专门从事九叶青花椒种植和深加工；目前公司拥有资产 3 000 万元，其中固定资产 1 200 万元。协会先后获得“大英县十强农技协”“金桥工程先进集体”“全国科普示范县创建先进集体”“中国科协财政部全国科普惠农兴村先进集体”。乐山市金口河区天麻科普示范基地采取“公司 + 科普示范基地 + 协会 + 农户”的方式，立足金口河，辐射周边县，大力加强科技示范和推广工作，公司 2014 年基地在共安彝族乡肖坪村新建林下种植示范基地 5 000 平方米，并带动周边 280 户农户种植天麻 2 800 平方米，取得良好经济效益，实现天麻年销售收入 1 098 万元。

（三）5 年来，“科普惠农兴村计划”促进了农民群众科学素质有效提升

实践证明，“科普惠农兴村计划”的实施实现了农村实用技术推广与农民科学素质提升的有机结合，不仅培养了一批有文化、懂技术、会经营的新型农民，激发广大农民围绕科学生产和增效增收，提高获取科技知识和依靠科技脱贫致富的能力，还通过广泛开展“全国科普日”“科技下乡”等科普活动，为促进农民增强科技意识、提升公众科学素养、依靠科技推进现代农业发展做出了积极探索。

1. 加强农村实用人才培养

许多受表彰对象把项目实施作为了推广农村实用技术、培养农村实用人才与提升农民科学素质的有效纽带，在实施“科普惠农兴村计划”过程中培养农村实用人才，提升了农民科学文化素质，切实增强了农村农业可持续发展能力，累计培育了农技协技术骨干 10 万余人、农村科普志愿者 14.43 万人。2010 年全省农民具备基本科学素养的比例达 2%，

高于同期西部地区 1.3% 的平均水平，预计“十二五”末有新的增长。成都市郫县作为基层农技推广运行机制创新试点县，积极探索和创新农技推广服务体系建设，特别是加大探索农技推广社会化服务，组织川农大和市农职学院等高等院校、社会组织和科普志愿者宣传农村实用技术，培养农村实用人才和科普带头人，累计发送《手机短信服务用户信息需求登记表》5 万余份；免费发送各类信息 45 万余条次。攀枝花东区银江安国枣协会结合“农村技术人才培养及实用技术推广应用”工作，组织协会、农村科普带头人开展早熟冬枣种植技术、特色芒果栽培及病虫害防治技术专题推广培训活动 8 次，编印发放《精品芒果种植技术及病虫害防治》《银江安国枣生产技术规程》等农技推广适用读物 10 000 余册，发放病虫害防治药物近万元，深入田间对广大会员及其周边农民开展现场生产技术指导和服务 20 余次，受益群众达 1 260 人次。遂宁市船山区养殖协会制定了会员联谊活动制度，定期组织 300 多名会员开展致富技术讲座或报告；与会员户签订合作协议；聘请高校专家为技术顾问，建立大专院校实习合作基地，3 年来向近 2 万名群众进行了科技培训、科普宣传，培养了一大批养殖户，20 多个农村科技致富户，农村实用人才正茁壮成长。达州市受表彰单位先后组建“农牧业科技专家服务团”“农村科普工作服务队”，通过主题科普宣传、田间技术指导、院坝培训以及网络技术超市等多种形式，开展科普宣传，极大地提高了农民群众的科学文化素质，仅宣汉县大巴山果业协会通过在各分会组织建立惠农服务站，采取菜单式的技术培训，受表彰以来累计开展科普宣传达 74 次，开展科技培训 153 次，培训人数达 5.8 万余人次，比表彰前一年培训人次增加了 1 倍。

2. *激发农村科普活力*

农村基层科普组织和带头人是农村科普的主要力量。“科普惠农兴村计划”以农村基层科普组织和带头人为依托，搭建了财政支农、科普惠农的工作平台，体现了党委、政府对基层科普工作特别是农村科普工作的重视，极大地缓解了基层科普工作资金短缺的难题，有效激发了农村科普工作队伍的热情，各级受表彰对象以点带面、榜样示范，通过开展小型分散、内容丰富、形式多样且群众喜闻乐见的科普活动，有效增强了农民学科技、用科技的兴趣和意识，引导广大农民建立科学、文明、健康的生产和生活方式，推动了农村科普阵地完善和活动常态化、规范化发展。仅 2014 年，全省依托各类受表彰基地和个人，举办实用技术培训班 33 308 期，培训农村劳动者 620 万人次，仅成都市双流县永安红提葡萄协会成立科技 110 小分队，常年深入田间地头为会员和果农开展农技服务，受益群众近万人次。攀枝花盐边县和爱乡蔬菜协会积极聘请市县专家开展集中培训，提高会员的科技水平，同时注重发动协会科技骨干、“土专家”对会员户和带动户进行技术帮扶，先后培训、帮扶农户1.2万人次，发放蔬菜种植技术资料1.3万余册，实现了会员、帮扶户、农户的科学技术水平的共同提高。

3. 丰富公益科普活动

在“科普惠农兴村计划”实施中，受表彰对象对开展社会公益性科普活动更加积极主动，提高了参与社会公益科普活动的自觉性。科普惠农兴村带头人蒋开伦用奖补资金购买了1台农药残留检测仪和电脑，免费为周围乡镇农民测试农产品农药残留成分，先后30多次到区内外为农民讲课，深入田间地头指导农民生产，多次参与农业电视节目制作，直接受益农民达5 000多人次，间接受益农民可达上万人次。宜宾市宜宾县九彩虹无公害种养殖科普示范基地通过项目的实施，建成有一定规模且比较规范的图书室1个，并新购置科普类图书3 000余册；新建成50亩葡萄示范基地；向农户免费发放了价值5万余元的种苗和资料；新购置电脑3台，建立了科普网络书屋，并积极开展科技培训、科技推广，成为了当地群众依靠科技致富的窗口。

4. 营造良好社会氛围

近年来，全省组织开展了农村科普惠农行动、百场科普报告会等科普重点活动281项，《赛先生的背影》发布信息近3万条，《科普大篷车》电视栏目开播数达195家，播出2万次，农村科普活动和工作呈常态化的发展趋势。同时，充分运用电视、报纸、广播等媒体宣传报道科普惠农工作，2014年四川日报、四川电视台等集中宣传87次，其中，广播电视报道10次，纸质传媒32次，网站报道53次，形成了全社会关心关注农村科普工作的良好氛围。成都市蒲柑果业联合会设置了科普培训教室、蒲柑科普展厅、科普技术指导办公室等，建立了网站，在网上开展柑橘科普知识传播、柑橘产销信息交流，2013年中央七台《科技苑》栏目和湖北卫视《垄上行》栏目进行专题报道。雅安市汉源县科协充分运用电子显示屏使用简单、信息量大、便于更新等优势，收集先进集体和个人典型事迹，各类种、养殖先进实用技术等方便群众随时查阅学习。雅安市石棉县黄果柑基地开通了“石棉县黄果柑科普网”，实现了在线电子商务、信息反馈、技术知识下载、论坛交流和全天24小时在线技术培训讲座，把黄果柑各种综合技术推广到千家万户发挥了重要作用。

（四）5年来，“科普惠农兴村计划”助推了科协工作转型发展

随着全面深化改革的日益深化、社会治理创新的不断推进，经济社会发展呈现“新常态”，如何加快推进科协工作转型发展是当前和今后一个时期的重要课题。农村科普工作

是科协工作的重要组成部分，关系科协工作转型发展的总体布局。综观"科普惠农兴村计划"实施情况，项目实施在夯实基层工作基层基础、创新科普组织网络体系、改进农村科普方式方法等方面进行了许多有益实践。

1. 夯实基层工作基础

"科普惠农兴村计划"直接为基层科普阵地改善提供了资金支持，不仅完善了惠农政策，还有效带动了社会资金、金融资本的投入，有效夯实了农村科普工作，甚至整个科普工作的基层基础。据统计，从2006年以来，四川共1 776个项目得到中央和省级"科普惠农兴村计划"表彰，奖补资金2.4亿元，其中有588个农技协、263个示范基地、165个带头人、5个民科队获得全国表彰，奖补资金1.81亿元。同时，省科协与邮储银行联合实施"银会合作"项目，已向农技协提供优惠贷款7.33亿元，以后每年授信金额不低于20亿元，逐年增长不低于10%。2013年的奖补对象与189个企业、教育科研单位开展合作，带动资金1.9亿元投入农技推广服务工作。仅2014年，全省建成科普惠农"站、栏、员"2万余个，新建科普网络书屋300个。编印科普挂图3万套和科普折页24万张，制作完成《资中木偶（5集）》等31部科普片和科普专题报告片。宜宾市珙县龙凤茶花示范基地2012年利用奖补资金建了2个"站、栏、员"，添置科普图书1 000册，购置了数码相机、摄像机、电脑、投影机、DVD、电视机等科普专用机器设备，并组建了科普志愿者队伍，积极开展各种科普活动，提高了农民科学文化素质，推动了农村科普事业发展，极大地提升了农村科普的形象和影响力。

2. 完善科普组织网络体系

实施"科普惠农兴村计划"过程中，积极构建农技推广服务示范体系，探索形成形式多样的农技推广传播模式，持续、广泛开展农村科普活动，推动了科普组织建设、人才队伍建设和阵地建设，进一步健全完善了农村科普工作的运行机制，初步形成了"横向到边、纵向到底"的科普组织网络体系。横向上，积极与农技协、示范基地、龙头企业、高等院校等实现工作互动，各地因地制宜地建立了"支部+协会""龙头企业+农技协+基地+农户""市场（超市）+农技协+农户"等科普工作模式，探索形成农民教农民、专家教农民、党员流动科普服务队等农技服务形式。成都市探索"协会科普示范基地、村科普示范片、科技示范户"的3级科普组织网络和"科技措施直接到村，良种良法直接到田，技术服务直接到户"的农村科普服务体系，成都市蒲柑果业联合会作为一家集柑橘新品种引进、试验、示范、推广、生产、加工、销售和科普服务管理为一体的行业联合组织，下属6个柑橘专业合作社、10个果业协会、13家加工营销企业，会员1.3万人，联系柑橘种植农户2.5万户。纵向上，推动完善省、市、县、乡、村5级科普工作体系，甚至受农村科普带头人的示范带动和影响，农村科技示范户也发展成为了科普工作组织体系的重要力量。据统计，全省培育农村科普示范基地4 100个，科普示范乡镇1 476个，科普示范村7 548个，农村科技示范户64.2万户。

3. 促进科普工作方式多元化

“科普惠农兴村计划”作为农村科普工作的重要推动力量，积极探索创新科普工作方式方法，有力促进了科普工作的信息化、社会化、项目化建设。运用信息化技术改进和提升科普工作，巴州区清江果苗木协会通过网络营销，其产品已远销山东、山西、重庆、甘肃、新疆以及越南等地。科普惠农兴村计划助推农业产业升级、社会主义新农村建设和农民增收致富的作用日益显著。引导社会力量有效参与，促进科普工作社会化，通过政府购买社会服务、科普资源开发等方式，有效提升科普公共服务能力，逐步建立完善适应农村特点、满足农民科技需求的科普工作新体系，成都市蒲江县鹤山果品协会全年推广新品种279个（次），新技术416余项（次），承担县级以上科技培训项目4 401余个，并在全国建立12个销售点，举办“农超对接”活动。

四、主要经验和启示

5年来，在中国科协和财政部的大力支持下，四川认真组织实施“科普惠农兴村计划”，坚持服务“三农”为出发点，以科普惠农为核心、以财政奖补为基础、以社会融资为支撑，积极探索科普惠农机制和路径，不断完善农村科普工作体系，扎实推动“科普惠农兴村计划”实施的项目化管理、示范性带动、公益性扶持、社会化评估、科学化发展，切实为提升农民科学文化素质、服务“三农”及地方经济社会发展积累了有益经验。

（一）注重把项目化管理与社会化评估相结合

“科普惠农兴村计划”以财政奖补为支撑，管理和使用好项目资金是组织实施好项目、确保项目实效的基本前提。全省坚持以项目化管理为重点、社会化评估为关键，把科普惠农项目培育与项目管理相结合，扎实做好项目储备、编制、申报、评审、公示和评估等工作，研究制定了《四川省“基层科普行动计划”实施细则（试行）》《四川省科学技术协会关于进一步加强科普项目资金使用管理的通知》，明确了项目实施的推荐范围和条件、实施原则、申报流程、工作保障及项目资金使用的具体规范，特别是组建了由党政部门、专家学者、公益人士和受益群众为代表的"第三方"评估小组，对项目申报、过程管理和项目实效进行社会化评估，确保项目资金使用规范，提升财政资金使用效率。

（二）注重把公益性扶持与示范性带动相结合

科普事业是公益性事业，"科普惠农兴村计划"是惠及农民的公益性项目，是一项完善农村科普公共服务体系的基础工程。在总结多年来基层科普工作基础上，四川省在突出公益性扶持的基础上，注重通过抓重点、抓亮点、抓示范，在全省每年评比、筛选、推荐、表彰一批科普工作成绩突出、效果显著、群众认可、有较强区域示范作用的、辐射性强的农村专业技术协会、农村科普示范基地、农村科普带头人和少数民族科普工作队，切实发挥受表彰对象的示范带动作用，以点带面、榜样示范，通过农民喜闻乐见的方式开展广泛宣传。

（三）注重把推广实用技术与提升农民科学素质相结合

实践证明，"科普惠农兴村计划"的实施实现了农村实用技术推广与农民科学素质提升的有机结合，不仅培养了一批有文化、懂技术、会经营的新型农民，激发广大农民围绕科学生产和增效增收，提高获取科技知识和依靠科技脱贫致富的能力，还通过广泛开展"全国科普日""科技下乡"等科普活动，增强农民学科技、用科技的兴趣和意识，把学习科技知识变成广大农民的自觉行动；提高了广大农民的科学意识和依靠科技脱贫致富、发展生产、保护环境、改善生活质量的能力；引导广大农民建立科学、文明、健康的生产和生活方式。

（四）注重把整合社会资源与完善农村科普体系相结合

整合社会力量参与科普事业、完善基层科普体系是农村科普工作转型发展的重要方向。四川省注重以财政奖补为基础、以社会融资为支撑，创新推动"银会合作"深化发展，不仅为科普惠农拓展了社会化的融资渠道，还探索建立了动员全社会力量开展农村科普工作的长效机制，开拓创新农村科普工作，提高科普公共服务能力，逐步建立完善适应农村特点、满足农民科技需求的科普工作新体系，有效服务了地方经济社会发展。

总体而言，四川"科普惠农兴村计划"实施步入了纵深发展、跨越发展的新阶段。一是抓好整体联动、形成齐抓共管的工作格局是实施好"科普惠农兴村计划"的基本前提。推动"基层科普行动计划"纳入省委对市（州）委年度绩效保证目标考核的指标体系，加强了各级政府对科普惠农的组织领导。在强化组织领导的前提下，全省各级科协认真组织实施，主动会同财政、农业等有关部门研究制定具体计划，定期召开工作联席会议，商议和解决宣传、服务和培训等相关工作。二是抓好资源整合、扩大科普惠农的工作覆盖是实施好“科普惠农兴村计划”的重要方向。以深化“银会合作”为重点，四川科协与邮储银行积极搭建“工作、政策支撑、资源信息共享、培训宣传合作、科普阵地共建共享”等“五位一体”的合作平台，充分发挥财政资金的带动效应和杠杆效应，调动和整合社会资金参与科普惠农工作。三是抓好项目申报、健全规范科学的工作流程是实施好“科普惠农兴村计划”的必然要求。坚持公开公平公正的原则，精心做好“基层科普行动计划”项目的推荐、申报、公示等工作，不断健全和规范工作流程。根据各地工作基础、组织建设、科普队伍等情况，合理分配项目的推荐申报名额；指导各市（州）筛选和推报模范带头作用发挥好的单位和个人，并建立健全公示制度，确保被推荐单位的所在地公示 10 天，在省级报刊上公示 7 天。同时，各级科协会同省级职能部门、专家学者组成专家评审组，对项目实施主体进行综合评估和审核，做到了逐级申报、层层把关、公平公开、择优选强。四是抓好示范带动，突出科普惠农的工作实效是实施好“科普惠农兴村计划”的内在要求。充分发挥受奖补单位和个人的示范带动和辐射作用，在推动其完善科普阵地建设、更新科普设备、创新开发科普资源的基础上，有效带动全省各级农技协、专业合作社等单位和组织，广泛、深入开展形式多样、内容丰富、深受农民群众喜爱的科普工作和活动。五是抓好试点探索、承接政府购买社会服务是实施好“科普惠农兴村计划”的支撑路径。适应政府职能转移和科协工作转型发展需要，积极支持和鼓励受奖补的先进集体承接政府购买科普服务，探索组织动员社会力量参与农村科普工作的长效机制，不断深化科普惠农兴村计划的手段和载体，不仅扩大了科普惠农的社会参与面，还为科普惠农工作提供了政策支撑、资金支撑和路径支撑。六是抓好追踪问效、提升信息化工作水平是实施好“科普惠农兴村计划”的发展趋势。开展“基层科普行动计划”项目实施的追踪问效专项工作，才能确保项目资金落实到位、专款专用。同时，充分利用四川电视台、四川日报和四川科技报等主流媒体，开设“科普大篷车”专题栏目，探索运用微信、互联网等新兴媒体，开通“赛先生的背影”微信公众账号，不仅能宣传科普惠农先进典型，拓展科技传播的有效途径和方式，还能全面营造懂科学、学科学、崇尚科学的良好氛围。

5 年来，四川“科普惠农兴村计划”实施取得了显著成绩，但也还存在一些不足，主要表现在：一是奖补资金相对有限与农村科普需求强烈的矛盾日益突出，项目资金规模和覆盖面相对不足；二是农村科普工作地区之间、行业之间发展不平衡，项目奖补以激励工作基础好的单位和个人为主，导致个别地区项目的分布、结构不尽合理，难以实现全面覆盖；三是受表彰单位和个人在产业结构分布上存在固化的倾向，新兴产业、新生项目相对较少，农村科普组织和个人发展后劲相对不足。

五、“十三五”规划

“十三五”是我国全面建成小康社会的关键时期，是推进“四个全面”的重要阶段。“十三五”时期，如何解决好“三农”问题关系到全面建成小康社会的总体布局，四川将深入持续实施“科普惠农兴村计划”，加强科普惠农支农，着力培育现代农业经营主体，带动农民科学素质提升，帮助农民增产增收，努力推进农业现代化，助力社会主义新农村建设。

（一）指导思想

以邓小平理论、“三个代表”重要思想和科学发展观为指导，认真贯彻中央和省委相关会议精神，贯彻落实习近平总书记系列重要讲话精神，全面推进《全民科学素质行动计划纲要（2006—2010—2020》实施，以服务“三农”为目标、以财政奖补为基础、以社会融资为支撑、以示范带动为重点、以完善机制为保障，着力培养新型农民和农村实用人才，不断完善农村科普服务体系，推动“科普惠农兴村计划”项目化管理、信息化建设、社会化评估、科学化发展，努力为提高农民科学文化素质、推进现代化农业发展和助力社会主义新农村建设作贡献。

（二）目标任务

坚持以奖代补、奖补结合，继续深入实施“科普惠农兴村计划”，充分发挥科普典型的示范带动作用，不断提高农村科普能力和水平。

1. 示范带动作用明显增强

抓重点、抓亮点、抓示范，每年奖补一批有突出贡献、有较强示范带动作用的农村专业技术协会、农村科普示范基地和农村科普带头人，充分发挥先进单位和个人的示范带动作用。力争 5 年内，实现受表彰单位和个人在全省范围内对县（市、区）的覆盖达 100%，在当地形成带动效应、规模效应。

2. 农村科普体系逐步完善

进一步夯实农村科普基层基础，激发广大基层科普组织和带头人开展农村科普工作的积极性和创造性，促进农村科普设施阵地完善，引领农村科普工作科学发展，不断提升农村科普公共服务能力。力争5年内，完善“横向到边、纵向到底”的农村科普体系，探索形成独具四川特色、整体联动、覆盖广泛、机制完善的农村科普工作体系。

3. 社会化水平有所提高

以实施“科普惠农兴村计划”为契机，以深化“银会合作”为载体，广泛整合社会资金和社会力量参与科普工作，拓展农村科普的社会化融资水平，扩大农村科普工作的社会参与面，完善项目的社会化评估机制，不断提高农村科普工作社会化水平。力争5年内，全省“银会合作”累计整合资金不少于20亿元，社会组织和志愿者参与农村科普活动达200万人次。

4. 服务“三农”明显增效

按照中央、省委省政府和市委市政府关于农村工作的总体部署，紧紧围绕促进农业发展、农民增收的目标，推动农村新型经营主体明显增多，农民科学素质明显提升，农业现代化发展明显加快。力争5年内，促进农技协数量增长不低于20%；带动会员（受益）农户生产经营收入比非会员农民提高不低于20%；农民具备基本科学素养的比例达5%以上。

5. 社会影响力明显提升

充分运用电视台、报纸等主流媒体宣传报道受表彰单位和个人的先进事迹，并探索应用互联网、手机、微信等新兴媒体扩大宣传路径，创新宣传形式，扩大宣传效应，提升社会知晓度和社会影响力。

（三）基本原则

贯彻国家“基层科普行动计划”实施原则，结合四川实际和工作组织，扎实组织实施好科普惠农项目。

1. 面向社会，择优支持

评选奖补范围面向社会、统一标准、公开公平、阳光操作、择优支持。

2. 注重公益，强化科普

突出公益性，重点立足农村科普战线，面向长期扎根基层一线从事农村科普工作，且不以营利为主要目的的单位和个人。

3. 规范管理，追踪问效

不断完善项目申报、评审、评估等工作，特别是支持和鼓励基层组织组建“第三方”评估小组，适时对项目情况进行监督考核和追踪问效。

4. 突出重点、体现特色

奖补方向重点贴近当地主导产业和特色产业，体现科普惠农、兴农的工作特色，突出科普惠农服务经济社会发展的积极作用。

（四）保障措施

1. 争取党政重视，构建大科普工作格局

建立健全财政、发改、农业等相关部门的联席会议机制，加强省委对市（州）委涉及科协工作的绩效目标考核，切实将科普惠农工作纳入地方党委、政府年度目标考核体系。指导基层科协做好工作规划，及时向党委政府汇报，争取政策、经费、人力等多方面支持。指导基层加强基层科协与相关部门之间的整体联动，推动企业、高校、专家团队、社会组织等社会资源整合，努力集成系统内部资源、整合社会资源，加大科普资源共建共享力度，共同为深入开展“科普惠农兴村计划”提供科普场地、设施和宣传等支持，提供各类农业科技人才、科普志愿者等资源支持，提供各种形式的技术支持、交流和培训等技术支持。

2. 发展农技协，促进农村适度规模经营

推动农村专业技术协会发展壮大，因地制宜地培育、扶持一批科普惠农意愿强烈，科普工作成效显著，发展潜力较大的农村专业技术协会、科普示范基地。强化对受表彰单位和个人的培育和管理，促进培育、示范、带动、表彰、服务、宣传等工作“一体化”发展，影响和带动农村新型经营主体健康发展。建立完善科普惠农项目库，对农技协和科普示范基地进行全面摸底，将受表彰对象纳入科普惠农项目库，对其进行工作指导、重点培育，引导其调整产业结构、优化机构设置、适度发展规模经营。加强与受表彰单位和个人的联系，重点指导他们建立科普惠农服务站，指导和帮助其提高科普示范、技术推广、技能培训、信息服务等能力，不断完善科普基础设施建设和提高农村科普事业可持续发展能力。

3. 整合社会资源，完善农村科普服务体系

建立动员全社会力量开展农村科普工作的长效机制，特别是积极探索和创新农技推广

社会化模式，开拓创新农村科普工作，提高科普公共服务能力，逐步建立完善适应农村特点、满足农民科技需求的科普工作新体系。按照服务区域、产业分布进行规划布局，完善科普“站、栏、员”建设，探索在农技协、农村科普示范基地、基层科普组织、专业合作组织、行政村和企业中建立科普惠农服务站。注重整合乡镇、村科普站资源，避免重复建设和资源浪费。指导科普示范基地建成培训、实践、现场教学观摩点，在人才、技术、信息、物资等方面给予支持，指导其积极承担农业示范、技术推广、农村劳动力培训等工作，常态化开展科普工作和科普活动。鼓励受表彰单位和个人通过提供优质的、有偿的产品服务，实现自身的生存和发展，真正把基层科普组织建成农村科技宣传窗口、农村科技服务点、农村科普资源集散点和农村科普联系点。

4. 组建专家队伍，加强科技培训与指导

依托高等院校、科研院所等专家学者，加强科普惠农专家队伍和“智库”建设，组织专家服务团的科技专家、农村实用科技人才、科普志愿者等提供技术咨询和培训，为农民科技培训提供师资服务，完善科普惠农专家服务体系。按照分级分类、多形式多层次的思路开展农村实用技术培训和农村科普活动，加强对农村科普员的培训，切实将《科普法》和《全民科学素质行动计划纲要》作为重点培训内容，努力提高农村科普员科普服务能力和科普工作水平。积极组织广大农民和农村青少年学习科学知识和实用技能，学习农业产业结构调整和农民进城务工所需的新知识、新技能，提高科学生产和科学生活能力，在有针对性地开展农村适用技术、新技术、新品种的科技咨询、培训、推广过程中，提高农民的科技意识、创新意识和科学文化整体素质。

（五）工作建议

实践证明，“科普惠农兴村计划”实施已经成为农村科普工作的重要支撑，成为基层科协组织服务地方经济社会发展的重要载体。结合四川农业发展现状和农村科普工作实际需求，仅提出项目经费及使用方向建议。

1. 争取加大财政投入

争取财政支持，适度扩大财政资金投入，扩大科普惠农奖补资金的范围和规模，特别是支持和鼓励各级政府实施本级科普惠农兴村计划项目，进一步加大对农技协、科普基地和农村科普带头人的奖补力度。

2. 提高财政资金使用效率

适当调整项目经费的使用方向，重点向偏远山区、民族地区和革命老区进行重点倾斜，引导各地向当地主导产业、特色产业倾斜，更好地发挥受奖补单位和个人服务地方经济社会发展的积极作用。

3. 提升信息化工作水平

运用互联网、微信等新技术提升和改进项目实施工作，完善网络申报、监管、评估系统，进一步提高项目管理的规范化和信息化水平。

4. 探索创新项目实施方式

尊重基层创新，支持和鼓励基层组织和个人探索项目实施的路径、方式和机制，探索引入社会力量和社会资金参与项目实施，推动项目实施的社会化、规范化。

附件：四川省 2006—2014 年科普惠农兴村计划项目情况统计

地区	2006 年				2007 年				2008 年				2009 年				2010 年				2011 年				2012 年				2013 年				2014 年				合计			
	农技协	示范基地	带头人	工作队	农技协	示范基地	带头人	工作队	农技协	示范基地	带头人	工作队	农技协	示范基地	带头人	工作队	农技协	示范基地	带头人	工作队	农技协	示范基地	带头人	工作队	农技协	示范基地	带头人	工作队	农技协	示范基地	带头人	工作队	农技协	示范基地	带头人	工作队	农技协	示范基地	带头人	工作队
成都市	1	0	1	0	2	2	1	0	1	2	1	0	7	2	0	0	9	2	0	0	9	4	1	0	5	4	0	0	4	5	0	0	6	4	0	0	44	25	4	
自贡市	0	1	0	0	1	1	1	0	2	1	1	0	2	2	0	0	5	1	1	0	4	1	1	0	5	1	1	0	3	1	1	0	5	0	0	0	27	9	6	
攀枝花市	1	0	0	0	1	0	1	0	1	1	1	0	2	1	1	0	3	1	0	0	3	0	1	0	3	2	1	0	4	1	1	0	2	2	1	0	20	8	7	
泸州市	0	1	0	0	2	1	1	0	2	1	1	0	4	2	0	0	5	3	1	0	5	2	1	0	6	2	1	0	6	2	1	0	5	2	1	0	35	16	7	
德阳市	0	1	1	0	2	1	1	0	2	1	1	0	3	2	0	0	4	1	2	0	4	3	0	0	5	2	1	0	4	2	1	0	5	2	0	0	29	15	7	
绵阳市	1	0	0	0	1	1	1	0	1	1	1	0	3	1	1	0	5	2	1	0	5	1	1	0	4	3	1	0	5	3	1	0	5	1	1	0	30	13	8	
广元市	1	0	0	0	1	1	1	0	1	1	1	0	5	0	1	0	5	1	1	0	5	2	1	0	5	2	1	0	7	1	0	0	5	2	1	0	35	10	7	
遂宁市	0	0	0	0	1	1	1	0	1	1	1	0	3	1	1	0	4	3	1	0	4	3	1	0	3	2	1	0	4	2	1	0	4	2	0	0	24	15	7	
内江市	0	1	1	0	1	1	1	0	2	1	1	0	3	1	0	0	2	2	0	0	3	1	1	0	3	1	1	0	3	1	0	0	3	2	1	0	20	11	6	
乐山市	1	0	1	0	2	1	1	0	1	1	1	0	4	1	1	0	6	2	1	0	6	0	1	0	4	1	1	0	4	2	1	0	3	2	1	0	31	10	9	
南充市	0	1	0	0	2	1	1	0	2	0	1	0	5	2	1	0	4	1	1	0	4	1	1	0	5	1	0	0	5	1	1	0	5	2	1	0	32	10	7	
宜宾市	0	1	0	0	1	1	1	0	2	1	1	0	5	2	1	0	6	3	1	0	5	3	1	0	8	3	1	0	7	2	0	0	7	1	1	0	41	17	7	
广安市	0	0	0	0	0	2	1	0	1	1	1	0	1	2	0	0	3	1	1	0	2	1	1	0	4	1	1	0	5	1	1	0	4	1	0	0	20	10	6	
达州市	1	0	1	0	2	0	1	0	2	1	2	0	5	1	0	0	5	3	2	0	6	3	1	0	6	2	1	0	6	1	0	0	6	2	0	0	39	13	8	
巴中市	1	0	0	0	1	1	1	0	0	1	2	0	2	1	1	0	2	2	2	0	4	2	1	0	3	2	1	0	5	2	1	0	5	1	1	0	23	12	10	
雅安市	0	0	1	0	1	1	1	0	1	1	1	0	2	1	1	0	5	2	1	0	4	2	1	0	4	2	1	0	6	2	1	1	6	2	0	0	29	13	8	
眉山市	1	0	0	0	1	2	1	0	1	1	1	0	4	1	1	0	3	1	1	0	5	2	1	0	3	2	1	0	5	1	1	0	4	1	1	0	27	11	8	
资阳市	0	0	0	0	2	1	0	0	2	1	1	0	3	1	0	0	3	2	1	0	4	2	1	0	4	0	0	0	2	2	1	0	3	1	1	0	23	10	5	
阿坝藏族羌族自治州	0	0	0	0	1	1	2	0	1	1	2	0	1	3	2	0	4	1	1	0	4	1	0	0	4	2	1	0	3	1	1	0	2	2	2	0	20	12	11	

续表

地区	2006年				2007年				2008年				2009年				2010年				2011年				2012年				2013年				2014年				合计			
	农技协	示范基地	带头人	工作队	农技协	示范基地	带头人	工作队	农技协	示范基地	带头人	工作队	农技协	示范基地	带头人	工作队	农技协	示范基地	带头人	工作队	农技协	示范基地	带头人	工作队	农技协	示范基地	带头人	工作队	农技协	示范基地	带头人	工作队	农技协	示范基地	带头人	工作队	农技协	示范基地	带头人	工作队
甘孜藏族自治州	0	0	1	0	0	1	1	0	1	1	2	0	2	1	2	0	4	1	1	0	1	2	1	0	3	1	1	0	1	2	2	0	1	2	2	0	13	11	13	
凉山彝族自治州	0	0	0	0	0	1	2	0	0	1	1	0	4	2	2	0	3	1	1	0	5	1	0	0	5	1	1	0	4	2	2	1	2	3	4	0	23	12	13	

新疆维吾尔自治区“科普惠农兴村计划”“十三五”发展研究报告

阿布都艾尼·依干拜尔迪 摆晓宏

为充分调动全社会开展农村科普工作的积极性和主动性，让科普公共服务持续惠及广大农民，助力社会主义新农村建设。2006 年，中国科协、财政部联合启动实施了“科普惠农兴村计划”，受到新疆维吾尔自治区（简称新疆）各级党委、政府和广大农牧民热烈欢迎，取得了良好的经济和社会效益。现将有关情况总结汇报如下。

一、实施以来工作总结

（一）基本情况

新疆维吾尔自治区科协、自治区财政厅在积极推荐全国“科普惠农兴村计划”的基础上，2007 年按照数量与全国一致，资金减半的原则启动实施自治区“科普惠农兴村计划”。在各级党委政府、有关部门高度重视下，各地将科普工作纳入本地区国民经济和社会发展的长期规划，列入重要议事日程，大力支持科协系统和财政部门全力做好科普惠农惠民工作，积极把“科普惠 农兴村计划”组织实施工作落到实处，表彰项目及奖补资金逐年增加，科普示范辐射带动效应不断增强，有力促进了社会主义新农村建设，推动了科普工作社会化，提高了基层科普服务能力和群众科学文化素质，项目实施取得了明显的成效，在全疆掀起了开展科学技术普及、推广先进实用技术的热潮，成为农牧民群众依靠科技奔小康的民心工程和科技民生惠及各族群众的重要手段之一。

截至 2016 年，新疆累计获得全国“科普惠农兴村计划”项目 569 个，奖补资金 8 110 万元；自治区“科普惠农兴村计划”项目 524 个，奖补资金 3 401 万元。和田地区、昌吉回族自治州（简称昌吉州）、博尔塔拉蒙古自治州（简称博州）、乌鲁木齐市、克孜勒苏柯尔克孜自治州（简称克州）、阿克苏地区、塔城地区、阿勒泰地区、哈密地区、吐鲁番地区、巴音郭楞蒙古自治州（简称巴州）、克拉玛依市等 13 个地州市和沙湾县、精河县等 56 个县（市、区）实施本级“科普惠农兴村计划”，国家、自治区、地州市、县（市、区）4 级联动局面已经形成。

“科普惠农兴村计划”实施10年来，按照逐级培养、逐级推荐、逐级表彰的原则，在基层培养、树立了众多科普工作典型，起到了很好的科普示范带动作用，新疆基层科普组织和个人开展科普宣传、科普活动和科技培训的积极性和主动性进一步提高，科普基础设施得到加强，科普形式和内容不断丰富，“协会＋农户”、“基地＋农户”的发展模式不断涌现，带头人领办创办合作组织和农村经济实体的现象层出不穷，为新疆一乡一业、一村一品农业规模化、产业化发展做出了积极贡献。

（二）主要措施

一是高度重视、加强领导。为了全面推动“科普惠农兴村计划”顺利实施，新疆专门成立领导小组，研究部署、统筹规划全区实施工作。通过各方努力，形成有政策、有规划、有组织、有指导、有评估的工作格局。2011年起，自治区党委自治区人民政府主推的“民生建设年”将科普惠农作为其中的任务目标之一，连续实施了6年。自治区科协、财政厅每年专门组织人员安排督查，调研、检查等，对各地的农村专业技术协会、农村科普示范基地、科普带头人和社区进行摸底，并建立项目库。同时，对各地开展“科普惠农惠民”和受表彰对象进行走访活动，大力宣传实施科普惠农目的、意义和要求。各地注重发现和培养典型，严格按照要求提前做好申报推荐准备工作。

二是细化方案、制定办法。根据全国“科普惠农兴村计划”实施细则，结合新疆实际情况，制定了自治区“科普惠农兴村计划”实施细则项目评审办法，和资金管理办法，明确了2个5年计划期间开展“科普惠农兴村计划”的指导思想、目标任务、实施原则和上下联动、层层表彰推动的具体措施，并将实施“科普惠农兴村计划”列入自治区贯彻实施《全民科学素质行动计划纲要》工作方案。近几年，新疆还加大对“科普惠农兴村计划”项目申报业务培训工作，百余名基层工作人员多次参加培训，为顺利开展工作奠定良好基础。

三是层层推荐、优中选优。按照全国、自治区年度推荐名额，在基层科协组织、财政部门广泛推荐的基础上，自治区科协、财政厅按照公平、公正、公开的原则组织评审。依据推荐范围和表彰条件，对各地上报的农村专业技术协会等表彰对象进行了严格评选，以好中选优、优中选精为标准，经过反复对比衡量，择优产生了全区示范作用好、辐射带动能力强、科普成效显著的协会、基地、带头人、工作队为表彰对象，并在新疆经济报和新疆科协网予以公示，体现了很高的公信度。

四是上下联动、形成合力。各级党委和政府非常重视科普惠农工作，建立健全工作责任制，进一步明确项目实施各有关部门的职责，确保责任到岗、任务到人。要求各部门积极配合，切实采取有效措施，加大科普网络建设，不断强化协会、基地、带头人和工作队的示范带动作用，达到“点亮一盏灯、照亮一大片”的科普示范目的。2012 年，新疆实施办法明确规定启动 4 级联动，各地州市、县市区出台配套措施，形成上下联动局面，加大持续奖补力度。

五是加强调研、创新抓手。为进一步加强“科普惠农兴村计划”项目的管理和实施，新疆科协、财政厅多次组织联合工作组对各地州市项目实施情况进行调研，推动科普惠农工作健康有序发展，调研范围实现了全覆盖。通过实地调研走访，进一步明确了获奖单位和申报单位科普功能提升、科普设施完善、科普组织机构健全的目标和方向；还根据形势变化和基层需求，增设科普惠农服务站、县级少数民族科普工作队为自治区本级奖补抓手，受到基层欢迎。

六是强化监管、杜绝违规。新疆严格按照《全国“科普惠农兴村计划”专项资金管理办法（试行）》的规定，做到奖补资拨付到县级财政，坚持科协报账、财政监管制度，正确有效使用专项资金，确保资金投向和使用效果，并定期对项目进展情况进行督查，发现问题，及时解决，确保了项目的顺利实施，并制定自治区专项资金管理办法。根据近几年实地走访情况，所有受表彰奖励的单位和个人都能按照有关要求，对项目资金采取专户管理，专款专用，实行严格的资金使用审批管理制度。同时县（市、区）科协按照预算用途使用，达到了报账便利、使用便捷、受奖对象和监管单位满意的效果。自 2006 年以来，新疆未发生一起因违规使用资金而上访投诉的事件。

七是加大宣传，扩大影响。新疆始终加强对“科普惠农兴村计划”的宣传，尤其是对获得全国、自治区表彰的先进集体和科普带头人的宣传报道。新疆科协通过与中央驻疆媒体和自治区各大媒体联合，深入田间地头实地采访，大力宣传典型事迹，分别在中央电视台、新疆电视台、新疆经济广播电台、新疆日报、新疆经济报和各级网站上进行广泛宣传。据不完全统计，各级媒体宣传报道文章近千篇，拍摄专题片 30 多部，达到了良好的宣传效果。

（三）取得实效

科普惠农在促进新疆农业增效农民增收、提高全民科学素质、维护社会稳定中发挥了积极的作用，真正起到了“四两拨千金”和“富了我一人带动一大片”的效果。一是科普惠农生机盎然，带动农牧民增收致富。通过不断引导和支持农村专业技术协会、农村科普示范基地、科普带头人以及少数民族科普工作队积极开展农村科普宣传和培训，推广新技术、新品种等活动，有力地推动了科普各项工作的开展，工作积极性不断提高。他们依靠奖补资金扶持，在不断创新工作思路和拓宽服务领域同时，进一步加大了新技术、新产品、新成果的推广、引进步伐，不断带领大家共同致富。二是科普宣传有的放矢，农牧民科学素质有效提高。获奖单位和个人依靠专项奖补资金支持，从提高服务水平及自身发展需要出发，在科普活动场所、宣传栏等阵地，手段建设上寻求突破。为进一步丰富科普讲座、科技培训内容形式，受表彰的单位和个人还购置了摄像机、投影仪等设备，为广大农牧民提供服务打下了基础。三是凸显科普服务优势，助推当地产业发展。“科普惠农兴村计划”表彰奖励对象，主要是农民身边的典型。这些先进集体和个人，不但有着特殊的“三农”情结，而且与周边群众情感深厚。可以说，他们是发展现代高效农业的示范窗口、引领农民群众致富的“领头羊”。调查结果也充分证明了科普获得工作取得的实效，具体如下。

从图 2－12 可以看出，奖补资金用途较为平均，说明基层科普组织和个人开展的服务形式较为多样，符合新疆实际和群众需求。带头人新技术新品种推广费用相对较多，而工作队购置、印刷图书资料费相对较高。

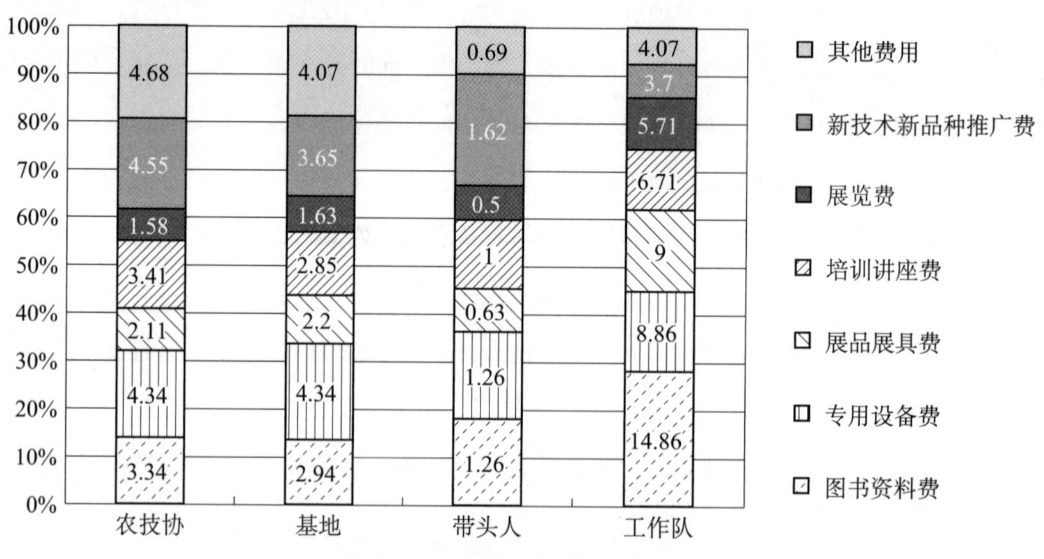

图 2－12 奖补资金主要用途

从表 2－2 可以看出，获奖先进单位和个人，都能积极开展科技培训和新技术新品种推广，培训人数和受益户数分别达到 275 万多人次和 99 万多户，效果明显。其中，农技协推广新品种新技术最多，达到 2 109 项。

表 2－2 获奖后组织情况

项目	培训推广次数	培训人数	推广新品种\技术（项）	受益户数（户）
农技协	4 439	699 493	1 109	206 339
基地	3 384	724 016	625	138 542
带头人	2 269	254 066	359	81 074
工作队	2 649	105 100	40	270 420
合计	12 741	1 752 675	2 133	696 375

从图 2－13 可以看出，获奖农技协、基地和带头人社会影响力扩大、收入显著提高、政府部门重视和支持 3 个选项比例较大。说明通过评选申报和表彰奖补，获奖单位和个人的科普工作、社会影响和辐射带动作用得到了政府部门、各族群众的普遍认可。

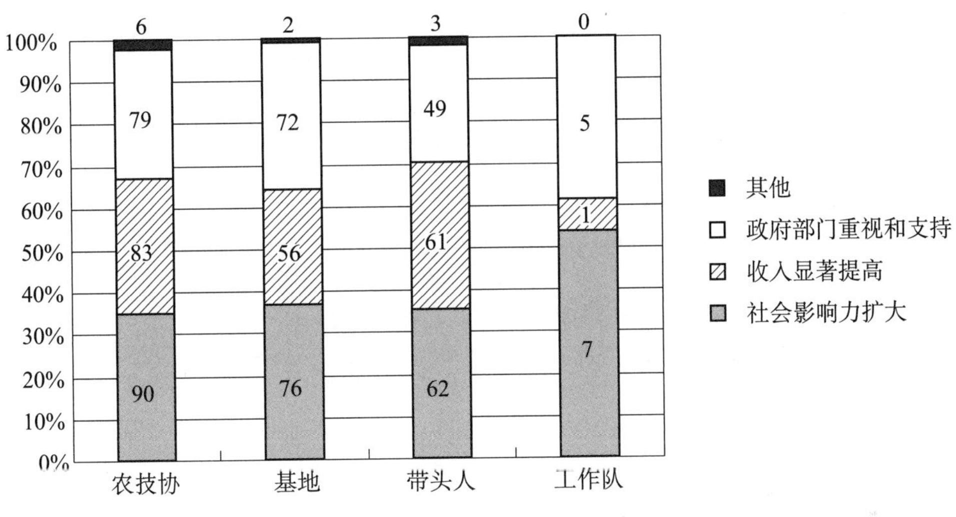

图 2－13 奖补后最大的收获

从图 2－14 可以看出，获奖单位开展科普工作的内容丰富，涉及群众生产生活方方面

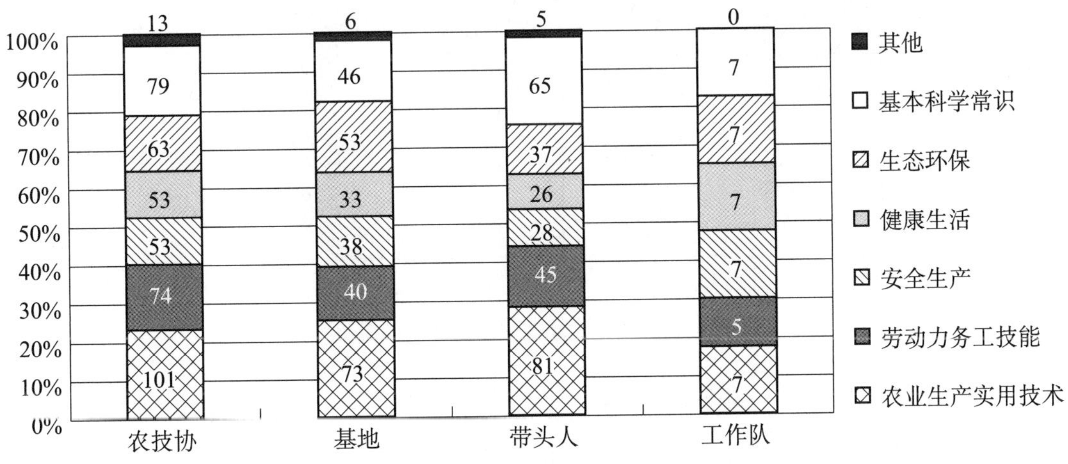

图 2－14 开展科普的主要内容

面，主要为农业生产实用技术、劳动力务工技能、生态环保和基本科学常识。其中，获奖单位和个人开展农业生产实用技术比例较高，符合科普惠农工作目的。

从图 2－15 可以看出，受表彰农技协和基地农业、非农业收入奖补后较奖补前均有较大提高，增长幅度平均在 30% 以上，充分体现了科普惠农在增加会员和成员收入的重要作用。

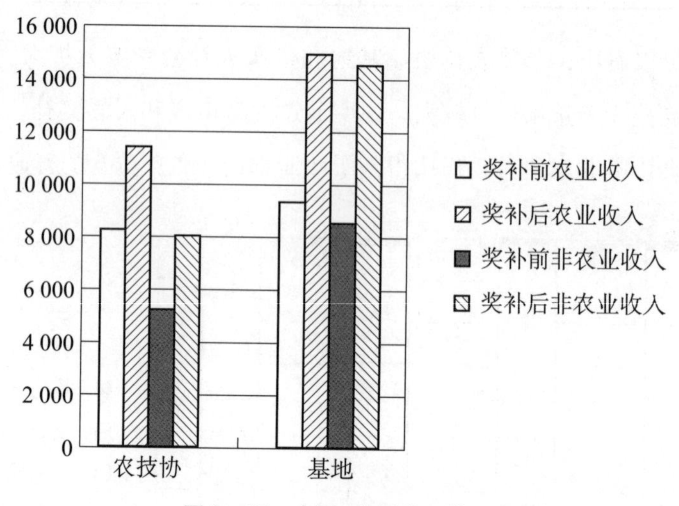

图 2－15　会员/成员收入情况

从图 2－16 可以看出，受奖补单位和个人在提高农民科学素质的调查中，非常好、很好和好的比例非常高。说明科普惠农在提高农民科学素质方面发挥了很好的作用，是农村科普工作的重要抓手。

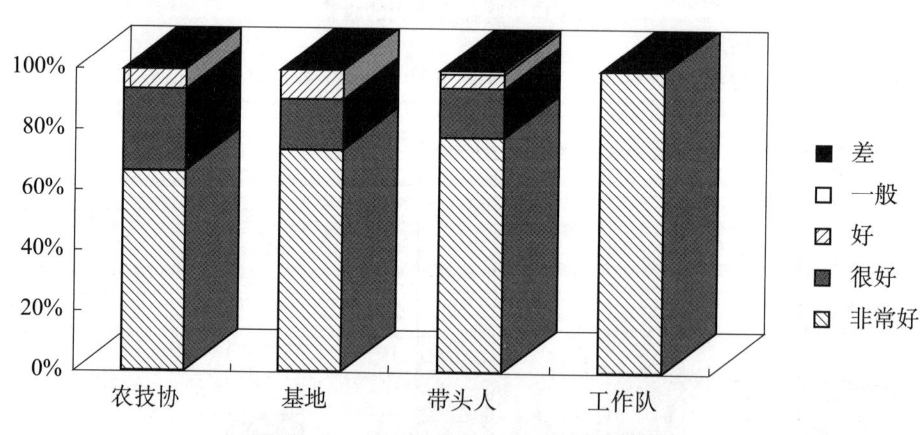

图 2－16　带动农民科学素质提高的效果

从图 2－17 可以看出，科普惠农工作在提高收入、增强科技意识、推动生产效益方面作用明显，对农牧民树立健康、科学、文明的生产、生活方式有较大的推动作用。

从图 2－18 可以看出，农技协和基地获得无公害农产品、绿色农产品和有机农产品认

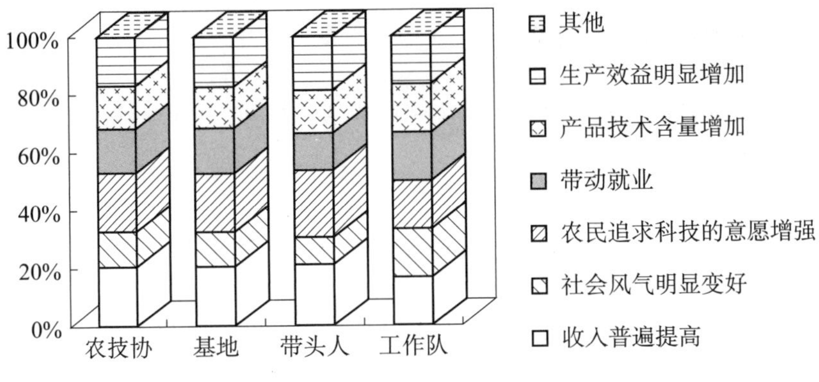

图 2－17 村镇突出变化

证的比例都在 70% 以上，品牌意识和获得品牌的能力都有所增强。

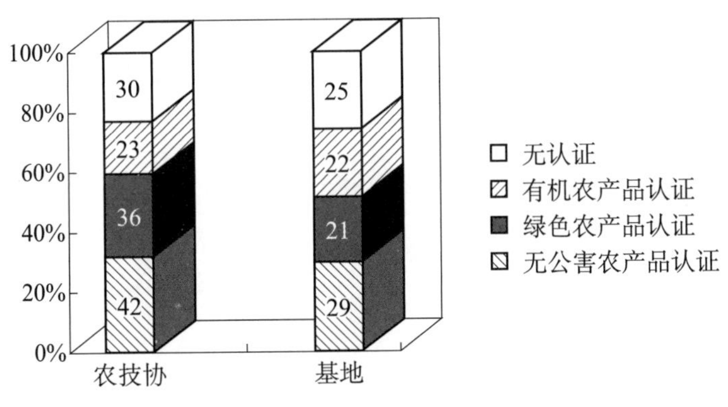

图 2－18 开展农产品质量认证

(四) 存在问题

一是巩固和发展科普惠农成果，建立和完善长效机制，延伸科普惠农服务工作链尚有待进一步研究。二是新疆维护稳定工作的成本较高，这两年各项财政投入包括科普惠农资金有所减少，自治区级表彰数量受到限制，自治区级项目库储备不足。三是科普惠农工作区域发展不平衡，尤其是南疆工作力度不够。

二、下一步工作重点

(一) 继续实施四级联动

形成逐级培育、逐级推荐、逐级表彰的联动局面，建立和完善科学合理的培育、推荐、表彰机制。

（二）继续争取政策支持

根据新疆党委办公厅、政府办开展民生建设年活动精神，新疆科协、财政厅将继续积极争取将科普惠农纳入活动计划。

（三）继续增加县级少数民族科普工作队表彰数量

针对新疆地广人稀、点多线长、民族众多、科普基础设施极为薄弱的现状，加大县级少数民族科普工作队奖补力度。